中华人民共和国
食品安全法
(含食品安全法实施条例)
注解与配套

第六版

中国法制出版社
CHINA LEGAL PUBLISHING HOUSE

图书在版编目（CIP）数据

中华人民共和国食品安全法（含食品安全法实施条例）注解与配套／中国法制出版社编．—北京：中国法制出版社，2024.1
（法律注解与配套丛书）
ISBN 978-7-5216-3718-2

Ⅰ.①中… Ⅱ.①中… Ⅲ.①食品卫生法-法律解释-中国 Ⅳ.①D922.165

中国国家版本馆 CIP 数据核字（2023）第 118887 号

策划编辑：袁笋冰　　　　责任编辑：刘晓霞　　　　封面设计：杨泽江

中华人民共和国食品安全法（含食品安全法实施条例）注解与配套
ZHONGHUA RENMIN GONGHEGUO SHIPIN ANQUANFA（HAN SHIPIN ANQUANFA SHISHI TIAOLI）ZHUJIE YU PEITAO

经销/新华书店
印刷/三河市紫恒印装有限公司
开本/850 毫米×1168 毫米　32 开　　　　　　印张/ 10.75　字数/ 247 千
版次/2024 年 1 月第 1 版　　　　　　　　　　2024 年 1 月第 1 次印刷

中国法制出版社出版
书号 ISBN 978-7-5216-3718-2　　　　　　　　　　　　定价：32.00 元

北京市西城区西便门西里甲 16 号西便门办公区
邮政编码：100053　　　　　　　　　　　传真：010-63141600
网址：http://www.zgfzs.com　　　　　　编辑部电话：010-63141675
市场营销部电话：010-63141612　　　　　印务部电话：010-63141606

（如有印装质量问题，请与本社印务部联系。）

出版说明

中国法制出版社一直致力于出版适合大众需求的法律图书。为了帮助读者准确理解与适用法律，我社于2008年9月推出了"法律注解与配套丛书"，深受广大读者的认同与喜爱，此后推出的第二、三、四、五版也持续热销。为了更好地服务读者，及时反映国家最新立法动态及法律文件的多次清理结果，我社决定推出"法律注解与配套丛书"（第六版）。

本丛书具有以下特点：

1. 由相关领域的具有丰富实践经验和学术素养的法律专业人士撰写适用导引，对相关法律领域作提纲挈领的说明，重点提示立法动态及适用重点、难点。

2. 对主体法中的重点法条及专业术语进行注解，帮助读者把握立法精神，理解条文含义。

3. 根据司法实践提炼疑难问题，由相关专家运用法律规定及原理进行权威解答。

4. 在主体法律文件之后择要收录与其实施相关的配套规定，便于读者查找、应用。

此外，为了凸显丛书简约、实用的特色，分册根据需要附上实用图表、办事流程等，方便读者查阅使用。

真诚希望本丛书的出版能给您在法律的应用上带来帮助和便利，同时也恳请广大读者对书中存在的不足之处提出批评和建议。

中国法制出版社
2024年1月

适 用 导 引

食品安全事关人民群众的身体健康和生命安全，为解决当前食品安全领域存在的突出问题，以法治方式维护食品安全，2015年4月24日第十二届全国人民代表大会常务委员会第十四次会议对《食品安全法》进行了全面修订。2018年12月29日第十三届全国人民代表大会常务委员会第七次会议对《食品安全法》进行了修正。

2015年修订的主要内容包括：

（一）强化预防为主、风险防范的法律制度。一是完善基础性制度。增加风险监测计划调整、监测行为规范、监测结果通报等规定，明确应当开展风险评估的情形，补充风险信息交流制度，提出加快标准整合、跟踪评价标准实施情况等要求。二是增设生产经营者自查制度。要求其定期自查食品安全状况，发现有发生食品安全事故潜在风险的，立即停止生产经营并向监管部门报告。三是增设责任约谈制度。规定食品生产经营者未及时采取措施消除安全隐患的，监管部门可对其负责人进行责任约谈；监管部门未及时发现系统性风险、未及时消除监管区域内的食品安全隐患的，本级政府可对其主要负责人进行责任约谈。四是增设风险分级管理要求。规定监管部门根据食品安全风险监测、评估结果等确定监管重点、方式和频次，实施风险分级管理；建立食品安全违法行为信息库，向社会公布并实时更新。

（二）设立最严格的全过程监管法律制度。一是在食品生产环节，增设投料、半成品及成品检验等关键事项的控制要求，婴幼儿配方食品的配方备案和出厂逐批检验等义务，并明确规定不得以分装方式生产婴幼儿配方乳粉。二是在食品流通环节，增设批发企业的销售记录制度和网络食品交易相关主体的食品安全责任。三是在餐饮服务环节，增设餐饮服务提供者的原料控制义务以及学校等集中用餐单位的食品安全管理规范。四是完善食品追溯制度，细化生产经营者索证索票、进货查验记录等制度，增加规定食品和食用农产品全程追溯协作机制。五是补充规定保健食品的产品注册和备案制度以及广告审批制度，规范保健食品原料使用和功能声称；补充食品添加剂的经营规范和食品相关产品的生产管理制度。六是进一步明确进出口食品管理制度，重在把好进口食品的口岸管理关。七是完善食品安全监管体制，将现行分段监管体制修改为由食品药品监管部门统一负责食品生产、流通和餐饮服务监管的相对集中的体制。

（三）建立最严格的法律责任制度。一是突出民事赔偿责任。规定实行首负责任制，要求接到消费者赔偿请求的生产经营者应当先行赔付，不得推诿；同时完善了消费者在法定情形下可以要求十倍价款或者三倍损失的惩罚性赔偿金制度。二是加大行政处罚力度。对在食品中添加有毒有害物质等性质恶劣的违法行为，规定直接吊销许可证，并处最高为货值金额三十倍的罚款；对明知从事上述严重违法行为、仍为其提供生产场所或者向其销售违禁物质的主体，规定了最高二十万元的罚款；对因食品安全违法行为受到刑事处罚或者出具虚假检验报告受到开除处分的食品检验机构人员，规定终身禁止从事食品检验工作。三是细化并加重对失职的地方政府负责人和食品安全监管人员的处分。依照规定的职责逐项设定相应的法律责任，细化处分规定；增设地方政府主要负责人应当引咎辞职的情形；设置监管"高压线"，对有瞒报、谎报重大食品安全事故等三种行为的，直接给予开除处分。

（四）实行社会共治。一是规定食品安全有奖举报制度。明确对查证属实的举报，应给予举报人奖励。二是规范食品安全信息发布。强调监管部门应当准确、及时、客观公布食品安全信息，鼓励新闻媒体对食品安全违法行为进行舆论监督，同时规定有关食品安全的宣传报道应当客观、真实、公正，任何单位和个人不得编造、散布虚假食品安全信息。三是增设食品安全责任保险制度。国家鼓励食品生产经营企业参加食品安全责任保险。

2018年主要根据《国务院机构改革和职能转变方案》对其中机构名称等专有名词作了修正，无实质内容更改，此处不作赘述。

2021年4月29日第十三届全国人民代表大会常务委员会第二十八次会议对《食品安全法》进行了修正，将第三十五条第一款修改为："国家对食品生产经营实行许可制度。从事食品生产、食品销售、餐饮服务，应当依法取得许可。但是，销售食用农产品和仅销售预包装食品的，不需要取得许可。仅销售预包装食品的，应当报所在地县级以上地方人民政府食品安全监督管理部门备案。"

目 录

适用导引 *1*

中华人民共和国食品安全法

第一章 总 则

第 一 条 【立法目的】 1
第 二 条 【适用范围】 2
  1. 食用农产品是否适用本法？........................... 3
第 三 条 【食品安全工作原则】 4
第 四 条 【食品生产经营者的责任】 4
  2. 食品生产经营者应当如何落实主体责任？......... 4
第 五 条 【食品安全监管体制】 4
第 六 条 【地方政府食品安全监督管理职责】 5
第 七 条 【地方政府食品安全责任评议、考核制度】 5
  3. 什么是食品安全监督管理责任制？................... 6
第 八 条 【政府对食品安全工作的财政保障和监管职责】 6
第 九 条 【食品行业协会和消费者协会的责任】 7
  4. 行业协会的法定职责具体包括哪些内容？......... 7
  5. 消费者协会和其他消费者组织的社会监督作用有哪些？.. 7

第 十 条	【食品安全宣传教育和舆论监督】	7
第十一条	【食品安全研究和农药管理】	8
第十二条	【社会监督】	8
第十三条	【表彰、奖励有突出贡献的单位和个人】	9

第二章　食品安全风险监测和评估

第十四条	【食品安全风险监测制度】	9
6. 食品安全风险监测机制主要监测内容有哪些？		10
第十五条	【食品安全风险监测工作】	11
第十六条	【及时通报食品安全风险监测结果】	11
7. 如何理解食品安全风险监测结果通报机制？		11
第十七条	【食品安全风险评估制度】	11
8. 如何对农药、肥料、兽药、饲料和饲料添加剂进行风险评估？		12
第十八条	【食品安全风险评估法定情形】	13
第十九条	【监管部门在食品安全风险评估中的配合协作义务】	13
第二十条	【卫生行政、农业行政部门信息共享机制】	14
第二十一条	【食品安全风险评估结果】	15
第二十二条	【食品安全风险警示】	15
第二十三条	【食品安全风险交流】	15
9. 如何积极开展食品安全风险交流工作？		16

第三章　食品安全标准

第二十四条	【食品安全标准的制定原则】	16
10. 什么是食品安全标准？		16

第二十五条 【食品安全标准的强制性】·········· 17
   11. 为什么食品安全标准必须强制执行？·········· 17
第二十六条 【食品安全标准的内容】·········· 17
   12. 食品安全标准的具体内容有哪些？·········· 18
第二十七条 【食品安全国家标准的制定、公布主体】····· 19
第二十八条 【制定食品安全国家标准的要求和程序】····· 19
第二十九条 【食品安全地方标准】·········· 19
第 三 十 条 【食品安全企业标准】·········· 20
第三十一条 【食品安全标准公布和有关问题解答】····· 20
第三十二条 【食品安全标准跟踪评价和执行】······· 20
   13. 食品安全标准执行过程中的问题应该如何反馈？······ 21

第四章 食品生产经营

第一节 一般规定

第三十三条 【食品生产经营要求】·········· 21
第三十四条 【禁止生产经营的食品、食品添加剂、
         食品相关产品】·········· 23
第三十五条 【食品生产经营许可】·········· 24
第三十六条 【对食品生产加工小作坊和食品摊贩等
         的管理】·········· 24
第三十七条 【利用新的食品原料从事食品生产等的
         安全性评估】·········· 25
   14. 新的食品原料、食品添加剂新品种、食品相关
       产品新品种分别是指什么？·········· 25
   15. 安全性评估材料包括哪些内容？·········· 26
   16. 安全性评估的审查范围是？·········· 26
第三十八条 【食品中不得添加药品】·········· 26

3

第三十九条　【食品添加剂生产许可】………………… 27
第 四 十 条　【食品添加剂允许使用的条件和使用要求】… 27
17. 可以使用食品添加剂的情况有哪些?……………… 27
18. 使用食品添加剂应当遵循哪些原则?……………… 27
第四十一条　【食品相关产品的生产要求】……………… 28
19. 哪些产品属于食品相关产品?……………………… 28
第四十二条　【食品安全全程追溯制度】………………… 28
第四十三条　【食品规模化生产和食品安全责任保险】… 29

第二节　生产经营过程控制

第四十四条　【食品生产经营企业食品安全管理制度】… 29
第四十五条　【食品从业人员健康管理】………………… 30
第四十六条　【食品生产企业制定并实施食品安全管
　　　　　　　理控制要求】………………………………… 30
第四十七条　【食品生产经营者的自查制度】…………… 30
第四十八条　【鼓励食品企业提高食品安全管理水平】… 31
第四十九条　【农业投入品的使用管理】………………… 31
第 五 十 条　【食品生产者进货查验记录制度】………… 32
第五十一条　【食品出厂检验记录制度】………………… 33
20. 出厂检验记录制度对于企业保障食品安全和政
府开展监管工作具有哪些重要的意义?…………… 33
第五十二条　【食品质量检验】…………………………… 34
21. 食品、食品添加剂和食品相关产品的生产者应
该承担怎样的检验义务?…………………………… 34
第五十三条　【食品经营者进货查验记录制度】………… 34
22. 从事食品批发业务的经营企业应如何建立记录
制度?………………………………………………… 35
第五十四条　【食品经营者贮存食品的要求】…………… 36

第五十五条 【餐饮服务提供者原料控制要求】…… 36
23. 餐饮服务提供者在食品原料控制方面要履行哪些义务？…… 36
第五十六条 【餐饮服务提供者的食品安全管理】…… 37
24. 餐饮服务提供者在餐饮服务有关设施、设备的维护、清洗消毒方面要履行哪些义务？…… 37
第五十七条 【集中用餐单位食品安全管理】…… 38
25. 集中用餐单位应如何开展食品安全工作？…… 39
第五十八条 【餐饮具集中消毒服务单位食品安全责任】…… 39
26. 餐饮具集中消毒应符合哪些要求？…… 40
第五十九条 【食品添加剂生产者出厂检验记录制度】…… 40
第六十条 【食品添加剂经营者进货查验记录制度】…… 41
第六十一条 【集中交易市场的开办者、柜台出租者和展销会举办者的食品安全责任】…… 41
第六十二条 【网络食品交易第三方平台提供者的义务】…… 42
27. 网络食品交易第三方平台提供者对入网食品经营者的身份审查义务有哪些？…… 43
28. 网络食品交易第三方平台提供者制止、报告和停止提供服务的义务有哪些？…… 43
第六十三条 【食品召回制度】…… 44
29. 食品召回后应如何处理？…… 45
第六十四条 【食用农产品批发市场对进场销售的食用农产品抽样检验】…… 46
第六十五条 【食用农产品进货查验记录制度】…… 46
第六十六条 【食用农产品使用食品添加剂和食品相关产品应当符合食品安全国家标准】…… 46

5

第三节 标签、说明书和广告

第六十七条 【预包装食品标签】 ················· 47
第六十八条 【散装食品的标注要求】 ············· 48
第六十九条 【转基因食品的显著标示】 ··········· 48
第 七 十 条 【食品添加剂的标签、说明书和包装】··· 48
第七十一条 【标签、说明书的真实性要求】 ······· 48
第七十二条 【预包装食品的销售要求】 ··········· 49
第七十三条 【食品广告要求】 ··················· 49
30. 虚假广告具体包括哪些内容？················· 51

第四节 特殊食品

第七十四条 【特殊食品监督管理原则】 ··········· 51
第七十五条 【保健食品原料和功能目录】 ········· 52
第七十六条 【保健食品的注册和备案制度】 ······· 52
31. 哪些保健食品实行注册管理？················· 53
32. 哪些保健食品实行备案管理？················· 53
第七十七条 【保健食品注册和备案的具体要求】 ··· 53
33. 保健食品注册应当提交哪些材料？············· 54
34. 保健食品备案应当提交哪些材料？············· 54
第七十八条 【保健食品的标签、说明书】 ········· 54
第七十九条 【保健食品广告】 ··················· 55
35. 保健食品广告还有哪些特殊要求？············· 55
第 八 十 条 【特殊医学用途配方食品】 ··········· 56
36. 特殊医学用途配方食品广告的法律适用？······· 56
第八十一条 【婴幼儿配方食品的管理】 ··········· 57
第八十二条 【注册、备案材料确保真实】 ········· 58
第八十三条 【特殊食品生产质量管理体系】 ······· 59

第五章 食品检验

第八十四条 【食品检验机构】 ················· 59
   37. 本条中所说的法律另有规定的除外具体还有哪些规定？ ························· 60
第八十五条 【食品检验人】 ················· 60
第八十六条 【食品检验机构与检验人共同负责制】 ······· 60
第八十七条 【监督抽检】 ··················· 61
   38. 是否可以制定其他补充检验项目和检验方法？ ······ 61
第八十八条 【复检】 ····················· 62
第八十九条 【自行检验和委托检验】 ············· 63
第九十条 【食品添加剂的检验】 ··············· 63

第六章 食品进出口

第九十一条 【进出口食品的监督管理部门】 ········· 63
第九十二条 【进口食品、食品添加剂和相关产品的要求】 ···························· 63
第九十三条 【进口尚无食品安全国家标准的食品及"三新"产品的要求】 ··················· 64
第九十四条 【境外出口商、生产企业、进口商食品安全义务】 ························ 64
第九十五条 【进口食品等出现严重食品安全问题的应对措施】 ························ 65
   39. 进口食品等出现严重食品安全问题，可采取哪些具体措施？ ······················ 66
第九十六条 【进出口食品商、代理商、境外食品生产企业的备案与注册制度】 ············· 67

第九十七条 【进口的预包装食品、食品添加剂标签、说明书】 …………………………………………… 67

第九十八条 【食品、食品添加剂进口和销售记录制度】 …………………………………………… 68

第九十九条 【对出口食品和出口食品企业的监督管理】 …………………………………………… 68

第 一 百 条 【国家出入境检验检疫部门收集信息及实施信用管理】 ……………………………… 68

第一百零一条 【国家出入境检验检疫部门的评估和审查职责】 …………………………………… 69

第七章　食品安全事故处置

第一百零二条 【食品安全事故应急预案】 ………… 69

第一百零三条 【食品安全事故应急处置、报告、通报】 … 70

40. 有义务向食品安全监督管理部门报告食品安全事故的主体有哪些？ ………………………… 71

第一百零四条 【食源性疾病的报告和通报】 ……… 72

第一百零五条 【食品安全事故发生后应采取的措施】 … 72

第一百零六条 【食品安全事故责任调查】 ………… 73

第一百零七条 【食品安全事故调查原则、主要任务】 … 74

第一百零八条 【食品安全事故调查部门的职权】 ……… 74

第八章　监督管理

第一百零九条 【食品安全风险分级管理和年度监督管理计划】 …………………………………… 74

第一百一十条 【食品安全监督检查措施】 ………… 75

41. 什么是食品安全行政强制措施？ …………………… 76

第一百一十一条 【有害物质的临时限量值和临时检验方法】 …………………………………… 76

42. 如何正确理解和运用"临时限量值"和"临时检测方法"？ ……………………………………… 76

第一百一十二条 【快速检测】 ……………………… 77

43. 如何理解食品安全法中关于快速检测的规定？ …… 77

第一百一十三条 【食品安全信用档案】 …………… 78

44. 食品安全信用档案制度主要包括哪些内容？ ……… 79

第一百一十四条 【对食品生产经营者进行责任约谈】 … 79

第一百一十五条 【有奖举报和举报人合法权益的保护】 … 80

第一百一十六条 【加强食品安全执法人员管理】 … 80

第一百一十七条 【对所属食品安全监管部门或下级地方人民政府进行责任约谈】 ……… 81

45. 如何理解本法中规定的责任约谈制度？ …………… 81

第一百一十八条 【食品安全信息统一公布制度】 …… 82

第一百一十九条 【食品安全信息的报告、通报制度】 … 83

46. 什么是食品安全信息通报制度？ …………………… 83

第一百二十条 【不得编造、散布虚假食品安全信息】 … 84

第一百二十一条 【涉嫌食品安全犯罪案件的处理】 ……… 84

第九章 法律责任

第一百二十二条 【未经许可从事食品生产经营活动等的法律责任】 …………………… 85

47. 从事食品生产经营无需取得许可的有哪些情形？ …… 85

第一百二十三条 【八类最严重违法食品生产经营行为的法律责任】 …………………… 86

9

48. 生产经营添加药品的食品，应当如何承担法律责任？ 87

第一百二十四条 【十一类违法生产经营行为的法律责任】 88

第一百二十五条 【四类违法生产经营行为的法律责任】 89

第一百二十六条 【十六类生产经营过程中违法行为所应承担的法律责任】 90

第一百二十七条 【对食品生产加工小作坊、食品摊贩等的违法行为的处罚】 91

第一百二十八条 【事故单位违法行为所应承担的法律责任】 92

49. 发生食品安全事故后，进行处置、报告时应注意哪些问题？ 92

第一百二十九条 【进出口违法行为所应承担的法律责任】 92

第一百三十条 【集中交易市场违法行为所应承担的法律责任】 93

第一百三十一条 【网络食品交易违法行为所应承担的法律责任】 93

50. 网络食品交易第三方平台提供者违反本条规定应承担什么行政法律责任？ 94

第一百三十二条 【进行食品贮存、运输和装卸违法行为所应承担的法律责任】 95

第一百三十三条 【拒绝、阻挠、干涉依法开展食品安全工作、打击报复举报人的法律责任】 95

51. 对举报人以解除、变更劳动合同或者其他方式打击报复需要承担的法律责任还有哪些规定？ ………… 95

第一百三十四条　【屡次违法可以增加处罚】 ………… 96

52. 对食品生产经营者的违法行为适用累进加重处罚，有哪些需要注意的问题？ ………… 96

第一百三十五条　【严重违法犯罪者的从业禁止】 ………… 97

第一百三十六条　【食品经营者免予处罚的情形】 ………… 97

第一百三十七条　【提供虚假监测、评估信息的法律责任】 ………… 98

第一百三十八条　【出具或提供虚假检验报告的法律责任】 ………… 98

第一百三十九条　【虚假认证的法律责任】 ………… 99

第 一 百 四 十 条　【虚假宣传和违法推荐食品的法律责任】 ………… 99

53. 利用会议、讲座、健康咨询等方式对食品进行虚假宣传应如何处理？ ………… 100

第一百四十一条　【编造、散布虚假食品安全信息的法律责任】 ………… 100

第一百四十二条　【地方人民政府有关食品安全事故应对不当的法律责任】 ………… 100

第一百四十三条　【政府未落实有关法定职责的法律责任】 ………… 101

第一百四十四条　【食品安全监管部门的法律责任一】 ………… 101

第一百四十五条　【食品安全监管部门的法律责任二】 ………… 102

第一百四十六条　【违法实施检查、强制等行政行为的法律责任】 ………… 102

第一百四十七条　【赔偿责任及民事赔偿责任优先原则】 ………… 103

第一百四十八条　【首负责任制和惩罚性赔偿】 ………… 104

54. 如何理解本条中的首负责任制？ …… 104
55. 如何理解本条中的惩罚性赔偿制度？ …… 105
第一百四十九条　【刑事责任】 …… 106
56. 食品安全违法行为有可能构成哪些刑事犯罪？ …… 106

第十章　附　　则

第一百五十条　【本法中部分用语含义】 …… 108
第一百五十一条　【转基因食品和食盐的食品安全管理规定】 …… 109
第一百五十二条　【铁路、民航、国境口岸、军队等有关食品安全的管理】 …… 109
第一百五十三条　【国务院可以调整食品安全监管体制】 …… 110
第一百五十四条　【施行日期】 …… 110

配 套 法 规

中华人民共和国刑法（节录） …… 111
　（2023 年 12 月 29 日）
中华人民共和国消费者权益保护法 …… 115
　（2013 年 10 月 25 日）
中华人民共和国广告法 …… 129
　（2021 年 4 月 29 日）
中华人民共和国食品安全法实施条例 …… 147
　（2019 年 10 月 11 日）
中华人民共和国产品质量法 …… 163
　（2018 年 12 月 29 日）

中华人民共和国农产品质量安全法 ·············· 177
　（2022 年 9 月 2 日）
食品安全标准管理办法 ························· 196
　（2023 年 11 月 3 日）
中华人民共和国进出口食品安全管理办法 ········· 203
　（2021 年 4 月 12 日）
食品经营许可和备案管理办法 ··················· 218
　（2023 年 6 月 15 日）
食品生产许可管理办法 ························· 237
　（2020 年 1 月 2 日）
食品安全抽样检验管理办法 ····················· 249
　（2022 年 9 月 29 日）
食品生产经营监督检查管理办法 ················· 263
　（2021 年 12 月 24 日）
食品召回管理办法 ····························· 274
　（2020 年 10 月 23 日）
食品添加剂新品种管理办法 ····················· 282
　（2017 年 12 月 26 日）
网络餐饮服务食品安全监督管理办法 ············· 285
　（2020 年 10 月 23 日）
国家食品安全事故应急预案 ····················· 294
　（2011 年 10 月 5 日）
最高人民法院关于审理食品安全民事纠纷案件适用法
　律若干问题的解释（一）······················ 305
　（2020 年 12 月 8 日）
最高人民法院关于审理食品药品纠纷案件适用法律若
　干问题的规定 ······························ 309
　（2021 年 11 月 18 日）

最高人民法院、最高人民检察院关于办理危害食品安
　　全刑事案件适用法律若干问题的解释 ………………… 313
　　（2021年12月30日）
全国人民代表大会常务委员会关于全面禁止非法野生
　　动物交易、革除滥食野生动物陋习、切实保障人民
　　群众生命健康安全的决定 ………………………………… 321
　　（2020年2月24日）

中华人民共和国食品安全法

（2009年2月28日第十一届全国人民代表大会常务委员会第七次会议通过　2015年4月24日第十二届全国人民代表大会常务委员会第十四次会议修订　根据2018年12月29日第十三届全国人民代表大会常务委员会第七次会议《关于修改〈中华人民共和国产品质量法〉等五部法律的决定》第一次修正　根据2021年4月29日第十三届全国人民代表大会常务委员会第二十八次会议《关于修改〈中华人民共和国道路交通安全法〉等八部法律的决定》第二次修正）

第一章　总　　则

第一条　【立法目的】[①]　为了保证食品安全，保障公众身体健康和生命安全，制定本法。

注解

"食品安全"是1974年由联合国粮农组织提出的概念，从广义上讲主要包括三个方面的内容：一是从数量角度，要求国家能够提供给公众足够的食物，满足社会稳定的基本需要；二是从卫生安全角度，要求食品对人体健康不造成任何危害，并获取充足的营养；三是从发展角度，要求食品的获得要注重生态环境的良好保护和资源利用的可持续性。食品安全法规定的"食品安全"，是一个狭义概念，指食品无毒、无害，符合应当有的

[①] 条文主旨为编者所加，下同。

营养要求，对人体健康不造成任何急性、亚急性或者慢性危害。食品安全法之所以选择了这样一个狭义的食品安全概念，主要是考虑到，在食品的数量安全和生产过程中的资源环境保护方面总体上已经有法可依，农业法和环境保护法等法律，对促进农业发展和资源环境保护方面的制度已经进行了规范。在这样的情况下，需要通过食品安全立法，集中解决食品卫生安全的问题。

第二条 【适用范围】在中华人民共和国境内从事下列活动，应当遵守本法：

（一）食品生产和加工（以下称食品生产），食品销售和餐饮服务（以下称食品经营）；

（二）食品添加剂的生产经营；

（三）用于食品的包装材料、容器、洗涤剂、消毒剂和用于食品生产经营的工具、设备（以下称食品相关产品）的生产经营；

（四）食品生产经营者使用食品添加剂、食品相关产品；

（五）食品的贮存和运输；

（六）对食品、食品添加剂、食品相关产品的安全管理。

供食用的源于农业的初级产品（以下称食用农产品）的质量安全管理，遵守《中华人民共和国农产品质量安全法》的规定。但是，食用农产品的市场销售、有关质量安全标准的制定、有关安全信息的公布和本法对农业投入品作出规定的，应当遵守本法的规定。

注解

[本法的适用范围]

（1）食品生产。食品生产包括食品生产和加工，是指把食品原料通过生产加工程序，形成一种新形式的可直接食用的产品。

（2）食品经营。食品经营包括食品销售和餐饮服务。需要指出的是，本次修订，食品安全法将"食品的贮存和运输"明确列为调整范围，为避免内容交叉,将原先法律条文中的"食品流通"均修改为"食品销售"。

(3)食品添加剂、食品相关产品的生产经营和使用。食品添加剂和食品相关产品是食品生产经营活动中必不可少的物质,与食品安全息息相关,可以说没有食品添加剂和食品相关产品的安全,就没有食品安全。需要说明的是,在管理体制上,原食品安全法将食品添加剂作为工业产品,规定由质量监督部门按工业产品生产许可证管理的相关规定进行管理。2015年修改法律,为与国务院对食品添加剂监管职能调整的规定相衔接,明确由食品药品监督管理部门负责对食品添加剂进行监管。2018年修改,根据机构改革内容将负责部门改为食品安全监督管理部门。

(4)食品的贮存和运输。这是2015年修改新增加的规定。食品贮存、运输是食品安全管理的重要环节,除食品生产经营者外,还有一些专业的仓储、物流企业也从事食品的贮存、运输活动,应当对其加强管理。

除了上述活动外,其他对食品、食品添加剂和食品相关产品的安全管理活动均适用食品安全法。

应用

1. 食用农产品是否适用本法?

食用农产品是指供食用的源于农业的初级产品,如蔬菜、瓜果、未经加工的肉类等。而食品是指各种供人食用或者饮用的成品和原料以及按照传统既是食品又是药品的物品,但是不包括以治疗为目的的物品。根据这一定义,食品包含食用农产品。但是考虑到我国在2006年已经制定了农产品质量安全法,对包括食用农产品在内的农产品的生产、监督检查等作了规定,本条明确食用农产品的质量安全管理,遵守农产品质量安全法的规定。但是,食用农产品的市场销售、有关质量安全标准的制定、有关安全信息的公布和本法对农业投入品作出规定的,应当遵守本法的规定。

配套

《农产品质量安全法》①;《农药管理条例》

---

① 为便于阅读,本书中相关法律文件标题中的"中华人民共和国"字样都予以删除。

第三条 【食品安全工作原则】食品安全工作实行预防为主、风险管理、全程控制、社会共治，建立科学、严格的监督管理制度。

第四条 【食品生产经营者的责任】食品生产经营者对其生产经营食品的安全负责。

食品生产经营者应当依照法律、法规和食品安全标准从事生产经营活动，保证食品安全，诚信自律，对社会和公众负责，接受社会监督，承担社会责任。

注解

食品生产经营者是食品安全第一责任人，应当对其生产经营食品的安全负责，承担食品安全主体责任，正所谓"谁生产，谁负责；谁经营，谁负责"。

应用

2. 食品生产经营者应当如何落实主体责任？

一是守法生产经营。应当依照食品安全法及其配套的行政法规、地方性法规和食品安全标准进行生产经营，不能出现违法行为，否则将承担相应的法律责任。为了从法律制度上解决这一问题，食品安全法对生产经营者应承担的各项法定义务和要求作出了规定，如依法取得生产经营许可，建立索证索票、进货查验、出厂检验记录制度，履行对不安全食品的召回和停止经营义务，等等。

二是诚信自律。对社会和公众负责，接受社会监督，承担社会责任。食品行业是良心行业，食品生产经营者要有社会责任感，守住道德底线，诚信自律，自觉接受社会监督。在此方面，食品安全法规定了相应的制度，如鼓励餐饮服务提供者公开加工过程，公示食品原料及其来源等信息。

第五条 【食品安全监管体制】国务院设立食品安全委员会，其职责由国务院规定。

国务院食品安全监督管理部门依照本法和国务院规定的职

责，对食品生产经营活动实施监督管理。

国务院卫生行政部门依照本法和国务院规定的职责，组织开展食品安全风险监测和风险评估，会同国务院食品安全监督管理部门制定并公布食品安全国家标准。

国务院其他有关部门依照本法和国务院规定的职责，承担有关食品安全工作。

第六条 【地方政府食品安全监督管理职责】县级以上地方人民政府对本行政区域的食品安全监督管理工作负责，统一领导、组织、协调本行政区域的食品安全监督管理工作以及食品安全突发事件应对工作，建立健全食品安全全程监督管理工作机制和信息共享机制。

县级以上地方人民政府依照本法和国务院的规定，确定本级食品安全监督管理、卫生行政部门和其他有关部门的职责。有关部门在各自职责范围内负责本行政区域的食品安全监督管理工作。

县级人民政府食品安全监督管理部门可以在乡镇或者特定区域设立派出机构。

注解

县级以上人民政府建立统一权威的食品安全监督管理体制，加强食品安全监督管理能力建设。县级以上人民政府食品安全监督管理部门和其他有关部门应当依法履行职责，加强协调配合，做好食品安全监督管理工作。乡镇人民政府和街道办事处应当支持、协助县级人民政府食品安全监督管理部门及其派出机构依法开展食品安全监督管理工作。

配套

《食品安全法实施条例》第4条

第七条 【地方政府食品安全责任评议、考核制度】县级以上地方人民政府实行食品安全监督管理责任制。上级人民政府负责对下一级人民政府的食品安全监督管理工作进行评议、考核。县级以上地方人民政府负责对本级食品安全监督管理部门和其他有关部门的食品安全监督管理工作进行评议、考核。

应用

3. 什么是食品安全监督管理责任制？

这里的食品安全监督管理责任制主要包括两个层面。一是对地方政府实行食品安全监督管理责任制。地方政府对本地区的食品安全负总责，统一领导、组织、协调本地区的食品安全监督管理工作。强化食品安全监督管理，首先必须落实地方政府的职责。新修订的食品安全法规定，上级人民政府对下一级人民政府的食品安全监督管理工作进行评议、考核。通过食品安全监督管理责任制和评议考核机制，提高地方政府对食品安全工作的重视程度，强化组织领导，切实加强统一领导和组织协调。根据《国务院关于加强食品安全工作的决定》的规定，上级政府要对下级政府进行年度食品安全绩效考核，并将考核结果作为地方领导班子和领导干部综合考核评价的重要内容。发生重大食品安全事故的地方在文明城市、卫生城市等评优创建活动中实行一票否决。二是对食品药品监督管理部门和其他有关部门实行食品安全监督管理责任制。地方政府统一领导、组织协调本地区的食品安全监督管理工作，但具体工作由各个部门承担。加强食品安全监督管理，各部门必须切实履行职责，将政府的领导部署落到实处。通过食品安全监督管理责任制和评议考核机制，将压力向下传导，一级抓一级，层层抓落实，使工作真正落到实处，提升食品安全水平。

配套

《国务院关于加强食品安全工作的决定》

第八条　【政府对食品安全工作的财政保障和监管职责】县级以上人民政府应当将食品安全工作纳入本级国民经济和社会发展规划，将食品安全工作经费列入本级政府财政预算，加强食品安全监督管理能力建设，为食品安全工作提供保障。

县级以上人民政府食品安全监督管理部门和其他有关部门应

当加强沟通、密切配合，按照各自职责分工，依法行使职权，承担责任。

第九条　【食品行业协会和消费者协会的责任】食品行业协会应当加强行业自律，按照章程建立健全行业规范和奖惩机制，提供食品安全信息、技术等服务，引导和督促食品生产经营者依法生产经营，推动行业诚信建设，宣传、普及食品安全知识。

消费者协会和其他消费者组织对违反本法规定，损害消费者合法权益的行为，依法进行社会监督。

应用

4. 行业协会的法定职责具体包括哪些内容？

一是建立自律机制，明确内部奖惩机制，惩恶扬善，保护守法诚信经营；二是发挥积极引导作用，推动企业不断建立和完善自身食品安全管理制度，通过对会员提供食品安全信息、技术等服务，引导和督促食品生产经营者合法经营；三是推动行业诚信体系建设，采取失信惩戒措施，及时清理害群之马，既减轻政府的监管压力，也树立食品行业的信誉、建立行业诚信；四是广泛宣传、普及食品安全知识，提高社会对食品安全知识的知晓率，提振消费者对食品行业的信心，维护会员合法利益，推动行业健康发展。

5. 消费者协会和其他消费者组织的社会监督作用有哪些？

一是把消费者的食品安全投诉及时送交政府相关部门，并跟踪了解有关部门的调查处理情况；二是协助食品安全监管部门广泛收集食品生产经营信息、消费者申诉举报信息等；三是作为社会力量，监督食品安全监管部门执法的规范性、公正性；四是就完善食品安全立法、政策和标准等制度性工作提出意见；五是协助消费者维护个人的食品安全合法权益，如协助消费者投诉举报、提起诉讼等。

配套

《消费者权益保护法》第36、37条

第十条　【食品安全宣传教育和舆论监督】各级人民政府应当加强食品安全的宣传教育，普及食品安全知识，鼓励社会组织、基层群众性自治组织、食品生产经营者开展食品安全法律、法规以及食品安全标准和知识的普及工作,倡导健康的饮食方式,增强消费者食品安全意识和自我保护能力。

新闻媒体应当开展食品安全法律、法规以及食品安全标准和知识的公益宣传,并对食品安全违法行为进行舆论监督。有关食品安全的宣传报道应当真实、公正。

注 解

国家将食品安全知识纳入国民素质教育内容,普及食品安全科学常识和法律知识,提高全社会的食品安全意识。

配 套

《食品安全法实施条例》第5条

第十一条 【食品安全研究和农药管理】国家鼓励和支持开展与食品安全有关的基础研究、应用研究,鼓励和支持食品生产经营者为提高食品安全水平采用先进技术和先进管理规范。

国家对农药的使用实行严格的管理制度,加快淘汰剧毒、高毒、高残留农药,推动替代产品的研发和应用,鼓励使用高效低毒低残留农药。

配 套

《农产品质量安全法》第29条;《农药管理条例》

第十二条 【社会监督】任何组织或者个人有权举报食品安全违法行为,依法向有关部门了解食品安全信息,对食品安全监督管理工作提出意见和建议。

注 解

[完善举报奖励制度]

针对举报奖励制度,2019年修订的《食品安全法实施条例》也作出了明确规定,国家实行食品安全违法行为举报奖励制度,对查证属实的举报,给予举报人奖励。举报人举报所在企业食品安全重大违法犯罪行为的,应当加大奖励力度。有关部门应当对举报人的信息予以保密,保护举报人的合法权益。食品安全违法行为举报奖励办法由国务院食品安全监督管理部门会同国务院财政等有关部门制定。食品安全违法行为举报奖励资金纳入各级人民政府预算。

配套

《政府信息公开条例》;《食品安全法实施条例》第65条;《市场监管领域重大违法行为举报奖励暂行办法》

第十三条 【表彰、奖励有突出贡献的单位和个人】对在食品安全工作中做出突出贡献的单位和个人,按照国家有关规定给予表彰、奖励。

第二章 食品安全风险监测和评估

第十四条 【食品安全风险监测制度】国家建立食品安全风险监测制度,对食源性疾病、食品污染以及食品中的有害因素进行监测。

国务院卫生行政部门会同国务院食品安全监督管理等部门,制定、实施国家食品安全风险监测计划。

国务院食品安全监督管理部门和其他有关部门获知有关食品安全风险信息后,应当立即核实并向国务院卫生行政部门通报。对有关部门通报的食品安全风险信息以及医疗机构报告的食源性疾病等有关疾病信息,国务院卫生行政部门应当会同国务院有关部门分析研究,认为必要的,及时调整国家食品安全风险监测计划。

省、自治区、直辖市人民政府卫生行政部门会同同级食品安全监督管理等部门,根据国家食品安全风险监测计划,结合本行政区域的具体情况,制定、调整本行政区域的食品安全风险监测方案,报国务院卫生行政部门备案并实施。

注解

[食品安全风险监测机制]

食品安全风险监测是指系统和持续收集食源性疾病、食品污染、食品中有害因素等相关数据信息,并运用医学、卫生学原理和方法进行监测。

[食品安全风险监测会商机制]

2019年修订的《食品安全法实施条例》规定县级以上人民政府卫生行政部门会同同级食品安全监督管理等部门建立食品安全风险监测会商机制,汇总、分析风险监测数据,研判食品安全风险,形成食品安全风险监测分析报告,报本级人民政府;县级以上地方人民政府卫生行政部门还应当将食品安全风险监测分析报告同时报上一级人民政府卫生行政部门。食品安全风险监测会商的具体办法由国务院卫生行政部门会同国务院食品安全监督管理等部门制定。

应用

6. 食品安全风险监测机制主要监测内容有哪些?

国家建立食品安全风险监测制度,主要对以下三类内容进行监测:

(1) 食源性疾病。食源性疾病是指食品中致病因素进入人体引起的感染性、中毒性等疾病。包括常见的食物中毒、肠道传染病、人畜共患传染病、寄生虫病以及化学性有毒有害物质所引起的疾病。

(2) 食品污染。食品污染是指食品及其原料在生产、加工、运输、包装、贮存、销售、烹调等过程中,因农药、废水、污水,病虫害和家畜疫病所引起的污染,以及霉菌毒素引起的食品霉变,运输、包装材料中有毒物质等对食品所造成的污染的总称。食品污染可分为生物性污染、化学性污染和物理性污染三大类。

(3) 食品中的有害因素。食品中可能存在的有害因素按来源可分为三类:①食品污染物。在生产、加工、贮存、运输、销售等过程中混入食品中的物质。②食品中天然存在的有害物质,如大豆中存在的蛋白酶抑制剂。③食品加工、保藏过程中产生的有害物质,如酿酒过程中产生的甲醇、杂醇油等有害成分。

配套

《食品安全法实施条例》第6条

第十五条 【食品安全风险监测工作】 承担食品安全风险监测工作的技术机构应当根据食品安全风险监测计划和监测方案开展监测工作，保证监测数据真实、准确，并按照食品安全风险监测计划和监测方案的要求报送监测数据和分析结果。

食品安全风险监测工作人员有权进入相关食用农产品种植养殖、食品生产经营场所采集样品、收集相关数据。采集样品应当按照市场价格支付费用。

第十六条 【及时通报食品安全风险监测结果】 食品安全风险监测结果表明可能存在食品安全隐患的，县级以上人民政府卫生行政部门应当及时将相关信息通报同级食品安全监督管理等部门，并报告本级人民政府和上级人民政府卫生行政部门。食品安全监督管理等部门应当组织开展进一步调查。

应 用

7. 如何理解食品安全风险监测结果通报机制？

为充分发挥食品安全风险监测的作用，及时沟通监测结果，研究食品安全形势并提出对策措施建议，依据本法的规定，建立食品安全风险监测结果通报机制。县级以上人民政府卫生行政部门针对监测中发现的问题及时通报会商，早期预警，提供线索，为食品安全监管部门及时采取措施、消除食品安全隐患发挥重要作用。

配 套

本法第5条、第8条

第十七条 【食品安全风险评估制度】 国家建立食品安全风险评估制度，运用科学方法，根据食品安全风险监测信息、科学数据以及有关信息，对食品、食品添加剂、食品相关产品中生物性、化学性和物理性危害因素进行风险评估。

国务院卫生行政部门负责组织食品安全风险评估工作，成立由医学、农业、食品、营养、生物、环境等方面的专家组成的食品安全风险评估专家委员会进行食品安全风险评估。食品安全风险评估结果由国务院卫生行政部门公布。

对农药、肥料、兽药、饲料和饲料添加剂等的安全性评估，应当有食品安全风险评估专家委员会的专家参加。

食品安全风险评估不得向生产经营者收取费用，采集样品应当按照市场价格支付费用。

注解

[食品安全风险评估]

食品安全风险评估，是指对食品、食品添加剂、食品中生物性、化学性和物理性危害因素对人体健康可能造成的不良影响所进行的科学评估，具体包括危害识别、危害特征描述、暴露评估、风险特征描述等四个阶段。

危害识别是指根据相关的科学数据和科学实验，来判断食品中的某种因素会不会危及人体健康的过程。危害特征描述，是对某种因素对人体可能造成的危害予以定性或者对其予以量化。暴露评估，是通过膳食调查，确定危害以何种途径进入人体，同时计算出人体对各种食物的安全摄入量究竟是多少。风险特征描述是综合危害识别、危害描述和暴露评估的结果，总结某种危害因素对人体产生不良影响的程度。

[评估不得收费，采样应当付费]

本条第4款规定包含两层含义：一方面评估不得向企业收取费用，对于评估机构在评估过程中的收费行为，企业有权拒绝；另一方面评估机构应当按照市场价格向企业支付样品的费用。对于评估机构拒不支付样品费用的行为，企业有权向监管部门投诉举报。

应用

8. 如何对农药、肥料、兽药、饲料和饲料添加剂进行风险评估？

对于农药、肥料、兽药、饲料和饲料添加剂等的安全性评估，根据农产品质量安全法的规定，应当由农产品质量安全风险评估专家委员会进行安全性评估，但本条规定应当有食品安全风险评估专家委员会的专家参加。这是因为农药、肥料、兽药、饲料和饲料添加剂等对于动植物本身可能没有明显危害，但是往往因其残留影响到终端食品的质量安全，因此规定这些相关评估工作要有食品安全风险评估专家委员会的专家参加。

配 套

《农产品质量安全法》第14、15条

第十八条 【食品安全风险评估法定情形】 有下列情形之一的，应当进行食品安全风险评估：

（一）通过食品安全风险监测或者接到举报发现食品、食品添加剂、食品相关产品可能存在安全隐患的；

（二）为制定或者修订食品安全国家标准提供科学依据需要进行风险评估的；

（三）为确定监督管理的重点领域、重点品种需要进行风险评估的；

（四）发现新的可能危害食品安全因素的；

（五）需要判断某一因素是否构成食品安全隐患的；

（六）国务院卫生行政部门认为需要进行风险评估的其他情形。

第十九条 【监管部门在食品安全风险评估中的配合协作义务】 国务院食品安全监督管理、农业行政等部门在监督管理工作中发现需要进行食品安全风险评估的，应当向国务院卫生行政部门提出食品安全风险评估的建议，并提供风险来源、相关检验数据和结论等信息、资料。属于本法第十八条规定情形的，国务院卫生行政部门应当及时进行食品安全风险评估，并向国务院有关部门通报评估结果。

注 解

2019年修订的《食品安全法实施条例》规定了有关部门在食品安全风险监测和评估方面的协作、配合义务，《条例》规定：县级以上人民政府卫生行政部门会同同级食品安全监督管理等部门建立食品安全风险监测会商机制，汇总、分析风险监测数据，研判食品安全风险，形成食品安全风险监测分析报告，报本级人民政府；县级以上地方人民政府卫生行政部门还应当将食品安全风险监测分析报告同时报上一级人民政府卫生行政部门。食品安全风险监测会商的具体办法由国务院卫生行政部门会同国务院食品安全监督管理等部门制定。

配套

本法第18条；《食品安全法实施条例》第6条

第二十条 【卫生行政、农业行政部门信息共享机制】省级以上人民政府卫生行政、农业行政部门应当及时相互通报食品、食用农产品安全风险监测信息。

国务院卫生行政、农业行政部门应当及时相互通报食品、食用农产品安全风险评估结果等信息。

注解

根据本法第2条第2款规定，供食用的源于农业的初级产品的质量安全管理，遵守农产品质量安全法的规定。但是，食用农产品的市场销售、有关质量安全标准的制定、有关安全信息的公布和本法对农业投入品作出规定的，应当遵守本法的规定。根据这一规定，本法规定的食品安全风险监测、评估制度，不适用食用农产品，食用农产品的风险监测、评估由农业行政部门依据农产品质量安全法进行。《农产品质量安全法》第15条规定，国务院农业农村主管部门应当根据农产品质量安全风险监测、风险评估结果采取相应的管理措施，并将农产品质量安全风险监测、风险评估结果及时通报国务院市场监督管理、卫生健康等部门和有关省、自治区、直辖市人民政府农业农村主管部门。第21条规定，县级以上地方人民政府农业农村主管部门应当会同同级生态环境、自然资源等部门按照保障农产品质量安全的要求，根据农产品品种特性和产地安全调查、监测、评价结果，依照土壤污染防治等法律、法规的规定提出划定特定农产品禁止生产区域的建议，报本级人民政府批准后实施。

农产品质量安全法也对国务院农业农村主管部门向国务院有关部门通报

信息的职责作了规定。本条规定，既是为了与农产品质量安全法相衔接，也是对卫生行政部门和农业行政部门互通信息的职责进一步提出了明确要求，这样规定能够更好地保障食品和食用农产品的质量安全，有利于实现"从农田到餐桌"的全程监管。

配套

本法第2条；《农产品质量安全法》第15、21条

第二十一条　【食品安全风险评估结果】食品安全风险评估结果是制定、修订食品安全标准和实施食品安全监督管理的科学依据。

经食品安全风险评估，得出食品、食品添加剂、食品相关产品不安全结论的，国务院食品安全监督管理等部门应当依据各自职责立即向社会公告，告知消费者停止食用或者使用，并采取相应措施，确保该食品、食品添加剂、食品相关产品停止生产经营；需要制定、修订相关食品安全国家标准的，国务院卫生行政部门应当会同国务院食品安全监督管理部门立即制定、修订。

第二十二条　【食品安全风险警示】国务院食品安全监督管理部门应当会同国务院有关部门，根据食品安全风险评估结果、食品安全监督管理信息，对食品安全状况进行综合分析。对经综合分析表明可能具有较高程度安全风险的食品，国务院食品安全监督管理部门应当及时提出食品安全风险警示，并向社会公布。

配套

本法第118条

第二十三条　【食品安全风险交流】县级以上人民政府食品安全监督管理部门和其他有关部门、食品安全风险评估专家委员会及其技术机构，应当按照科学、客观、及时、公开的原则，组织食品生产经营者、食品检验机构、认证机构、食品行业协会、

15

消费者协会以及新闻媒体等，就食品安全风险评估信息和食品安全监督管理信息进行交流沟通。

注 解

2019年修订的《食品安全法实施条例》同样规定了国务院食品安全监督管理部门和其他有关部门应建立食品安全风险信息交流机制，明确食品安全风险信息交流的内容、程序和要求。

应 用

9. 如何积极开展食品安全风险交流工作？

随着公众对食品安全的日益关注，对风险交流提出的要求越来越高，这就要求风险管理者能够尽可能地收集并科学分析风险评估结果和食品安全监督管理信息，通过交流尽可能地降低对信息理解差异可能造成的不利影响。同时，通过交流信息反馈，也有利于促进管理者更好权衡各种影响因素，更加优化风险管理决策。

配 套

《食品安全法实施条例》第9条

第三章　食品安全标准

第二十四条　【食品安全标准的制定原则】制定食品安全标准，应当以保障公众身体健康为宗旨，做到科学合理、安全可靠。

应 用

10. 什么是食品安全标准？

食品安全标准是政府管理部门为保证食品安全，预防疾病发生，对食品中安全、营养等与健康相关指标的科学规定。食品安全标准体系是我国食品安全法律法规体系的重要组成部分，是食品生产经营必须遵从的技术法规，也是政府监管部门开展食品安全卫生监督管理的重要技术依据。

食品安全标准对食品中包括生物性、化学性、物理性污染因素在内的各类污染物质以及危害人体健康物质、食品添加剂、营养成分、标签、生产经营过程的卫生要求、与食品安全有关的质量要求、相配套的检验方法与规程都规定了限量指标和技术要求。

第二十五条 【食品安全标准的强制性】食品安全标准是强制执行的标准。除食品安全标准外，不得制定其他食品强制性标准。

应用

11. 为什么食品安全标准必须强制执行？

该条明确了食品安全国家标准的法律效力，即强制性和唯一性。主要包括以下含义：第一，"强制性"要求食品生产经营者、检验机构以及监管部门必须严格执行食品安全标准。不符合食品安全标准的食品，禁止生产经营；违法生产经营的，须承担相应的民事、行政甚至刑事责任。第二，食品安全标准是"唯一"的食品强制性标准，除此之外，不能制定其他的"强制性"标准。第三，除制定"强制性"的食品安全标准以外，可以制定"推荐性"的食品标准。

第二十六条 【食品安全标准的内容】食品安全标准应当包括下列内容：

（一）食品、食品添加剂、食品相关产品中的致病性微生物，农药残留、兽药残留、生物毒素、重金属等污染物质以及其他危害人体健康物质的限量规定；

（二）食品添加剂的品种、使用范围、用量；

（三）专供婴幼儿和其他特定人群的主辅食品的营养成分要求；

（四）对与卫生、营养等食品安全要求有关的标签、标志、说明书的要求；

（五）食品生产经营过程的卫生要求；

（六）与食品安全有关的质量要求；

（七）与食品安全有关的食品检验方法与规程；

（八）其他需要制定为食品安全标准的内容。

应用

12. 食品安全标准的具体内容有哪些?

本条规定了食品安全标准应包括的内容。根据内容不同，食品安全国家标准大致可分为四类：通用标准，主要由（一）、（二）和（四）部分组成；产品标准，主要由（三）、（六）和（八）部分组成；检验方法与规程标准，主要为（七）部分；生产经营规范标准，主要为（五）部分。

通用标准包括食品中致病性微生物、农药残留、兽药残留、污染物、真菌毒素等的限量规定等，食品添加剂、食品相关产品的使用标准，以及标签标识等的规定，对具有一般性和普遍性的食品安全危害和措施进行了规定，涉及的食品类别多、范围广，标准的通用性较强。

产品标准包括食品产品、食品添加剂和食品相关产品的标准，如食品产品标准、各种食品添加剂质量规格标准以及各类食品包装材料、洗涤剂和消毒剂标准。若这些标准涉及了基础标准已经规定的内容，就引用基础标准。由于一些产品有其特殊性，可能存在其他的风险，就在相应产品标准中制定相应的指标、限量（或措施）和其他必要的技术要求等。

检验方法标准规定了物理化学检验、微生物学检验和毒理学检验规程的内容，针对不同的目标，对所使用的方法及其基本原理、抽样、取样、操作、精度要求、仪器、设备以及相应的规格要求、操作步骤、数据计算、结果分析、报告内容等方面进行了统一规定。

生产经营规范标准对食品生产和经营过程中为了达到食品安全这个最终目的，而在各个步骤所采取的措施和控制手段需要达到的目标进行要求，主要包括选址及厂区环境、厂房和车间、设施与设备的卫生要求、卫生管理要求、食品原料、食品添加剂和食品相关产品的要求、生产过程的食品安全控制、检验、食品的贮存和运输、产品的召回、人员培训、管理制度和人员、记录和文件管理等。

配套

《食品添加剂使用标准》（GB2760-2014）

第二十七条　【食品安全国家标准的制定、公布主体】食品安全国家标准由国务院卫生行政部门会同国务院食品安全监督管理部门制定、公布，国务院标准化行政部门提供国家标准编号。

　　食品中农药残留、兽药残留的限量规定及其检验方法与规程由国务院卫生行政部门、国务院农业行政部门会同国务院食品安全监督管理部门制定。

　　屠宰畜、禽的检验规程由国务院农业行政部门会同国务院卫生行政部门制定。

　　第二十八条　【制定食品安全国家标准的要求和程序】制定食品安全国家标准，应当依据食品安全风险评估结果并充分考虑食用农产品安全风险评估结果，参照相关的国际标准和国际食品安全风险评估结果，并将食品安全国家标准草案向社会公布，广泛听取食品生产经营者、消费者、有关部门等方面的意见。

　　食品安全国家标准应当经国务院卫生行政部门组织的食品安全国家标准审评委员会审查通过。食品安全国家标准审评委员会由医学、农业、食品、营养、生物、环境等方面的专家以及国务院有关部门、食品行业协会、消费者协会的代表组成，对食品安全国家标准草案的科学性和实用性等进行审查。

　　第二十九条　【食品安全地方标准】对地方特色食品，没有食品安全国家标准的，省、自治区、直辖市人民政府卫生行政部门可以制定并公布食品安全地方标准，报国务院卫生行政部门备案。食品安全国家标准制定后，该地方标准即行废止。

注解

　　本条对制定食品安全地方标准的情形进行了限制，仅对没有食品安全标准的地方特色食品可以制定食品安全地方标准。对于非地方特色食品的其他食品或者食品添加剂、食品相关产品、专供婴幼儿和其他特定人群的主辅食品、保健食品等其他食品安全标准内容，不能制定地方标准。

食品安全地方标准，应当公开征求意见。省、自治区、直辖市人民政府卫生行政部门应当自食品安全地方标准公布之日起30个工作日内，将地方标准报国务院卫生行政部门备案。国务院卫生行政部门发现备案的食品安全地方标准违反法律、法规或者食品安全国家标准的，应当及时予以纠正。食品安全地方标准依法废止的，省、自治区、直辖市人民政府卫生行政部门应当及时在其网站上公布废止情况。

配套

《标准化法》；《食品安全法实施条例》第11、12条

第三十条　【食品安全企业标准】 国家鼓励食品生产企业制定严于食品安全国家标准或者地方标准的企业标准，在本企业适用，并报省、自治区、直辖市人民政府卫生行政部门备案。

配套

《食品安全法实施条例》第14条

第三十一条　【食品安全标准公布和有关问题解答】 省级以上人民政府卫生行政部门应当在其网站上公布制定和备案的食品安全国家标准、地方标准和企业标准，供公众免费查阅、下载。

对食品安全标准执行过程中的问题，县级以上人民政府卫生行政部门应当会同有关部门及时给予指导、解答。

第三十二条　【食品安全标准跟踪评价和执行】 省级以上人民政府卫生行政部门应当会同同级食品安全监督管理、农业行政等部门，分别对食品安全国家标准和地方标准的执行情况进行跟踪评价，并根据评价结果及时修订食品安全标准。

省级以上人民政府食品安全监督管理、农业行政等部门应当对食品安全标准执行中存在的问题进行收集、汇总，并及时向同级卫生行政部门通报。

食品生产经营者、食品行业协会发现食品安全标准在执行中存在问题的，应当立即向卫生行政部门报告。

应用

13. 食品安全标准执行过程中的问题应该如何反馈?

本条规定食品安全标准执行过程中的问题,可以通过跟踪评价和意见收集的方式反馈,意见汇总收集的部门为省级以上人民政府卫生行政部门。

(一)跟踪评价。

通过标准跟踪评价的结果,了解标准使用者对标准文本和内容的认知情况;了解监管部门及行业的宣贯情况和企业的实施情况;验证现行食品安全标准的各项指标和技术要求的科学性、合理性和实用性;掌握标准的实施效果对于降低行政成本、减轻监管负担、改进食品生产工艺、促进食品行业发展,保障公众健康等方面的影响;判定标准实施后是否满足食品利益相关方对于制定、修订标准的需求,是否解决了目前存在的食品安全标准管理方面的问题,为食品安全标准修订和研究提供科学依据,为其他研究工作提供数据。

跟踪评价可以通过问卷调查、专家咨询、现场调研、指标验证、网络平台、座谈会等多种方式开展。

(二)信息收集。

通过加强意见收集平台的建设和拓展反馈渠道,广泛收集、汇总标准执行中的问题,包括标准实施效果、标准文本内容、标准指标和技术要求以及标准文本相关的其他问题和建议等。意见和建议的来源主要包括:1. 食品安全标准咨询和建议。2. 食品安全风险监测。3. 食品安全风险评估。4. 监管信息。5. 企业标准备案中发现问题。

第四章 食品生产经营

第一节 一般规定

第三十三条 【食品生产经营要求】食品生产经营应当符合食品安全标准,并符合下列要求:

(一)具有与生产经营的食品品种、数量相适应的食品原料处理和食品加工、包装、贮存等场所，保持该场所环境整洁，并与有毒、有害场所以及其他污染源保持规定的距离；

（二）具有与生产经营的食品品种、数量相适应的生产经营设备或者设施，有相应的消毒、更衣、盥洗、采光、照明、通风、防腐、防尘、防蝇、防鼠、防虫、洗涤以及处理废水、存放垃圾和废弃物的设备或者设施；

（三）有专职或者兼职的食品安全专业技术人员、食品安全管理人员和保证食品安全的规章制度；

（四）具有合理的设备布局和工艺流程，防止待加工食品与直接入口食品、原料与成品交叉污染，避免食品接触有毒物、不洁物；

（五）餐具、饮具和盛放直接入口食品的容器，使用前应当洗净、消毒，炊具、用具用后应当洗净，保持清洁；

（六）贮存、运输和装卸食品的容器、工具和设备应当安全、无害，保持清洁，防止食品污染，并符合保证食品安全所需的温度、湿度等特殊要求，不得将食品与有毒、有害物品一同贮存、运输；

（七）直接入口的食品应当使用无毒、清洁的包装材料、餐具、饮具和容器；

（八）食品生产经营人员应当保持个人卫生，生产经营食品时，应当将手洗净，穿戴清洁的工作衣、帽等；销售无包装的直接入口食品时，应当使用无毒、清洁的容器、售货工具和设备；

（九）用水应当符合国家规定的生活饮用水卫生标准；

（十）使用的洗涤剂、消毒剂应当对人体安全、无害；

（十一）法律、法规规定的其他要求。

非食品生产经营者从事食品贮存、运输和装卸的，应当符合前款第六项的规定。

第三十四条 【禁止生产经营的食品、食品添加剂、食品相关产品】禁止生产经营下列食品、食品添加剂、食品相关产品：

（一）用非食品原料生产的食品或者添加食品添加剂以外的化学物质和其他可能危害人体健康物质的食品，或者用回收食品作为原料生产的食品；

（二）致病性微生物，农药残留、兽药残留、生物毒素、重金属等污染物质以及其他危害人体健康的物质含量超过食品安全标准限量的食品、食品添加剂、食品相关产品；

（三）用超过保质期的食品原料、食品添加剂生产的食品、食品添加剂；

（四）超范围、超限量使用食品添加剂的食品；

（五）营养成分不符合食品安全标准的专供婴幼儿和其他特定人群的主辅食品；

（六）腐败变质、油脂酸败、霉变生虫、污秽不洁、混有异物、掺假掺杂或者感官性状异常的食品、食品添加剂；

（七）病死、毒死或者死因不明的禽、畜、兽、水产动物肉类及其制品；

（八）未按规定进行检疫或者检疫不合格的肉类，或者未经检验或者检验不合格的肉类制品；

（九）被包装材料、容器、运输工具等污染的食品、食品添加剂；

（十）标注虚假生产日期、保质期或者超过保质期的食品、食品添加剂；

（十一）无标签的预包装食品、食品添加剂；

（十二）国家为防病等特殊需要明令禁止生产经营的食品；

（十三）其他不符合法律、法规或者食品安全标准的食品、食品添加剂、食品相关产品。

注解

食品安全法所称回收食品，是指已经售出，因违反法律、法规、食品安全标准或者超过保质期等原因，被召回或者退回的食品，不包括依照食品安全法第六十三条第三款的规定可以继续销售的食品。

第三十五条 【食品生产经营许可】国家对食品生产经营实行许可制度。从事食品生产、食品销售、餐饮服务，应当依法取得许可。但是，销售食用农产品和仅销售预包装食品的，不需要取得许可。仅销售预包装食品的，应当报所在地县级以上地方人民政府食品安全监督管理部门备案。

县级以上地方人民政府食品安全监督管理部门应当依照《中华人民共和国行政许可法》的规定，审核申请人提交的本法第三十三条第一款第一项至第四项规定要求的相关资料，必要时对申请人的生产经营场所进行现场核查；对符合规定条件的，准予许可；对不符合规定条件的，不予许可并书面说明理由。

注解

《行政许可法》第12条规定，直接关系人身健康、生命财产安全等特定活动，需要按照法定条件予以批准的事项，可以设定行政许可。食品生产经营直接关系人身健康和生命财产安全，对其实行许可制度是必要的。食品生产、销售和餐饮服务统一由食品药品监督管理部门监督管理，颁发食品生产经营许可证。销售食用农产品的，不需要取得许可。

2019年修订的《食品安全法实施条例》将食品生产经营许可的有效期从3年延长至5年。

配套

《食品安全法实施条例》第15条

第三十六条 【对食品生产加工小作坊和食品摊贩等的管理】食品生产加工小作坊和食品摊贩等从事食品生产经营活动，应当符合本法规定的与其生产经营规模、条件相适应的食品安全要求，保证所生产经营的食品卫生、无毒、无害，食品安全监督管理部门应当对其加强监督管理。

县级以上地方人民政府应当对食品生产加工小作坊、食品摊贩等进行综合治理，加强服务和统一规划，改善其生产经营环境，鼓励和支持其改进生产经营条件，进入集中交易市场、店铺等固定场所经营，或者在指定的临时经营区域、时段经营。

食品生产加工小作坊和食品摊贩等的具体管理办法由省、自治区、直辖市制定。

注解

食品生产加工小作坊一般是指固定从业人员较少，有固定生产场所，生产条件简单，从事传统、低风险食品生产加工的生产单位或个人。食品摊贩一般是指没有固定经营场所、从事食品销售等的经营者。食品生产加工小作坊和食品摊贩等因其自身条件限制，不能与生产经营企业同等要求，但应当以本法第33条规定为原则，符合与其生产经营规模、条件相适应的食品安全要求，保证所生产经营的食品卫生、无毒、无害。

配套

《食品生产加工小作坊质量安全控制基本要求》（GB/T23734-2009）

第三十七条 【利用新的食品原料从事食品生产等的安全性评估】利用新的食品原料生产食品，或者生产食品添加剂新品种、食品相关产品新品种，应当向国务院卫生行政部门提交相关产品的安全性评估材料。国务院卫生行政部门应当自收到申请之日起六十日内组织审查；对符合食品安全要求的，准予许可并公布；对不符合食品安全要求的，不予许可并书面说明理由。

应用

14. 新的食品原料、食品添加剂新品种、食品相关产品新品种分别是指什么？

所谓"新的食品原料"，是指在我国无传统食用习惯的动物、植物和微生物,从动物、植物和微生物中分离的成分,原有结构发生改变的食品成分,其他新研制的食品原料。新食品原料应当具有食品原料的特性,符合应当有的营养要求,且无毒、无害,对人体健康不造成任何急性、亚急性、慢性或者其他潜在性危害。由于新发现或者新研制的食品原料以往没有食用历史,其成分、营养价值、有毒有害物含量及其来源和加工工艺等对人体健康和安全的影响存在不确定性,各国通行做法是通过国家立法,要求对其进行安全性评估,确认无毒无害方可利用。所谓"食品添加剂新品种",是指国内从未用作食品添加剂的天然或合成的物品。所谓"食品相关产品新品种",是指国内从未使用的新型食品包装材料、容器、洗涤剂、消毒剂等相关产品。

15. 安全性评估材料包括哪些内容?

安全性评估材料一般包括:原料名称及其来源、化学结构及理化特性、研制报告和安全性评估报告、实验性使用效果报告、相关机构的检验报告或者鉴定报告、生产工艺简述和流程图、产品质量标准、产品标签及说明书、国内外的研究利用情况和相关的安全性资料等。

16. 安全性评估的审查范围是?

审查范围大体包括:产品的食用或使用历史、生产工艺、质量标准、主要成分及含量、使用范围、使用量、推荐摄入量、适宜人群、卫生学和毒理学资料、国内外相关安全性文献资料及类似食品原料比较分析资料等。

配套

《行政许可法》;《新食品原料安全性审查管理办法》;《食品添加剂新品种管理办法》;《食品相关产品新品种行政许可管理规定》

第三十八条　【食品中不得添加药品】生产经营的食品中不得添加药品,但是可以添加按照传统既是食品又是中药材的物质。按照传统既是食品又是中药材的物质目录由国务院卫生行政部门会同国务院食品安全监督管理部门制定、公布。

注解

药品,是指用于预防、治疗、诊断人的疾病,有目的地调节人的生理机能并规定有适应症或者功能主治、用法和用量的物质，包括中药材、中药饮片、中成药、化学原料药及其制剂、抗生素、生化药品、放射性药品、血清、疫苗、血液制品和诊断药品等。药品都有毒副作用，不得在食品中添加药品，但是按照传统既是食品又是中药材的物质可以添加。

第三十九条　【食品添加剂生产许可】 国家对食品添加剂生产实行许可制度。从事食品添加剂生产，应当具有与所生产食品添加剂品种相适应的场所、生产设备或者设施、专业技术人员和管理制度，并依照本法第三十五条第二款规定的程序，取得食品添加剂生产许可。

生产食品添加剂应当符合法律、法规和食品安全国家标准。

第四十条　【食品添加剂允许使用的条件和使用要求】 食品添加剂应当在技术上确有必要且经过风险评估证明安全可靠，方可列入允许使用的范围；有关食品安全国家标准应当根据技术必要性和食品安全风险评估结果及时修订。

食品生产经营者应当按照食品安全国家标准使用食品添加剂。

应用

17. 可以使用食品添加剂的情况有哪些?

可以使用食品添加剂的情况主要有：保持或提高食品本身的营养价值；作为某些特殊膳食用食品的必要配料或成分；提高食品的质量和稳定性，改进其感官特性；便于食品的生产、加工、包装、运输或者贮藏。

18. 使用食品添加剂应当遵循哪些原则?

食品添加剂不应对人体产生任何健康危害；不应掩盖食品腐败变质；不应掩盖食品本身或加工过程中的质量缺陷或以掺杂、掺假、伪造为目的而使用食品添加剂；不应降低食品本身的营养价值；在达到预期目的的前提下尽可能降低在食品中的用量。

配套

《食品添加剂使用标准》（GB2760-2014）

第四十一条 【食品相关产品的生产要求】生产食品相关产品应当符合法律、法规和食品安全国家标准。对直接接触食品的包装材料等具有较高风险的食品相关产品,按照国家有关工业产品生产许可证管理的规定实施生产许可。食品安全监督管理部门应当加强对食品相关产品生产活动的监督管理。

应用

19. 哪些产品属于食品相关产品?

食品相关产品是指用于食品的包装材料、容器、洗涤剂、消毒剂和用于食品生产经营的工具、设备。其中,用于食品的包装材料和容器,是指包装、盛放食品或者食品添加剂用的纸、竹、木、金属、搪瓷、陶瓷、塑料、橡胶、天然纤维、化学纤维、玻璃等制品和直接接触食品或者食品添加剂的涂料。用于食品的洗涤剂、消毒剂,是指直接用于洗涤或者消毒食品、餐具、饮具以及直接接触食品的工具、设备或者食品包装材料和容器的物质。用于食品生产经营的工具、设备,是指在食品或者食品添加剂生产、销售、使用过程中直接接触食品或者食品添加剂的机械、管道、传送带、容器、用具、餐具等。

配套

《工业产品生产许可证管理条例》

第四十二条 【食品安全全程追溯制度】国家建立食品安全全程追溯制度。

食品生产经营者应当依照本法的规定,建立食品安全追溯体系,保证食品可追溯。国家鼓励食品生产经营者采用信息化手段采集、留存生产经营信息,建立食品安全追溯体系。

国务院食品安全监督管理部门会同国务院农业行政等有关部门建立食品安全全程追溯协作机制。

注解

2019 年修订的《食品安全法实施条例》规定国务院食品安全监督管理部

门应会同国务院农业行政等有关部门明确食品安全全程追溯基本要求，指导食品生产经营者通过信息化手段建立、完善食品安全追溯体系。食品安全监督管理等部门应当将婴幼儿配方食品等针对特定人群的食品以及其他食品安全风险较高或者销售量大的食品的追溯体系建设作为监督检查的重点。

配　套

本法第51-53条；《食品安全法实施条例》第17条

第四十三条　【食品规模化生产和食品安全责任保险】地方各级人民政府应当采取措施鼓励食品规模化生产和连锁经营、配送。

国家鼓励食品生产经营企业参加食品安全责任保险。

第二节　生产经营过程控制

第四十四条　【食品生产经营企业食品安全管理制度】食品生产经营企业应当建立健全食品安全管理制度，对职工进行食品安全知识培训，加强食品检验工作，依法从事生产经营活动。

食品生产经营企业的主要负责人应当落实企业食品安全管理制度，对本企业的食品安全工作全面负责。

食品生产经营企业应当配备食品安全管理人员，加强对其培训和考核。经考核不具备食品安全管理能力的，不得上岗。食品安全监督管理部门应当对企业食品安全管理人员随机进行监督抽查考核并公布考核情况。监督抽查考核不得收取费用。

注　解

[主要负责人全面负责食品安全工作]

2019年修订的《食品安全法实施条例》细化了企业主要负责人的责任，规定主要负责人对本企业的食品安全工作全面负责，加强供货者管理、进货查验和出厂检验、生产经营过程控制等工作。

配 套

《食品安全法实施条例》第19、20条

第四十五条 【食品从业人员健康管理】食品生产经营者应当建立并执行从业人员健康管理制度。患有国务院卫生行政部门规定的有碍食品安全疾病的人员,不得从事接触直接入口食品的工作。

从事接触直接入口食品工作的食品生产经营人员应当每年进行健康检查,取得健康证明后方可上岗工作。

第四十六条 【食品生产企业制定并实施食品安全管理控制要求】食品生产企业应当就下列事项制定并实施控制要求,保证所生产的食品符合食品安全标准:

(一)原料采购、原料验收、投料等原料控制;

(二)生产工序、设备、贮存、包装等生产关键环节控制;

(三)原料检验、半成品检验、成品出厂检验等检验控制;

(四)运输和交付控制。

第四十七条 【食品生产经营者的自查制度】食品生产经营者应当建立食品安全自查制度,定期对食品安全状况进行检查评价。生产经营条件发生变化,不再符合食品安全要求的,食品生产经营者应当立即采取整改措施;有发生食品安全事故潜在风险的,应当立即停止食品生产经营活动,并向所在地县级人民政府食品安全监督管理部门报告。

注 解

根据本条规定,食品生产经营者应当根据本企业的生产经营特点,对本企业的食品安全状况定期进行检查。一般来说,食品安全检查可以从以下几个方面进行:(1)食品安全管理制度的建立落实情况。检查本企业的制度是否健全、完善,生产过程中每个环节是否按照控制要求进行操作;(2)设施、设备是否处于正常、安全的运行状态。餐具、饮具、包装材料等是否清洁、无毒无害。用水是否符合国家规定的标准；食品贮存和运输是否符合要求；（3）检查从业人员在工作中是否严格遵守操作规范和食品安全管理制度；（4）检查从业人员在工作中是否具备相应的安全知识和安全生产技能；（5）生产经营过程中是否符合食品生产经营的记录查验制度，生产企业出厂食品是否经过了检验；（6）食品的标签是否符合规定；（7）检查与食品安全有关的事故隐患；（8）发现问题食品是否及时召回处理；（9）其他事项。

第四十八条　【鼓励食品企业提高食品安全管理水平】 国家鼓励食品生产经营企业符合良好生产规范要求，实施危害分析与关键控制点体系，提高食品安全管理水平。

对通过良好生产规范、危害分析与关键控制点体系认证的食品生产经营企业，认证机构应当依法实施跟踪调查；对不再符合认证要求的企业，应当依法撤销认证，及时向县级以上人民政府食品安全监督管理部门通报，并向社会公布。认证机构实施跟踪调查不得收取费用。

配　套

《认证认可条例》第 26 条

第四十九条　【农业投入品的使用管理】 食用农产品生产者应当按照食品安全标准和国家有关规定使用农药、肥料、兽药、饲料和饲料添加剂等农业投入品，严格执行农业投入品使用安全间隔期或者休药期的规定，不得使用国家明令禁止的农业投入品。禁止将剧毒、高毒农药用于蔬菜、瓜果、茶叶和中草药材等国家规定的农作物。

食用农产品的生产企业和农民专业合作经济组织应当建立农业投入品使用记录制度。

县级以上人民政府农业行政部门应当加强对农业投入品使用的监督管理和指导，建立健全农业投入品安全使用制度。

配套

《农产品质量安全法》第29条；《农药管理条例》第26、28、35条；《兽药管理条例》第38-41条；《饲料和饲料添加剂管理条例》

第五十条 【食品生产者进货查验记录制度】食品生产者采购食品原料、食品添加剂、食品相关产品，应当查验供货者的许可证和产品合格证明；对无法提供合格证明的食品原料，应当按照食品安全标准进行检验；不得采购或者使用不符合食品安全标准的食品原料、食品添加剂、食品相关产品。

食品生产企业应当建立食品原料、食品添加剂、食品相关产品进货查验记录制度，如实记录食品原料、食品添加剂、食品相关产品的名称、规格、数量、生产日期或者生产批号、保质期、进货日期以及供货者名称、地址、联系方式等内容，并保存相关凭证。记录和凭证保存期限不得少于产品保质期满后六个月；没有明确保质期的，保存期限不得少于二年。

注解

[食品生产者的进货查验制度]

进货查验制度是指食品生产者依照法律、法规和规章的规定在采购时，对购进的食品原料、食品添加剂、食品相关产品的质量状况进行检查，对经检查确认符合食品安全标准的方可以购进的进货质量保证制度。食品生产者采购食品原料、添加剂、相关产品是关系食品安全的源头。本条规定，食品生产者在采购食品原料、食品添加剂、食品相关产品时，应当查验供货者的许可证和产品合格证明。也就是说，食品生产者在采购时需要履行检查或者检验的义务。食品生产者在采购时应当索取并查验供货者资格，检查供货者是否是获得许可证的合法企业，同时还要检验采购的原料是否有检验单位出具的同批次产品检验合格证明，如产品生产许可证、动物检疫合格证明、进口卫生证书等，并对物料进行验收审核。

[食品生产企业进货查验记录制度]

查验记录制度是食品生产企业建立追溯体系的具体手段。进货查验记录制度包括采购索证、进货验收和台账记录过程。(1) 在采购索证方面。食品生产企业采购时，应当到证照齐全的食品生产经营者或市场采购，索取销售者或市场管理者出具的购物凭证并留存备查。要查验证件、以便溯源。从固定供货商或供货基地采购食品的，应索取并留存供货基地或供货商的资质证明，供货商或供货基地应签订采购供货合同并保证食品卫生质量。(2) 在进货验收方面，应有专人负责验收，原则上要符合食品安全标准的要求，对不符合标准的食品不得采购。(3) 在台账记录方面，应如实记录食品原料、食品添加剂、食品相关产品的名称、规格、数量、生产日期或生产批号、保质期、进货日期、供货者名称及其联络方式等内容。一旦发生食品安全事故，能够确保迅速地追溯到源头和具体责任人。

食品生产者如不认真履行本条所规定的进货查验记录制度，对不符合本法和有关规定要求的食品予以购进，出现问题后，该食品生产者就要承担相应的法律责任。

配套

《食品安全法实施条例》第 21 条

第五十一条　【食品出厂检验记录制度】 食品生产企业应当建立食品出厂检验记录制度，查验出厂食品的检验合格证和安全状况，如实记录食品的名称、规格、数量、生产日期或者生产批号、保质期、检验合格证号、销售日期以及购货者名称、地址、联系方式等内容，并保存相关凭证。记录和凭证保存期限应当符合本法第五十条第二款的规定。

应用

20. 出厂检验记录制度对于企业保障食品安全和政府开展监管工作具有哪些重要的意义?

(1) 及时防止不合格食品、食品添加剂进入流通。该制度可以保证企业及时发现没有检验合格证的不合格食品、食品添加剂，或者虽然检验合格但安全状况存在显著问题的食品，防止不合格食品、食品添加剂进入流通或下游生产环节，流到消费者手中，损害公众身体健康。

（2）为食品、食品添加剂的召回和安全追溯打下基础。该制度要求企业如实并详细记录食品、食品添加剂的名称、规格、数量、生产日期或者生产批号、保质期、检验合格证号、销售日期以及购货者名称、地址、联系方式等内容，并保存相关凭证，为建立食品安全追溯制度提供了基础数据，一旦发生食品安全问题，可以根据记录的内容查清食品、食品添加剂流向，实施食品和食品添加剂的召回。

第五十二条 【食品质量检验】食品、食品添加剂、食品相关产品的生产者，应当按照食品安全标准对所生产的食品、食品添加剂、食品相关产品进行检验，检验合格后方可出厂或者销售。

应用

21. 食品、食品添加剂和食品相关产品的生产者应该承担怎样的检验义务？

食品检验内容十分丰富，广义的食品检验包括食品营养成分分析，食品中污染物质分析，食品辅助材料及食品添加剂分析，食品感官鉴定等。狭义的食品检验通常是指食品检验机构依据《食品安全法》规定的食品安全标准，对食品所进行的检验，包括对食品的理化指标以及其他一些卫生指标所进行的检验。检验方法主要有感官检验法和理化检验法。

第五十三条 【食品经营者进货查验记录制度】食品经营者采购食品，应当查验供货者的许可证和食品出厂检验合格证或者其他合格证明（以下称合格证明文件）。

食品经营企业应当建立食品进货查验记录制度，如实记录食品的名称、规格、数量、生产日期或者生产批号、保质期、进货日期以及供货者名称、地址、联系方式等内容，并保存相关凭证。记录和凭证保存期限应当符合本法第五十条第二款的规定。

实行统一配送经营方式的食品经营企业，可以由企业总部统一查验供货者的许可证和食品合格证明文件，进行食品进货查验记录。

从事食品批发业务的经营企业应当建立食品销售记录制度，如实记录批发食品的名称、规格、数量、生产日期或者生产批号、保质期、销售日期以及购货者名称、地址、联系方式等内容，并保存相关凭证。记录和凭证保存期限应当符合本法第五十条第二款的规定。

注 解

[食品经营者的进货查验制度]

执行进货查验制度，不仅是保证食品安全的措施，也是保护食品经营者自身合法权益的重要措施。食品经营者对所进货物进行检查验收，发现存在食品安全问题时，可以提出异议，经进一步证实所进食品不符合食品安全要求的，可以拒绝验收进货。如果食品经营者不认真执行进货查验制度，对不符合食品安全标准的食品，予以验收进货，则责任随即转移到食品经营者一方。

食品经营者在采购食品时，应当严格审查食品供应商的条件，认真查验供货者的许可证和食品合格证明文件，确保所采购的食品符合标准。食品合格证明文件，是生产者出具的用于证明出厂产品的质量经过检验，符合相关要求的凭证，包括食品生产者自行检验后出具的出厂检验合格证和第三方检验机构出具的检验报告，检疫合格证明等。

[实行统一配送经营方式的食品经营企业的进货查验记录制度]

实行统一配送经营方式的食品经营企业，可以由企业总部统一查验供货者的许可证、食品合格证明文件，做好食品进货查验记录。

应 用

22. 从事食品批发业务的经营企业应如何建立记录制度？

从事食品批发业务的经营企业，是相对于零售企业而言的，是指组织食品供应、转售等大宗交易的经营企业。由于食品批发经营企业主要面向的是零售经营企业，不直接面向消费者个人，其销售食品量大，涉及的范围广、散，一旦出现问题影响大，如其不做好相应的记录，将无法查找问题的根源。因此，本条第4款对其进行销售记录进行了专门的规定。

第五十四条　【食品经营者贮存食品的要求】食品经营者应当按照保证食品安全的要求贮存食品，定期检查库存食品，及时清理变质或者超过保质期的食品。

食品经营者贮存散装食品，应当在贮存位置标明食品的名称、生产日期或者生产批号、保质期、生产者名称及联系方式等内容。

注解

食品生产经营者不得在食品生产、加工场所贮存依照《食品安全法实施条例》第六十三条规定制定的名录中的物质。第63条规定，国务院食品安全监督管理部门会同国务院卫生行政等部门根据食源性疾病信息、食品安全风险监测信息和监督管理信息等，对发现的添加或者可能添加到食品中的非食品用化学物质和其他可能危害人体健康的物质，制定名录及检测方法并予以公布。

配套

《食品安全法实施条例》第22、63条

第五十五条　【餐饮服务提供者原料控制要求】餐饮服务提供者应当制定并实施原料控制要求，不得采购不符合食品安全标准的食品原料。倡导餐饮服务提供者公开加工过程，公示食品原料及其来源等信息。

餐饮服务提供者在加工过程中应当检查待加工的食品及原料，发现有本法第三十四条第六项规定情形的，不得加工或者使用。

应用

23. 餐饮服务提供者在食品原料控制方面要履行哪些义务？

餐饮服务，是指通过即时制作加工和服务性劳动等，向消费者提供食品的服务活动。这里的餐饮服务提供者既包括以营利为目的的一般餐饮服务提供者，也包括学校、托幼机构、养老机构、建筑工地等集中用餐单位的食堂。

（1）原料采购环节的控制。餐饮服务提供者在原料采购环节除了要进行索证索票、进货查验、建立采购记录外，还应当制定并实施原料控制要求，保障采购的食品原料符合食品安全标准，不得采购本法第34条规定禁止生产经营的食品、《农产品质量安全法》第36条规定不得销售的食用农产品以及国家明令不得采购的食品、食品添加剂。

（2）加工制作环节的控制。食品的加工制作环节包括粗加工、切配、烹饪、备餐以及凉菜配制、裱花操作、饮料现榨、水果拼盘、面点制作、烧烤加工、食品再加热等。餐饮服务提供者应当制定加工操作规范，在加工制作过程中要认真检查待加工的食品及原料，发现腐败变质、油脂酸败、霉变生虫、污秽不洁、混有异物、掺假掺杂或者感官性状异常的食品、食品添加剂，不得加工或使用，及时采取无害化处理措施，避免造成其他食品的污染。对于一些易腐烂变质的食品或食品原料应尽量缩短在常温下的存放时间，加工后应及时使用或冷藏。

（3）过程公开、信息公示。鼓励餐饮服务提供者采取明厨亮灶、透视明档以及视频传送等手段以及信息化方式，将加工制作过程向社会公开，做到重点区域可视、关键环节可知、风险点可控，主动接受公众监督。鼓励餐饮服务提供者公示食品原料及其来源等信息，特别是对于公众比较关心的食品添加剂，应在店堂显著位置公示或者在菜单上标明所使用食品添加剂的名称、使用范围及使用量。

第五十六条 【餐饮服务提供者的食品安全管理】餐饮服务提供者应当定期维护食品加工、贮存、陈列等设施、设备；定期清洗、校验保温设施及冷藏、冷冻设施。

餐饮服务提供者应当按照要求对餐具、饮具进行清洗消毒，不得使用未经清洗消毒的餐具、饮具；餐饮服务提供者委托清洗消毒餐具、饮具的，应当委托符合本法规定条件的餐具、饮具集中消毒服务单位。

应用

24. 餐饮服务提供者在餐饮服务有关设施、设备的维护、清洗消毒方面要履行哪些义务？

（1）设施、设备维护。餐饮服务提供者应当定期维护，保证食品加工、贮存、陈列等设施、设备符合卫生要求。食品处理区要保持通风，能及时排除潮湿和污浊空气；地面、墙壁、天花板等应使用无毒、无异味、不透水、不易积垢、耐腐蚀的材料；需要冲洗的场所和易潮湿的场所要注意清洁防滑；洗手设施要具有防逆流、防动物侵入、防臭味产生的装置；废弃物要及时清理、容器应配有盖子；接触食品的设备应当无毒无害，符合食品安全标准或要求，易于清洗消毒。冷藏、冷冻库要设有可正确指示库内温度的温度计，餐饮服务提供者应当定期清洗、校验，确保设施、设备正常运转和使用。

（2）餐具、饮具消毒。餐饮服务提供者须按照《市场监管总局关于发布餐饮服务食品安全操作规范的公告》中对餐用具清洗消毒区的相关规定对餐具、饮具进行消毒，消毒后的餐饮具应符合 GB 14934-1994《食（饮）具消毒卫生标准》规定，不得使用未经清洗消毒的餐具、饮具，不得重复使用一次性餐具、饮具。

餐饮服务提供者委托清洗消毒餐具、饮具的，应当委托符合本法规定条件的餐具、饮具集中消毒服务单位，并查验其经营资质，索取消毒合格凭证。按照《关于加强餐饮具集中消毒单位监督管理的通知》，餐具、饮具集中消毒服务单位是指具有消毒服务的条件和能力，能够为餐饮服务者提供餐饮具集中消毒服务的机构和单位。地方各级卫生行政部门应当依据《消毒管理办法》《消毒服务机构卫生规范》等规定加强对餐具、饮具集中消毒服务单位的日常监督。餐具、饮具集中消毒服务单位违反食品安全法规定用水，使用洗涤剂、消毒剂，或者出厂的餐具、饮具未按规定检验合格并随附消毒合格证明，或者未按规定在独立包装上标注相关内容的，由县级以上人民政府卫生行政部门给予处罚。

配 套

本法第 58 条；《消毒服务机构卫生规范》；《卫生部、国家工商行政管理总局、国家食品药品监管局关于加强餐饮具集中消毒单位监督管理的通知》

第五十七条 【集中用餐单位食品安全管理】 学校、托幼机构、养老机构、建筑工地等集中用餐单位的食堂应当严格遵守法律、法规和食品安全标准；从供餐单位订餐的，应当从取得食品生产经营许可的企业订购，并按照要求对订购的食品进行查验。供餐单位应当严格遵守法律、法规和食品安全标准，当餐加工，确保食品安全。

学校、托幼机构、养老机构、建筑工地等集中用餐单位的主管部门应当加强对集中用餐单位的食品安全教育和日常管理，降低食品安全风险，及时消除食品安全隐患。

> 应用

25. 集中用餐单位应如何开展食品安全工作？

为了进一步加强学校、托幼机构、养老机构、建筑工地等集中用餐单位的食品安全，2019年修订的《食品安全法实施条例》规定，学校食堂应当执行原料控制、餐具饮具清洗消毒、食品留样等制度，并定期开展食品安全自查；承包食堂的，应当取得食品经营许可，对食堂的食品安全负责；学校应当督促承包方落实食品安全管理制度，并承担管理责任。

> 配套

《食品安全法实施条例》第28条

第五十八条　【餐饮具集中消毒服务单位食品安全责任】 餐具、饮具集中消毒服务单位应当具备相应的作业场所、清洗消毒设备或者设施，用水和使用的洗涤剂、消毒剂应当符合相关食品安全国家标准和其他国家标准、卫生规范。

餐具、饮具集中消毒服务单位应当对消毒餐具、饮具进行逐批检验，检验合格后方可出厂，并应当随附消毒合格证明。消毒后的餐具、饮具应当在独立包装上标注单位名称、地址、联系方式、消毒日期以及使用期限等内容。

> 注解

2019年修订的《食品安全法实施条例》对出厂检验记录、消毒合格证明等的保存期限作了规定，规定保存期限不得少于消毒餐具饮具使用期限到期后6个月。

应用

26. 餐饮具集中消毒应符合哪些要求?

餐饮具直接接触食品，其安全与食品安全密切相关，餐饮具集中消毒应当符合相应的标准和规范要求。餐饮具集中消毒服务单位主要为餐饮场所提供成套餐具（茶杯、酒杯、饭碗、汤碗、汤勺、餐碟、味碟、筷子、筷架、湿巾等），经过大型专业的流水线机械设备高温高压反复清洗消毒、红外线杀菌、高温烘干，再通过全自动包装机成套塑封包装后，装箱对餐饮企业配送上门，或是将餐饮服务企业使用的餐饮具集中回收，按照严格的消毒工序再次清洗消毒包装后循环使用。由于其具有省时省力、价格适中、消毒效果可靠等集约化消毒的优点，对提高餐饮具卫生质量，防止发生食源性疾病发挥了重要作用。

（1）为确保餐饮食品安全，应当要求餐饮具集中消毒服务单位的作业场所、清洗消毒设备设施必须与其消毒能力相适应。同时规定所使用的消毒剂、洗涤剂、用水应当符合相关的食品安全国家标准和其他国家标准、卫生规范。

（2）餐饮具集中消毒服务单位应当对所消毒的餐饮具进行逐批检验，检验合格后并应当附上消毒合格证明才能出厂。

（3）餐饮具集中消毒服务单位必须在出厂的餐饮具最小独立包装上，标注单位名称、地址、联系方式、消毒日期以及使用期限等相关内容。这样做的目的，一方面是让消费者拥有知情权，另一方面也是餐饮具集中消毒单位依法履行产品追溯的法律义务。

配套

《消毒服务机构卫生规范》；《消毒管理办法》；《食品安全法实施条例》第 26、27 条

第五十九条 【食品添加剂生产者出厂检验记录制度】食品添加剂生产者应当建立食品添加剂出厂检验记录制度，查验出厂产品的检验合格证和安全状况，如实记录食品添加剂的名称、规格、数量、生产日期或者生产批号、保质期、检验合格证号、销售日期以及购货者名称、地址、联系方式等相关内容，并保存相关凭证。记录和凭证保存期限应当符合本法第五十条第二款的规定。

第六十条 【食品添加剂经营者进货查验记录制度】食品添加剂经营者采购食品添加剂,应当依法查验供货者的许可证和产品合格证明文件,如实记录食品添加剂的名称、规格、数量、生产日期或者生产批号、保质期、进货日期以及供货者名称、地址、联系方式等内容,并保存相关凭证。记录和凭证保存期限应当符合本法第五十条第二款的规定。

注解

食品添加剂经营者在采购食品添加剂时,应当严格把关,严格审查食品添加剂的来源。(1)查验添加剂许可证。按照本法的规定,食品添加剂生产必须取得许可。因此,食品添加剂经营者在采购食品添加剂时,首先要查验供货者的生产许可证,确保所采购的食品添加剂为合法企业生产的产品。(2)查验供货者的产品合格证明文件。产品合格证明文件是食品添加剂生产者或者第三方检验机构出具的用于证明出厂产品的质量经过检验,符合相关要求的证明文件。

根据本法规定,食品添加剂经营者在进货时未查验许可证和相关证明文件或者未按规定建立遵守进货查验记录制度的,由有关部门依据各自职责,责令立即改正,给予警告,处五千元以上五万元以下罚款;情节严重的,责令停产停业,直至吊销许可证。

第六十一条 【集中交易市场的开办者、柜台出租者和展销会举办者的食品安全责任】集中交易市场的开办者、柜台出租者和展销会举办者,应当依法审查入场食品经营者的许可证,明确其食品安全管理责任,定期对其经营环境和条件进行检查,发现其有违反本法规定行为的,应当及时制止并立即报告所在地县级人民政府食品安全监督管理部门。

注解

本条规定了集中交易市场的开办者、柜台出租者和展销会举办者审查许可证、定期检查等方面的责任:(1)审查和检验的义务。集中交易市场的开办者、柜台出租者和展销会举办者应当允许有经营资格的主体入场经营。经营资格的凭证就是许可证和营业执照。通过对入场食品经营者许可证和营业执照的审查，确保入场经营者的主体资格。对未取得相关许可证的，不得允许其入场经营。(2) 明确入场食品经营者的食品安全管理责任。集中交易市场应制定食品安全检查制度及其他管理制度，指定专人负责食品安全管理。食品安全管理人员应当接受食品安全知识和业务知识培训。对取得相关许可证的入场食品经营者，集中交易市场的开办者、柜台出租者和展销会举办者应当与其签订食品安全责任书，明确其食品安全管理责任。(3) 定期进行检查。集中交易市场的开办者、柜台出租者和展销会举办者应当建立健全食品安全管理制度，定期对入场的食品经营者的经营环境和条件进行检查，看入场经营者的经营条件和经营环境是否符合本法的要求。如检查经营的内容是否与许可证的许可范围一致，检查经营者是否具有与经营的食品相适应的场所，场所是否干净整洁，是否有与经营的食品相适应的设备或设施，设备、设施是否符合要求，从业人员是否符合食品安全管理制度，是否建立和执行食品进货查验记录制度；经营的食品是否属于本法规定的禁止生产经营的食品；盛放食品的容器、工具和设备是否符合规定等，并将以上检查情况进行记录。(4) 制止并报告的义务。对检查中发现的问题，应督促入场经营者及时采取整改措施，发现食品经营者有违法行为的，应当及时制止并立即报告县级人民政府食品安全监管部门。

此外，集中交易市场的开办者、柜台出租者和展销会的举办者应负责处理涉及食品安全问题的群众投诉，并主动向监管部门举报入场经营者的食品安全违法行为，积极配合有关部门调查处理入场食品经营者的食品安全违法案件。

未履行规定义务，本市场发生食品安全事故使消费者的合法权益受到损害的，集中交易市场的开办者、柜台出租者和展销会的举办者应当与食品经营者承担连带责任。

配套

本法第130条；《食品安全法实施条例》第31条

第六十二条　【网络食品交易第三方平台提供者的义务】 网络食品交易第三方平台提供者应当对入网食品经营者进行实名登

记,明确其食品安全管理责任;依法应当取得许可证的,还应当审查其许可证。

网络食品交易第三方平台提供者发现入网食品经营者有违反本法规定行为的,应当及时制止并立即报告所在地县级人民政府食品安全监督管理部门;发现严重违法行为的,应当立即停止提供网络交易平台服务。

应 用

27. 网络食品交易第三方平台提供者对入网食品经营者的身份审查义务有哪些?

网络食品交易第三方平台提供者是指在网络食品交易活动中为交易双方或者多方提供网页空间、虚拟经营场所、交易规则、交易撮合、信息发布等服务,供交易双方或者多方独立开展交易活动的信息网络系统。平台提供者自身并不参与交易,只是根据与买卖双方分别订立的协议提供技术服务以保证网上交易的顺利进行,这类平台为中介型或者开放型的平台。

网络食品交易第三方平台提供者对入网食品经营者身份的审查义务主要为实名登记义务,网络食品交易第三方平台提供者应当记录入网食品经营者的真实名称、地址和有效联系方式,以实现交易的可追溯和责任的可追究。对于依照本法第35条规定应当取得许可的入网食品经营者,还应当审查其许可证。网络食品交易第三方平台提供者在对入网食品经营者进行身份审查的同时,还应当明确其食品安全管理责任。

28. 网络食品交易第三方平台提供者制止、报告和停止提供服务的义务有哪些?

入网食品经营者作为食品经营者,应当遵守本法和相关法律法规的规定,保证食品符合食品安全国家标准和法律法规的要求,保证食品安全。网络食品交易第三方平台提供者应当对入网食品经营者及其发布的食品信息建立检查监控制度,并履行制止、报告和停止提供服务的义务,发现入网食品经营者有违反本法规定行为的,应当履行及时制止违法行为的义务,并应当立即报告所在地的县级人民政府食品安全监督管理部门;发现入网经营者有严重违法行为的,应当立即停止提供网络交易平台服务。县级以上人民政府食品安全监督管理部门及其工作人员对网络食品交易第三方平台提供者提供的信息依法负有保密义务。

配 套

《网络食品安全违法行为查处办法》；《食品安全法实施条例》第32条

第六十三条 【食品召回制度】 国家建立食品召回制度。食品生产者发现其生产的食品不符合食品安全标准或者有证据证明可能危害人体健康的，应当立即停止生产，召回已经上市销售的食品，通知相关生产经营者和消费者，并记录召回和通知情况。

食品经营者发现其经营的食品有前款规定情形的，应当立即停止经营，通知相关生产经营者和消费者，并记录停止经营和通知情况。食品生产者认为应当召回的，应当立即召回。由于食品经营者的原因造成其经营的食品有前款规定情形的，食品经营者应当召回。

食品生产经营者应当对召回的食品采取无害化处理、销毁等措施，防止其再次流入市场。但是，对因标签、标志或者说明书不符合食品安全标准而被召回的食品，食品生产者在采取补救措施且能保证食品安全的情况下可以继续销售；销售时应当向消费者明示补救措施。

食品生产经营者应当将食品召回和处理情况向所在地县级人民政府食品安全监督管理部门报告；需要对召回的食品进行无害化处理、销毁的，应当提前报告时间、地点。食品安全监督管理部门认为必要的，可以实施现场监督。

食品生产经营者未依照本条规定召回或者停止经营的，县级以上人民政府食品安全监督管理部门可以责令其召回或者停止经营。

注 解

根据食品召回程序的启动方式，食品召回可分为食品生产经营者主动召回和监管部门强制召回两种。

[主动召回]

(1) 食品生产者召回。食品生产者发现其生产的食品不符合食品安全标准或者有证据证明可能危害人体健康的，应当立即停止生产，召回已经上市销售的食品，通知相关生产经营者和消费者，并记录召回和通知情况。

(2) 食品经营者召回。食品经营者发现其经营的食品不符合食品安全标准或者有证据证明可能危害人体健康的，应当立即停止经营，通知相关生产经营者和消费者，以便及时采取补救措施，避免危害进一步扩大，并记录停止经营和通知情况。食品生产者接到经营者的通知后，认为应当召回的，应当立即召回。由于食品经营者的原因，如贮存不当，造成其经营的食品有前款规定情形的，应当由食品经营者，而非生产者，进行召回。

[责令召回]

县级以上人民政府食品安全监督管理部门发现食品生产经营者生产经营的食品不符合食品安全标准或者有证据证明可能危害人体健康，但未依照本条规定召回或者停止经营的，可以责令其召回或者停止经营。食品生产经营者在接到责令召回的通知后，应当立即停止生产或者经营，按照本条第一款、第二款和第三款规定的程序召回不符合食品安全标准的食品，进行相应的处理，并将食品召回和处理情况向所在地县级人民政府食品安全监督管理部门报告。

应用

29. 食品召回后应如何处理？

一般情况下，召回的食品不符合食品安全标准或者可能存在食品安全隐患，食品生产经营者应当对召回的食品采取无害化处理、销毁等措施，防止其再次流入市场。但是，对因标签、标志或者说明书不符合食品安全标准而被召回的食品，食品生产者在采取补救措施且能保证食品安全的情况下可以继续销售，但销售时应当向消费者明示补救措施。食品生产经营者应当将食品召回和处理情况向所在地县级人民政府食品安全监督管理部门报告；需要对召回的食品进行无害化处理、销毁的，应当提前报告时间、地点。食品安全监督管理部门认为必要的，可以赴无害化处理或者销毁现场进行监督，以确保存在安全隐患的被召回食品不会再次流入市场。

配套

《食品召回管理办法》；《食品安全法实施条例》第29、30条

第六十四条 【食用农产品批发市场对进场销售的食用农产品抽样检验】食用农产品批发市场应当配备检验设备和检验人员或者委托符合本法规定的食品检验机构,对进入该批发市场销售的食用农产品进行抽样检验;发现不符合食品安全标准的,应当要求销售者立即停止销售,并向食品安全监督管理部门报告。

配套

《农产品质量安全法》第 37 条

第六十五条 【食用农产品进货查验记录制度】食用农产品销售者应当建立食用农产品进货查验记录制度,如实记录食用农产品的名称、数量、进货日期以及供货者名称、地址、联系方式等内容,并保存相关凭证。记录和凭证保存期限不得少于六个月。

注解

关于食用农产品进货查验记录制度,这里应当说明几点:(1)适用这一制度的主体,包括食用农产品销售企业和个体工商户,但不包括食品摊贩,食品摊贩的具体管理制度适用有关省、自治区、直辖市地方立法的规定。(2)需要查验并记录的具体事项,包括食用农产品的名称、数量、进货日期以及供货者名称、地址、联系方式等内容。(3)食用农产品经营者除了要作好查验记录外,还要对记录予以保存,并保存相关凭证,二者的保存期限均不得少于六个月。六个月的时间从经营者购进该批产品之日起计算。对于食用农产品销售者违反本条规定的,要依据食品安全法第一百二十六条的规定,承担相应的法律责任。

第六十六条 【食用农产品使用食品添加剂和食品相关产品应当符合食品安全国家标准】进入市场销售的食用农产品在包装、保鲜、贮存、运输中使用保鲜剂、防腐剂等食品添加剂和包装材料等食品相关产品,应当符合食品安全国家标准。

注解

本条规定的主体,既包括食用农产品经营者,也包括专门运输和贮存食用农产品的物流公司、仓储公司等其他主体，都应当按照食品安全国家标准的要求，使用食品添加剂和食品相关产品，以确保食用农产品的安全。

> 配套

《农产品质量安全法》第35条

第三节 标签、说明书和广告

第六十七条 【预包装食品标签】 预包装食品的包装上应当有标签。标签应当标明下列事项：

（一）名称、规格、净含量、生产日期；

（二）成分或者配料表；

（三）生产者的名称、地址、联系方式；

（四）保质期；

（五）产品标准代号；

（六）贮存条件；

（七）所使用的食品添加剂在国家标准中的通用名称；

（八）生产许可证编号；

（九）法律、法规或者食品安全标准规定应当标明的其他事项。

专供婴幼儿和其他特定人群的主辅食品，其标签还应当标明主要营养成分及其含量。

食品安全国家标准对标签标注事项另有规定的，从其规定。

> 注解

食品标签，指在食品包装容器上或附于食品包装容器上的一切附签、吊牌、文字、图形、符号说明物。食品标签的基本功能是通过对被标识食品的名称、规格、生产者名称等进行清晰、准确地描述，科学地向消费者传达该食品的安全特性等信息。

> 配套

《消费者权益保护法》第8条；《预包装食品标签通则》；《预包装食品

营养标签通则》；《预包装特殊膳食用食品标签》；《关于进出口预包装食品标签检验监督管理有关事宜的公告》

第六十八条　【散装食品的标注要求】食品经营者销售散装食品，应当在散装食品的容器、外包装上标明食品的名称、生产日期或者生产批号、保质期以及生产经营者名称、地址、联系方式等内容。

第六十九条　【转基因食品的显著标示】生产经营转基因食品应当按照规定显著标示。

注解

转基因食品，是利用基因工程技术改变基因组成而形成的食品。转基因食品主要分为三类：植物性转基因食品、动物转基因食品和微生物转基因食品。转基因食品标识是转基因食品管理中的重要环节。生产经营者对转基因食品进行标示应当具有显著性。

配套

本法第151条；《农业法》第64条；《畜牧法》第22条；《渔业法》第17条；《农业转基因生物安全管理条例》第8条；《农业转基因生物标识管理办法》；《食品安全法实施条例》第33条

第七十条　【食品添加剂的标签、说明书和包装】食品添加剂应当有标签、说明书和包装。标签、说明书应当载明本法第六十七条第一款第一项至第六项、第八项、第九项规定的事项，以及食品添加剂的使用范围、用量、使用方法，并在标签上载明"食品添加剂"字样。

配套

本法第67条

第七十一条　【标签、说明书的真实性要求】食品和食品添加剂的标签、说明书，不得含有虚假内容，不得涉及疾病预防、治疗功能。生产经营者对其提供的标签、说明书的内容负责。

食品和食品添加剂的标签、说明书应当清楚、明显，生产日期、保质期等事项应当显著标注，容易辨识。

食品和食品添加剂与其标签、说明书的内容不符的，不得上市销售。

注解

食品、食品添加剂的标签、说明书不得含有虚假内容。食品和食品添加剂的标签、说明书的基本要求是真实性和准确性。其内容应当与食品和食品添加剂的有关情况相一致，其描述应当科学、客观。不得以虚假、使消费者误解或欺骗性的文字、图形等方式介绍食品和食品添加剂；不得利用字号大小或色差误导消费者；不得以直接或者间接暗示性的语言、图形、符号，使消费者或者使用者将食品、食品添加剂的某一性质与另一产品混淆。

配套

《药品管理法实施条例》第44、45、46条；《预包装食品标签通则》

第七十二条 【预包装食品的销售要求】食品经营者应当按照食品标签标示的警示标志、警示说明或者注意事项的要求销售食品。

配套

《产品质量法》第27、28条；《食品标识管理规定》第15条

第七十三条 【食品广告要求】食品广告的内容应当真实合法，不得含有虚假内容，不得涉及疾病预防、治疗功能。食品生产经营者对食品广告内容的真实性、合法性负责。

县级以上人民政府食品安全监督管理部门和其他有关部门以及食品检验机构、食品行业协会不得以广告或者其他形式向消费者推荐食品。消费者组织不得以收取费用或者其他牟取利益的方式向消费者推荐食品。

注解

广告，是指商品经营者或者服务提供者承担费用，通过一定媒介和形式直接或者间接地介绍自己所推销的商品或者所提供的服务的商业广告。

[食品广告的内容应当真实合法，不得含有虚假内容]

所谓真实，指与客观事实相符合。广告的生命在于真实，反映在食品广告上，就应当如实介绍食品的名称、产地、用途、质量、价格、生产者、保质期以及生产日期等内容，不能进行任何形式的虚假、夸大宣传，也不能滥用艺术夸张而违背真实性原则。

所谓合法，指符合食品安全法、广告法和相关法律、法规的规定。食品广告不得有下列情形：使用或者变相使用中华人民共和国国旗、国歌、国徽，军旗、军歌、军徽；使用或者变相使用国家机关、国家机关工作人员的名义或者形象；使用"国家级"、"最高级"、"最佳"等用语；损害国家的尊严或者利益，泄露国家秘密；妨碍社会安定，损害社会公共利益；危害人身、财产安全，泄露个人隐私；妨碍社会公共秩序或者违背社会良好风尚；含有淫秽、色情、赌博、迷信、恐怖、暴力的内容；含有民族、种族、宗教、性别歧视的内容；妨碍环境、自然资源或者文化遗产保护；法律、行政法规规定禁止的其他情形。食品广告不得损害未成年人和残疾人的身心健康；不得贬低其他生产经营者的商品或者服务。

所谓虚假，指广告的内容与客观事实不符，如将未获奖的食品宣传为获奖食品，将非进口食品宣传为进口食品。广告法第4条规定，广告不得含有虚假或者引人误解的内容，不得欺骗、误导消费者。第28条规定，广告以虚假或者引人误解的内容欺骗、误导消费者的，构成虚假广告。

[食品广告的内容不得涉及疾病预防、治疗功能]

疾病预防、治疗功能是药品应具备的功能，食品广告的内容不得涉及疾病预防、治疗功能。对此，《药品管理法》第90条规定，非药品广告不得涉及药品的宣传。《广告法》第18条规定，保健食品广告不得含有表示功效、安全性的断言或者保证；涉及疾病预防、治疗功能；声称或者暗示广告商品为保障健康所必需；与药品、其他保健食品进行比较；利用广告代言人作推荐、证明；法律、行政法规规定禁止的其他内容。第19条规定，广播电台、电视台、报刊音像出版单位、互联网信息服务提供者不得以介绍健康、养生知识等形式变相发布保健食品广告。

> 应用

30. 虚假广告具体包括哪些内容？

虚假广告具体包括：（1）商品或者服务不存在的；（2）商品的性能、功能、产地、用途、质量、规格、成分、价格、生产者、有效期限、销售状况、曾获荣誉等信息，或者服务的内容、提供者、形式、质量、价格、销售状况、曾获荣誉等信息，以及与商品或者服务有关的允诺等与实际情况不符，对购买行为有实质性影响的；（3）使用虚构、伪造或者无法验证的科研成果、统计资料、调查结果、文摘、引用语等信息作证明材料的；（4）虚构使用商品或者接受服务的效果的；（5）以虚假或者引人误解的内容欺骗、误导消费者的其他情形。

> 配套

本法第79、80条；《广告法》第4、18、19、28、55条；《消费者权益保护法》第38条；《药品管理法》第60条；《药品、医疗器械、保健食品、特殊医学用途配方食品广告审查管理暂行办法》

第四节 特殊食品

第七十四条　【特殊食品监督管理原则】 国家对保健食品、特殊医学用途配方食品和婴幼儿配方食品等特殊食品实行严格监督管理。

> 注解

实行严格监督管理，是指比普通食品更加严格的监督管理，表现在：一是注册或者备案制度。生产普通食品只要求取得食品生产许可，并不需要进行产品注册或者备案，而生产保健食品、特殊医学用途配方食品、婴幼儿配方食品除需要取得食品生产许可外，还要进行产品或者配方的注册或者备案。二是生产质量管理体系。国家对普通食品生产经营企业符合良好生产规范要求，实施危害分析与关键控制点体系，是采取鼓励的态度，不强制要求。但是对生产保健食品，特殊医学用途配方食品、婴幼儿配方食品和其他专供特定人群的主辅食品的企业，要求按照良好生产规范的要求建立与所生产食品相适应的生产质量管理体系。三是食品安全地方标准的制定。保健食品、特殊医学用途配方食品、婴幼儿配方食品等特殊食品不属于地方特色食品，不得对其制定食品安全地方标准。四是其他管理制度。例如，特殊医学用途配方食品广告适用《广告法》和其他法律、行政法规关于药品广告管理的规定，婴幼儿配方食品生产企业对出厂的婴幼儿配方食品实施逐批检验等。这些都是比普通食品更严的要求。

同时，特殊食品在本质上仍是食品，其生产经营除应当遵守本节规定的要求以外，还应当遵守本法对食品规定的一般性要求。

配套

《食品安全法实施条例》第 12 条

第七十五条 【保健食品原料和功能目录】 保健食品声称保健功能，应当具有科学依据，不得对人体产生急性、亚急性或者慢性危害。

保健食品原料目录和允许保健食品声称的保健功能目录，由国务院食品安全监督管理部门会同国务院卫生行政部门、国家中医药管理部门制定、调整并公布。

保健食品原料目录应当包括原料名称、用量及其对应的功效；列入保健食品原料目录的原料只能用于保健食品生产，不得用于其他食品生产。

注解

保健食品生产工艺有原料提取、纯化等前处理工序的，生产企业应当具备相应的原料前处理能力。

配套

《卫生部关于进一步规范保健食品原料管理的通知》；《食品安全法实施条例》第 35 条

第七十六条 【保健食品的注册和备案制度】 使用保健食品原料目录以外原料的保健食品和首次进口的保健食品应当经国务

院食品安全监督管理部门注册。但是，首次进口的保健食品中属于补充维生素、矿物质等营养物质的，应当报国务院食品安全监督管理部门备案。其他保健食品应当报省、自治区、直辖市人民政府食品安全监督管理部门备案。

进口的保健食品应当是出口国（地区）主管部门准许上市销售的产品。

应 用

31. 哪些保健食品实行注册管理？

使用保健食品原料目录以外原料的保健食品，包括使用全新原料的保健食品和改变原料目录中的原料、用量或者功效的保健食品。首次进口的保健食品是指第一次进口到中国境内的保健食品。使用保健食品原料目录以内原料（包括用量和对应的功效）的保健食品和再次进口到中国境内的保健食品，不需要再进行注册，只需要进行备案。

32. 哪些保健食品实行备案管理？

因为标准化程度高、安全风险低，对首次进口的保健食品中属于补充维生素、矿物质等营养物质的，不实行注册管理，但应当报国务院食品药品监督管理部门备案。其他保健食品应当报省、自治区、直辖市人民政府食品药品监督管理部门备案。

本条规定进口的保健食品应当是出口国（地区）主管部门准许上市销售的产品。这一规定要求保健食品不仅仅在进口时应当是出口国（地区）主管部门准许上市销售的产品，在进口后也应当是出口国（地区）主管部门准许上市销售的产品。在进口后因各种原因被出口国（地区）主管部门禁止上市销售的保健食品，应当依法停止进口，予以召回。

第七十七条 【保健食品注册和备案的具体要求】依法应当注册的保健食品，注册时应当提交保健食品的研发报告、产品配方、生产工艺、安全性和保健功能评价、标签、说明书等材料及样品，并提供相关证明文件。国务院食品安全监督管理部门经组织技术审评，对符合安全和功能声称要求的，准予注册；对不符

53

合要求的,不予注册并书面说明理由。对使用保健食品原料目录以外原料的保健食品作出准予注册决定的,应当及时将该原料纳入保健食品原料目录。

依法应当备案的保健食品,备案时应当提交产品配方、生产工艺、标签、说明书以及表明产品安全性和保健功能的材料。

应用

33. 保健食品注册应当提交哪些材料?

研发报告是指反映产品整个研发过程和成果的报告。产品配方是指产品生产时使用,并存在于最终产品中的原料、辅料的品种及用量。生产工艺,根据产品的原料、剂型、工艺的不同,可有所不同,但一般均包含如下过程或其中部分过程:原料投料、前处理、提取、精制、浓缩、干燥、制剂成型、灭菌或消毒、包装、检验、入库等。安全性和保健功能评价材料是指关于保健食品的安全性和是否具有保健功能的材料。样品是指申请人根据申请材料组织试制的产品。

34. 保健食品备案应当提交哪些材料?

实行备案管理的保健食品也应当提交相关材料,以备食品安全监督管理部门实行事后的监督检查。包括产品配方、生产工艺、标签、说明书以及表明产品安全性和保健功能的材料。食品安全监督管理部门发现备案的保健食品不符合本法规定的,应当依法采取相应的处理措施。

第七十八条 【保健食品的标签、说明书】保健食品的标签、说明书不得涉及疾病预防、治疗功能,内容应当真实,与注册或者备案的内容相一致,载明适宜人群、不适宜人群、功效成分或者标志性成分及其含量等,并声明"本品不能代替药物"。保健食品的功能和成分应当与标签、说明书相一致。

注解

疾病预防、治疗功能是药品才具备的功能,非药品不得在其标签、说明书上进行含有预防、治疗人体疾病等有关内容的宣传。因此,保健食品不得用"治疗"、"治愈"、"疗效"、"痊愈"、"医治"等词汇描述和介绍产品的保健作用，也不得以图形、符号或其他形式暗示疾病预防、治疗功能。

保健食品标签、说明书是消费者科学选购、合理食用保健食品的重要依据，其内容应当确保真实，准确反映产品信息，做到"两个一致"，即保健食品标签、说明书与注册或者备案的内容相一致，保健食品的功能和成分与标签、说明书相一致。

第七十九条　【保健食品广告】保健食品广告除应当符合本法第七十三条第一款的规定外，还应当声明"本品不能代替药物"；其内容应当经生产企业所在地省、自治区、直辖市人民政府食品安全监督管理部门审查批准，取得保健食品广告批准文件。省、自治区、直辖市人民政府食品安全监督管理部门应当公布并及时更新已经批准的保健食品广告目录以及批准的广告内容。

▶ 注解

保健食品广告首先是食品广告，应当符合本法第73条第1款关于食品广告的规定，即食品广告的内容应当真实合法，不得含有虚假内容，不得涉及疾病预防、治疗功能。同时，应当声明"本品不能代替药物"。

保健食品的广告实行审查制度，广告内容应当经生产企业所在地省、自治区、直辖市人民政府食品安全监督管理部门审查批准，取得保健食品广告批准文件。未经审查，不得发布保健食品广告。为便于社会监督，省、自治区、直辖市人民政府食品安全监督管理部门应当公布并及时更新已经批准的保健食品广告目录以及批准的广告内容。

▶ 应用

35. 保健食品广告还有哪些特殊要求？

《广告法》规定，保健食品广告不得含有下列内容：（一）表示功效、安全性的断言或者保证；（二）涉及疾病预防、治疗功能；（三）声称或者暗示广告商品为保障健康所必需；（四）与药品、其他保健食品进行比较；（五）利用广告代言人作推荐、证明；（六）法律、行政法规规定禁止的其他内容。保健食品广告应当显著标明"本品不能代替药物"。

> 配 套

《广告法》第 18、19 条

第八十条　【特殊医学用途配方食品】 特殊医学用途配方食品应当经国务院食品安全监督管理部门注册。注册时，应当提交产品配方、生产工艺、标签、说明书以及表明产品安全性、营养充足性和特殊医学用途临床效果的材料。

特殊医学用途配方食品广告适用《中华人民共和国广告法》和其他法律、行政法规关于药品广告管理的规定。

> 注 解

特殊医学用途配方食品是指为了满足进食受限、消化吸收障碍、代谢紊乱或特定疾病状态人群对营养素或膳食的特殊需要，专门加工配制而成的配方食品。该类产品必须在医生或临床营养师指导下，单独食用或与其他食品配合食用。特殊医学用途配方食品是食品，而不是药品，但不是正常人吃的普通食品，而是经过临床医生和营养学家们大量的医学科学研究，以科学的客观事实为依据专门研制、生产的配方食品。因此，其食用人群具有特殊性和敏感性。为保障特定疾病状态人群的膳食安全，新法增加了特殊医学用途配方食品实行注册的规定。

2019 年修订的《食品安全法实施条例》对本条作了细化规定，特殊医学用途配方食品生产企业应当按照食品安全国家标准规定的检验项目对出厂产品实施逐批检验。特殊医学用途配方食品中的特定全营养配方食品应当通过医疗机构或者药品零售企业向消费者销售。医疗机构、药品零售企业销售特定全营养配方食品的，不需要取得食品经营许可，但是应当遵守食品安全法及其实施条例关于食品销售的规定。特殊医学用途配方食品中的特定全营养配方食品广告按照处方药广告管理，其他类别的特殊医学用途配方食品广告按照非处方药广告管理。

> 应 用

36. 特殊医学用途配方食品广告的法律适用？

特殊医学用途配方食品广告适用《中华人民共和国广告法》和其他法

律、行政法规关于药品广告管理的规定。例如，《广告法》规定，药品广告不得含有下列内容：（1）表示功效、安全性的断言或者保证；（2）说明治愈率或者有效率；（3）与其他药品、医疗器械的功效和安全性或者其他医疗机构比较；（4）利用广告代言人作推荐、证明；（5）法律、行政法规规定禁止的其他内容。药品广告的内容不得与国务院药品监督管理部门批准的说明书不一致，并应当显著标明禁忌、不良反应。发布药品广告，应当在发布前由广告审查机关对广告内容进行审查；未经审查，不得发布。

配套

《广告法》第16条；《食品安全法实施条例》第36、37条

第八十一条 【婴幼儿配方食品的管理】 婴幼儿配方食品生产企业应当实施从原料进厂到成品出厂的全过程质量控制，对出厂的婴幼儿配方食品实施逐批检验，保证食品安全。

生产婴幼儿配方食品使用的生鲜乳、辅料等食品原料、食品添加剂等，应当符合法律、行政法规的规定和食品安全国家标准，保证婴幼儿生长发育所需的营养成分。

婴幼儿配方食品生产企业应当将食品原料、食品添加剂、产品配方及标签等事项向省、自治区、直辖市人民政府食品安全监督管理部门备案。

婴幼儿配方乳粉的产品配方应当经国务院食品安全监督管理部门注册。注册时，应当提交配方研发报告和其他表明配方科学性、安全性的材料。

不得以分装方式生产婴幼儿配方乳粉，同一企业不得用同一配方生产不同品牌的婴幼儿配方乳粉。

注解

禁止以进口大包装乳粉直接分装等分装方式生产婴幼儿配方乳粉，是为了避免在分装过程造成乳粉污染，影响乳粉安全。禁止同一企业用同一配方生产不同品牌的婴幼儿配方乳粉，是为了防止企业将同一配方改头换面后用另一品牌上市销售，欺骗消费者，解决我国婴幼儿配方乳粉配方过多过滥的问题。

2019年修订的《食品安全法实施条例》对本条作了补充规定,《条例》规定对添加食品安全国家标准规定的选择性添加物质的婴幼儿配方食品,不得以选择性添加物质命名。

配套

《食品安全法实施条例》第38条

第八十二条　【注册、备案材料确保真实】保健食品、特殊医学用途配方食品、婴幼儿配方乳粉的注册人或者备案人应当对其提交材料的真实性负责。

省级以上人民政府食品安全监督管理部门应当及时公布注册或者备案的保健食品、特殊医学用途配方食品、婴幼儿配方乳粉目录,并对注册或者备案中获知的企业商业秘密予以保密。

保健食品、特殊医学用途配方食品、婴幼儿配方乳粉生产企业应当按照注册或者备案的产品配方、生产工艺等技术要求组织生产。

注解

生产经营者应当如实向政府部门提交真实的材料,这既是诚信义务,也是法律责任。《行政许可法》第31条规定,申请人申请行政许可,应当如实向行政机关提交有关材料和反映真实情况,并对其申请材料实质内容的真实性负责。第80条规定,向负责监督检查的行政机关隐瞒有关情况、提供虚假材料或者拒绝提供反映其活动情况的真实材料的,行政机关应当依法给予行政处罚;构成犯罪的,依法追究刑事责任。《行政许可法》第78条和第79条还规定,行政许可申请人隐瞒有关情况或者提供虚假材料申请行政许可的,行政机关不予受理或者不予行政许可,并给予警告;行政许可申请属于直接关系公共安全、人身健康、生命财产安全事项的,申请人在1年内不得再次申请该行政许可。被许可人以欺骗、贿赂等不正当手段取得行政许可的,行政机关应当依法给予行政处罚;取得的行政许可属于直接关系公共安全、人身健康、生命财产安全事项的,申请人在3年内不得再次申请该行政许可;构成犯罪的,依法追究刑事责任。

> 配套

《行政许可法》第31、78-80条

第八十三条 【特殊食品生产质量管理体系】生产保健食品，特殊医学用途配方食品、婴幼儿配方食品和其他专供特定人群的主辅食品的企业，应当按照良好生产规范的要求建立与所生产食品相适应的生产质量管理体系，定期对该体系的运行情况进行自查，保证其有效运行，并向所在地县级人民政府食品安全监督管理部门提交自查报告。

> 配套

《保健食品良好生产规范》（GB17405-1998）

第五章 食品检验

第八十四条 【食品检验机构】食品检验机构按照国家有关认证认可的规定取得资质认定后，方可从事食品检验活动。但是，法律另有规定的除外。

食品检验机构的资质认定条件和检验规范，由国务院食品安全监督管理部门规定。

符合本法规定的食品检验机构出具的检验报告具有同等效力。

县级以上人民政府应当整合食品检验资源，实现资源共享。

> 注解

针对违法发布信息误导消费者的问题，2019年修订的《食品安全法实施条例》规定，任何单位和个人不得发布未依法取得资质认定的食品检验机构出具的食品检验信息，不得利用上述检验信息对食品、食品生产经营者进行等级评定，欺骗、误导消费者。发布未依法取得资质认定的食品检验机构出具的食品检验信息，或者利用上述检验信息对食品、食品生产经营者进行等级评定，欺骗、误导消费者的，由县级以上人民政府食品安全监督管理部门责令改正，有违法所得的，没收违法所得，并处10万元以上50万元以下罚款；拒不改正的，处50万元以上100万元以下罚款；构成违反治安管理行为的，由公安机关依法给予治安管理处罚。

应用

37. 本条中所说的法律另有规定的除外具体还有哪些规定？

例如，《农产品质量安全法》对取得农产品质量安全检测机构资质有特殊规定。该法第48条第2款和第3款规定，从事农产品质量安全检测的机构，应当具备相应的检测条件和能力，由省级以上人民政府农业农村主管部门或者其授权的部门考核合格。具体办法由国务院农业农村主管部门制定。农产品质量安全检测机构应当依法经资质认定。根据这个规定，农产品质量安全检测机构须由省级以上人民政府农业农村主管部门或者其授权的部门考核合格后，方可对外从事农产品、农业投入品和产地环境监测工作。

配套

《农产品质量安全法》第48条；《国务院机构改革和职能转变方案的决定》；《食品检验机构资质认定条件》；《食品检验工作规范》；《食品安全法实施条例》第43、80条

第八十五条 【食品检验人】食品检验由食品检验机构指定的检验人独立进行。

检验人应当依照有关法律、法规的规定，并按照食品安全标准和检验规范对食品进行检验，尊重科学，恪守职业道德，保证出具的检验数据和结论客观、公正，不得出具虚假检验报告。

第八十六条 【食品检验机构与检验人共同负责制】食品检验实行食品检验机构与检验人负责制。食品检验报告应当加盖食品检验机构公章，并有检验人的签名或者盖章。食品检验机构和检验人对出具的食品检验报告负责。

第八十七条 【监督抽检】县级以上人民政府食品安全监督管理部门应当对食品进行定期或者不定期的抽样检验,并依据有关规定公布检验结果,不得免检。进行抽样检验,应当购买抽取的样品,委托符合本法规定的食品检验机构进行检验,并支付相关费用;不得向食品生产经营者收取检验费和其他费用。

注 解

[不得实施免检]

免检制度始于20世纪90年代,其初衷是为了避免重复检查,防止地方利益保护和行业垄断,减轻企业负担,鼓励企业自律保证产品质量。但从实施效果来看,却不尽如人意。由于食品直接关系人民群众的身体健康和生命安全以及食品安全问题的重要性、复杂性,不应当实行免检。

[抽样检验]

食品安全抽样检验包括定期和不定期的抽样检验两种。定期检验主要是指监管部门根据监管工作的需要,作出明确规定和安排,在确定的时间,对食品进行抽样检验。不定期检验主要是针对特定时期的食品安全形势、消费者和有关组织反映的情况,或者因其他原因需要在定期检验的基础上,不定期地对某一类食品、某一生产经营者的食品,或者某一区域的食品,进行抽样检验。

应 用

38. 是否可以制定其他补充检验项目和检验方法?

根据2019年修订的《食品安全法实施条例》规定:对可能掺杂掺假的食品,按照现有食品安全标准规定的检验项目和检验方法以及依照食品安全法第一百一十一条和本条例第六十三条规定制定的检验项目和检验方法无法检验的,国务院食品安全监督管理部门可以制定补充检验项目和检验方法,用于对食品的抽样检验、食品安全案件调查处理和食品安全事故处置。此项规定丰富了食品安全监管手段。

配 套

《食品安全抽样检验管理办法》;《食品安全法实施条例》第41条

第八十八条 【复检】对依照本法规定实施的检验结论有异议的，食品生产经营者可以自收到检验结论之日起七个工作日内向实施抽样检验的食品安全监督管理部门或者其上一级食品安全监督管理部门提出复检申请，由受理复检申请的食品安全监督管理部门在公布的复检机构名录中随机确定复检机构进行复检。复检机构出具的复检结论为最终检验结论。复检机构与初检机构不得为同一机构。复检机构名录由国务院认证认可监督管理、食品安全监督管理、卫生行政、农业行政等部门共同公布。

采用国家规定的快速检测方法对食用农产品进行抽查检测，被抽查人对检测结果有异议的，可以自收到检测结果时起四小时内申请复检。复检不得采用快速检测方法。

注解

监督抽检不合格的检验结论，是执法机关责令食品生产经营者召回问题食品，或者对食品生产经营者采取行政强制措施或进行行政处罚的依据。《食品安全抽样检验管理办法》第27条规定，国家市场监督管理总局组织的食品安全监督抽检的检验结论不合格的，承检机构除按照相关要求报告外，还应当通过食品安全抽样检验信息系统及时通报抽样地以及标称的食品生产者住所地市场监督管理部门。地方市场监督管理部门组织或者实施食品安全监督抽检的检验结论不合格的，抽样地与标称食品生产者住所地不在同一省级行政区域的，抽样地市场监督管理部门应当在收到不合格检验结论后通过食品安全抽样检验信息系统及时通报标称的食品生产者住所地同级市场监督管理部门。同一省级行政区域内不合格检验结论的通报按照抽样地省级市场监督管理部门规定的程序和时限通报。通过网络食品交易第三方平台抽样的，除按照前两款的规定通报外，还应当同时通报网络食品交易第三方平台提供者住所地市场监督管理部门。因此，监督抽检不合格的检验结论事关被监督抽检的食品生产经营者的切身利益，为了维护其合法权益，有必要从法律上为其提供救济途径，即向食品安全监督管理部门提出复检申请。

为保证复检的公正性，复检机构与初检机构不得为同一机构，且不得采用快速检测方法。

> **配套**
>
> 《食品安全抽样检验管理办法》第五章；《食品安全法实施条例》第79条

第八十九条 【自行检验和委托检验】食品生产企业可以自行对所生产的食品进行检验，也可以委托符合本法规定的食品检验机构进行检验。

食品行业协会和消费者协会等组织、消费者需要委托食品检验机构对食品进行检验的，应当委托符合本法规定的食品检验机构进行。

第九十条 【食品添加剂的检验】食品添加剂的检验，适用本法有关食品检验的规定。

第六章 食品进出口

第九十一条 【进出口食品的监督管理部门】国家出入境检验检疫部门对进出口食品安全实施监督管理。

第九十二条 【进口食品、食品添加剂和相关产品的要求】进口的食品、食品添加剂、食品相关产品应当符合我国食品安全国家标准。

进口的食品、食品添加剂应当经出入境检验检疫机构依照进出口商品检验相关法律、行政法规的规定检验合格。

进口的食品、食品添加剂应当按照国家出入境检验检疫部门的要求随附合格证明材料。

> **配套**
>
> 《进出口商品检验法》第5、6条；《进出口商品检验法实施条例》第2条

第九十三条 【进口尚无食品安全国家标准的食品及"三新"产品的要求】进口尚无食品安全国家标准的食品,由境外出口商、境外生产企业或者其委托的进口商向国务院卫生行政部门提交所执行的相关国家（地区）标准或者国际标准。国务院卫生行政部门对相关标准进行审查,认为符合食品安全要求的,决定暂予适用,并及时制定相应的食品安全国家标准。进口利用新的食品原料生产的食品或者进口食品添加剂新品种、食品相关产品新品种,依照本法第三十七条的规定办理。

出入境检验检疫机构按照国务院卫生行政部门的要求,对前款规定的食品、食品添加剂、食品相关产品进行检验。检验结果应当公开。

配套

《食品添加剂新品种管理办法》；《食品相关产品新品种行政许可管理规定》；《食品中污染物限量》（GB2762-2012）；《食品安全法实施条例》第47条

第九十四条 【境外出口商、生产企业、进口商食品安全义务】境外出口商、境外生产企业应当保证向我国出口的食品、食品添加剂、食品相关产品符合本法以及我国其他有关法律、行政法规的规定和食品安全国家标准的要求,并对标签、说明书的内容负责。

进口商应当建立境外出口商、境外生产企业审核制度,重点审核前款规定的内容；审核不合格的,不得进口。

发现进口食品不符合我国食品安全国家标准或者有证据证明可能危害人体健康的,进口商应当立即停止进口,并依照本法第六十三条的规定召回。

注解

《进出口食品安全管理办法》第37条规定,食品进口商发现进口食品不符合法律、行政法规和食品安全国家标准,或者有证据证明可能危害人体健康,应当按照《食品安全法》第63条和第94条第3款规定,立即停止进口、销售和使用,实施召回,通知相关生产经营者和消费者,记录召回和通知情况,并将食品召回、通知和处理情况向所在地海关报告。

由于进口食品已经在市场上销售,所以本法第95条第2款规定,县级以上人民政府食品药品监督管理部门对国内市场上销售的进口食品、食品添加剂实施监督管理。

2019年修订的《食品安全法实施条例》规定了进口商依照本条第三款的规定召回进口食品的,应当将食品召回和处理情况向所在地县级人民政府食品安全监督管理部门和所在地出入境检验检疫机构报告。

配 套

《进出境动植物检疫法》第2章;《进出口食品安全管理办法》第30、37条;《食品安全法实施条例》第48、49条

第九十五条 【进口食品等出现严重食品安全问题的应对措施】境外发生的食品安全事件可能对我国境内造成影响,或者在进口食品、食品添加剂、食品相关产品中发现严重食品安全问题的,国家出入境检验检疫部门应当及时采取风险预警或者控制措施,并向国务院食品安全监督管理、卫生行政、农业行政部门通报。接到通报的部门应当及时采取相应措施。

县级以上人民政府食品安全监督管理部门对国内市场上销售的进口食品、食品添加剂实施监督管理。发现存在严重食品安全问题的,国务院食品安全监督管理部门应当及时向国家出入境检验检疫部门通报。国家出入境检验检疫部门应当及时采取相应措施。

注 解

[风险预警]

风险预警是部门内或者行业内发布警示公告,旨在采取控制措施。本法第118条规定,国家建立统一的食品安全信息平台,实行食品安全信息统一公布制度。明确指出,食品安全风险警示信息由国务院食品安全监督管理部门统一公布。

[控制措施]

如果食品安全监督管理部门通过抽样检查等途径发现市场上销售的进口食品、食品添加剂存在严重食品安全问题的，国务院食品安全监督管理部门应当及时向国家出入境检验检疫部门通报。国家出入境检验检疫部门应当及时采取相应措施。

国家出入境检验检疫部门收到国际组织、境外政府机构发布的风险预警信息及其他食品安全信息，认为境外发生的食品安全事件可能对我国境内造成影响，或者在进口食品、食品添加剂、食品相关产品检验过程中发现严重食品安全问题的，或者收到国务院食品安全监督管理部门通报市场上销售的进口食品、食品添加剂存在严重食品安全问题的，应当采取相应的控制措施。

进口食品安全风险已不存在或者已降低到可接受的程度时，应当及时解除风险预警通报及控制措施。

应用

39. 进口食品等出现严重食品安全问题，可采取哪些具体措施？

2019年修订的《食品安全法实施条例》对此作了细化规定，《条例》规定境外发生的食品安全事件可能对我国境内造成影响，或者在进口食品、食品添加剂、食品相关产品中发现严重食品安全问题的，国家出入境检验检疫部门应当及时进行风险预警，并可以对相关的食品、食品添加剂、食品相关产品采取下列控制措施：（一）退货或者销毁处理；（二）有条件地限制进口；（三）暂停或者禁止进口。

《进出口食品安全管理办法》第59条规定，境内外发生食品安全事件或者疫情疫病可能影响到进出口食品安全的，或者在进出口食品中发现严重食品安全问题的，直属海关应当及时上报海关总署；海关总署根据情况进行风险预警，在海关系统内发布风险警示通报，并向国务院食品安全监督管理、卫生行政、农业行政部门通报，必要时向消费者发布风险警示通告。海关总署发布风险警示通报的，应当根据风险警示通报要求对进出口食品采取本办法第34条、第35条、第36条和第54条规定的控制措施。

配套

《进出口食品安全管理办法》第59、61条；《食品安全法实施条例》第52条

第九十六条 【进出口食品商、代理商、境外食品生产企业的备案与注册制度】向我国境内出口食品的境外出口商或者代理商、进口食品的进口商应当向国家出入境检验检疫部门备案。向我国境内出口食品的境外食品生产企业应当经国家出入境检验检疫部门注册。已经注册的境外食品生产企业提供虚假材料，或者因其自身的原因致使进口食品发生重大食品安全事故的，国家出入境检验检疫部门应当撤销注册并公告。

国家出入境检验检疫部门应当定期公布已经备案的境外出口商、代理商、进口商和已经注册的境外食品生产企业名单。

注解

国家出入境检验检疫部门发现已经注册的境外食品生产企业不再符合注册要求的，应当责令其在规定期限内整改，整改期间暂停进口其生产的食品；经整改仍不符合注册要求的，国家出入境检验检疫部门应当撤销境外食品生产企业注册并公告。对通过我国良好生产规范、危害分析与关键控制点体系认证的境外生产企业，认证机构应当依法实施跟踪调查。对不再符合认证要求的企业，认证机构应当依法撤销认证并向社会公布。

配套

《进口食品进出口商备案管理规定》；《进口食品境外生产企业注册管理规定》；《食品安全法实施条例》第50、51条

第九十七条 【进口的预包装食品、食品添加剂标签、说明书】进口的预包装食品、食品添加剂应当有中文标签；依法应当有说明书的，还应当有中文说明书。标签、说明书应当符合本法以及我国其他有关法律、行政法规的规定和食品安全国家标准的要求，并载明食品的原产地以及境内代理商的名称、地址、联系方式。预包装食品没有中文标签、中文说明书或者标签、说明书不符合本条规定的，不得进口。

> 配 套

《产品质量法》第27、28条;《预包装食品标签通则》(GB7718-2011)

第九十八条 【食品、食品添加剂进口和销售记录制度】进口商应当建立食品、食品添加剂进口和销售记录制度,如实记录食品、食品添加剂的名称、规格、数量、生产日期、生产或者进口批号、保质期、境外出口商和购货者名称、地址及联系方式、交货日期等内容,并保存相关凭证。记录和凭证保存期限应当符合本法第五十条第二款的规定。

> 配 套

《食品进口记录和销售记录管理规定》

第九十九条 【对出口食品和出口食品企业的监督管理】出口食品生产企业应当保证其出口食品符合进口国(地区)的标准或者合同要求。

出口食品生产企业和出口食品原料种植、养殖场应当向国家出入境检验检疫部门备案。

> 注 解

出口食品、食品添加剂的生产企业应当保证其出口食品、食品添加剂符合进口国家(地区)的标准或者合同要求;我国缔结或者参加的国际条约、协定有要求的,还应当符合国际条约、协定的要求。

> 配 套

《进出口商品检验法》第5条;《国家质量监督检验检疫总局关于停止实行食品类生产企业出口食品免验的公告》;《进出口食品安全管理办法》第38条;《出口食品原料种植场备案管理规定》;《食品安全法实施条例》第53条

第一百条 【国家出入境检验检疫部门收集信息及实施信用管理】国家出入境检验检疫部门应当收集、汇总下列进出口食品安全信息，并及时通报相关部门、机构和企业：

（一）出入境检验检疫机构对进出口食品实施检验检疫发现的食品安全信息；

（二）食品行业协会和消费者协会等组织、消费者反映的进口食品安全信息；

（三）国际组织、境外政府机构发布的风险预警信息及其他食品安全信息，以及境外食品行业协会等组织、消费者反映的食品安全信息；

（四）其他食品安全信息。

国家出入境检验检疫部门应当对进出口食品的进口商、出口商和出口食品生产企业实施信用管理，建立信用记录，并依法向社会公布。对有不良记录的进口商、出口商和出口食品生产企业，应当加强对其进出口食品的检验检疫。

配 套

《进出口商品检验法》第 10 条

第一百零一条　【国家出入境检验检疫部门的评估和审查职责】国家出入境检验检疫部门可以对向我国境内出口食品的国家（地区）的食品安全管理体系和食品安全状况进行评估和审查，并根据评估和审查结果，确定相应检验检疫要求。

配 套

《进出口食品安全管理办法》第 2 章

第七章　食品安全事故处置

第一百零二条　【食品安全事故应急预案】国务院组织制定国家食品安全事故应急预案。

县级以上地方人民政府应当根据有关法律、法规的规定和上级人民政府的食品安全事故应急预案以及本行政区域的实际情况，制定本行政区域的食品安全事故应急预案，并报上一级人民政府备案。

食品安全事故应急预案应当对食品安全事故分级、事故处置组织指挥体系与职责、预防预警机制、处置程序、应急保障措施等作出规定。

食品生产经营企业应当制定食品安全事故处置方案，定期检查本企业各项食品安全防范措施的落实情况，及时消除事故隐患。

注解

食品安全事故应急预案应当包括食品安全事故分级、事故处置指挥体系与职责、预防预警机制、处置程序、应急保障措施等内容。

食品生产经营企业，是食品安全的第一责任人，有防范食品安全事故发生的义务。为了降低食品安全事故发生的危险，从源头上消除事故隐患，发生食品安全事故后尽早发现，将事故危害控制在可控范围，需要将食品生产经营企业纳入食品安全事故应急预案体系中。食品生产经营企业有义务制定食品安全事故处置方案，定期检查本企业各项食品安全防范措施的落实情况，及时消除事故隐患。在发生食品安全事故后也须承担采取控制措施、进行及时报告等义务。

配套

《国家食品安全事故应急预案》；《突发事件应对法》；《食品安全法实施条例》第54、55条

第一百零三条 【食品安全事故应急处置、报告、通报】发生食品安全事故的单位应当立即采取措施，防止事故扩大。事故单位和接收病人进行治疗的单位应当及时向事故发生地县级人民政府食品安全监督管理、卫生行政部门报告。

县级以上人民政府农业行政等部门在日常监督管理中发现食

品安全事故或者接到事故举报，应当立即向同级食品安全监督管理部门通报。

发生食品安全事故，接到报告的县级人民政府食品安全监督管理部门应当按照应急预案的规定向本级人民政府和上级人民政府食品安全监督管理部门报告。县级人民政府和上级人民政府食品安全监督管理部门应当按照应急预案的规定上报。

任何单位和个人不得对食品安全事故隐瞒、谎报、缓报，不得隐匿、伪造、毁灭有关证据。

注 解

[事故单位的应急处置]

一般来讲，事故发生单位采取的应急处置措施包括：采取措施立即停止可能导致食品安全事故的食品及原料的食用和使用；密切注意已食用可能导致事故的食品的人员，一旦出现不适症状的，立即送至医院救治；保护食品安全事故发生的现场，控制和保存可能导致食品安全事故的食品及其原料，以便有关部门采集、分析；立即将事故情况如实向所在地县级人民政府食品安全监督管理、卫生行政部门报告等。

[不得对食品安全事故隐瞒、谎报、缓报，不得隐匿、伪造、毁灭有关证据]

隐瞒是指明知食品安全事故的真实情况，故意不按照规定报告的行为。谎报是指明知食品安全事故的真实情况，故意编造虚假或者不真实的食品安全事故情况。缓报是指超过食品安全事故的报告时限，不按照规定的时限拖延报告的行为。隐匿、伪造、毁灭有关证据不利于查清事实真相，也不利于追究相关责任人的法律责任。

应 用

40. 有义务向食品安全监督管理部门报告食品安全事故的主体有哪些？

发生可能与食品有关的急性群体性健康损害的单位、接收食品安全事故病人治疗的单位。质量监督、农业行政、卫生行政等部门在日常监督管理中发现食品安全事故或者接到事故举报的，应当立即向食品安全监督管理部门通报。根据国家食品安全事故应急预案的规定，食品生产经营者、食品安全相关技术机构、有关社会团体及个人也有报告义务。另外，经核实的公众举报信息、经核实的媒体披露与报道信息、世界卫生组织等国际机构、其他国家和地区通报我国的信息，也是重要的事故信息来源。

配套

《食品安全法实施条例》第56条

第一百零四条　【食源性疾病的报告和通报】医疗机构发现其接收的病人属于食源性疾病病人或者疑似病人的，应当按照规定及时将相关信息向所在地县级人民政府卫生行政部门报告。县级人民政府卫生行政部门认为与食品安全有关的，应当及时通报同级食品安全监督管理部门。

县级以上人民政府卫生行政部门在调查处理传染病或者其他突发公共卫生事件中发现与食品安全相关的信息，应当及时通报同级食品安全监督管理部门。

注解

食源性疾病与食品安全密切相关。食源性疾病，指食品中致病因素进入人体引起的感染性、中毒性等疾病，包括食物中毒；食品安全事故，指食源性疾病、食品污染等源于食品，对人体健康有危害或者可能有危害的事故。实践中，食源性疾病可能是因为食品生产经营行为不当造成，也可能是因为个人误食引起的。食源性疾病很可能是发生食品安全事故的信号，属于涉及食品安全的重要信息，应当予以重视。

第一百零五条　【食品安全事故发生后应采取的措施】县级以上人民政府食品安全监督管理部门接到食品安全事故的报告后，应当立即会同同级卫生行政、农业行政等部门进行调查处理，并采取下列措施，防止或者减轻社会危害：

（一）开展应急救援工作，组织救治因食品安全事故导致人身伤害的人员；

（二）封存可能导致食品安全事故的食品及其原料，并立即进行检验；对确认属于被污染的食品及其原料，责令食品生产经营者依照本法第六十三条的规定召回或者停止经营；

（三）封存被污染的食品相关产品，并责令进行清洗消毒；

（四）做好信息发布工作，依法对食品安全事故及其处理情况进行发布，并对可能产生的危害加以解释、说明。

发生食品安全事故需要启动应急预案的，县级以上人民政府应当立即成立事故处置指挥机构，启动应急预案，依照前款和应急预案的规定进行处置。

发生食品安全事故，县级以上疾病预防控制机构应当对事故现场进行卫生处理，并对与事故有关的因素开展流行病学调查，有关部门应当予以协助。县级以上疾病预防控制机构应当向同级食品安全监督管理、卫生行政部门提交流行病学调查报告。

注 解

食品安全监督管理部门还应当对事故单位封存的食品及原料、工具、设备、设施等予以保护，需要封存而事故单位尚未封存的应当直接封存或者责令事故单位立即封存，并通知疾病预防控制机构对与事故有关的因素开展流行病学调查。

配 套

《食品安全法实施条例》第57条

第一百零六条　【食品安全事故责任调查】发生食品安全事故，设区的市级以上人民政府食品安全监督管理部门应当立即会同有关部门进行事故责任调查，督促有关部门履行职责，向本级人民政府和上一级人民政府食品安全监督管理部门提出事故责任调查处理报告。

涉及两个以上省、自治区、直辖市的重大食品安全事故由国务院食品安全监督管理部门依照前款规定组织事故责任调查。

> **注解**

2019年修订的《食品安全法实施条例》还规定了疾病预防控制机构应当在调查结束后向同级食品安全监督管理、卫生行政部门同时提交流行病学调查报告。有关部门应当对疾病预防控制机构开展流行病学调查予以协助。

> **配套**

《食品安全法实施条例》第57条

第一百零七条 【食品安全事故调查原则、主要任务】调查食品安全事故，应当坚持实事求是、尊重科学的原则，及时、准确查清事故性质和原因，认定事故责任，提出整改措施。

调查食品安全事故，除了查明事故单位的责任，还应当查明有关监督管理部门、食品检验机构、认证机构及其工作人员的责任。

第一百零八条 【食品安全事故调查部门的职权】食品安全事故调查部门有权向有关单位和个人了解与事故有关的情况，并要求提供相关资料和样品。有关单位和个人应当予以配合，按照要求提供相关资料和样品，不得拒绝。

任何单位和个人不得阻挠、干涉食品安全事故的调查处理。

第八章 监督管理

第一百零九条 【食品安全风险分级管理和年度监督管理计划】县级以上人民政府食品安全监督管理部门根据食品安全风险监测、风险评估结果和食品安全状况等，确定监督管理的重点、方式和频次，实施风险分级管理。

县级以上地方人民政府组织本级食品安全监督管理、农业行政等部门制定本行政区域的食品安全年度监督管理计划，向社会公布并组织实施。

食品安全年度监督管理计划应当将下列事项作为监督管理的重点：

（一）专供婴幼儿和其他特定人群的主辅食品；

（二）保健食品生产过程中的添加行为和按照注册或者备案的技术要求组织生产的情况，保健食品标签、说明书以及宣传材料中有关功能宣传的情况；

（三）发生食品安全事故风险较高的食品生产经营者；

（四）食品安全风险监测结果表明可能存在食品安全隐患的事项。

第一百一十条　【食品安全监督检查措施】县级以上人民政府食品安全监督管理部门履行食品安全监督管理职责，有权采取下列措施，对生产经营者遵守本法的情况进行监督检查：

（一）进入生产经营场所实施现场检查；

（二）对生产经营的食品、食品添加剂、食品相关产品进行抽样检验；

（三）查阅、复制有关合同、票据、账簿以及其他有关资料；

（四）查封、扣押有证据证明不符合食品安全标准或者有证据证明存在安全隐患以及用于违法生产经营的食品、食品添加剂、食品相关产品；

（五）查封违法从事生产经营活动的场所。

注解

为了丰富食品安全监管手段，2019年修订的《食品安全法实施条例》规定，设区的市级以上人民政府食品安全监督管理部门根据监督管理工作需要，可以对由下级人民政府食品安全监督管理部门负责日常监督管理的食品生产经营者实施随机监督检查，也可以组织下级人民政府食品安全监督管理部门对食品生产经营者实施异地监督检查。设区的市级以上人民政府食品安全监督管理部门认为必要的，可以直接调查处理下级人民政府食品安全监督管理部门管辖的食品安全违法案件，也可以指定其他下级人民政府食品安全监督管理部门调查处理。

根据本条规定实施查封、扣押措施，查封、扣押的期限不得超过30日；情况复杂的，经实施查封、扣押措施的食品安全监督管理部门负责人批准，可以延长，延长期限不得超过45日。

【应 用】

41. 什么是食品安全行政强制措施？

《行政强制法》第2条第2款规定，行政强制措施，是指行政机关在行政管理过程中，为制止违法行为、防止证据损毁、避免危害发生、控制危险扩大等情形，依法对公民的人身自由实施暂时性限制，或者对公民、法人或者其他组织的财物实施暂时性控制的行为。食品安全行政强制措施是指食品安全监督管理部门为预防和控制食品安全风险，依据法律的规定对于违法生产经营的食品、食品添加剂、食品相关产品以及有证据证明不符合食品安全标准或者有证据证明存在安全隐患食品、食品添加剂、食品相关产品进行查封、扣押，对违法从事生产经营活动场所进行查封的行为。本条规定就包含了食品安全行政强制措施。

【配 套】

《食品安全法实施条例》第59、61条

第一百一十一条 【有害物质的临时限量值和临时检验方法】 对食品安全风险评估结果证明食品存在安全隐患，需要制定、修订食品安全标准的，在制定、修订食品安全标准前，国务院卫生行政部门应当及时会同国务院有关部门规定食品中有害物质的临时限量值和临时检验方法，作为生产经营和监督管理的依据。

【应 用】

42. 如何正确理解和运用"临时限量值"和"临时检测方法"？

本条明确提出了"临时限量值和临时检测方法"。作此规定是为了适应当前食品安全面临的形势,进一步加强食品安全风险评估、标准制定和监督管理的有机衔接,充分发挥风险评估对食品安全监管的技术支撑作用,以更有效地形成各部门工作合力。对食品安全风险评估结果证明食品存在安全隐患,需要制定、修订食品安全标准的,由食品安全国家标准审评委员会提出需要制定、修订的食品安全标准,并会同国家食品安全风险评估专家委员会提出临时限量值和临时检验方法,经国务院卫生行政部门会同国务院有关部门确定后施行。国务院卫生行政部门应当及时向有关部门通报临时限量值和临时检验方法,并按照有关规定,启动食品安全国家标准制定、修订工作。相关标准制定、修订公布后,该临时限量值和临时检验方法自动废止。

第一百一十二条 【快速检测】县级以上人民政府食品安全监督管理部门在食品安全监督管理工作中可以采用国家规定的快速检测方法对食品进行抽查检测。

对抽查检测结果表明可能不符合食品安全标准的食品,应当依照本法第八十七条的规定进行检验。抽查检测结果确定有关食品不符合食品安全标准的,可以作为行政处罚的依据。

应用

43. 如何理解食品安全法中关于快速检测的规定?

快速检测具有快速抽样、快速出具结果的优点,能够满足食品生产经营者和监管部门快速发现问题并及时控制风险的要求;与实验检验相比,快速检测的设施设备、样品运输和保存的成本比较低,能够克服基层检验检测能力和财政经费不足的难题;携带运输方便,技术操作要求简单,可以灵活地在监督检查时进行快速检测,实现监管执法和技术支撑的有效结合。

本法第112条和第88条第2款规定了快速检测的法律地位及效力,主要内涵包括:一是快速检测的适用范围。县级以上人民政府食品药品监督管理部门在食品安全监督管理工作中可以采用国家规定的快速检测方法对食品进行抽查检测。这里的食品包括食用农产品。二是"国家规定"的含义。根据《刑法》第96条,国家规定,是指全国人民代表大会及其常务委员会制定的法律和决定,国务院制定的行政法规、规定的行政措施、发布的决定和命令。《最高人民法院关于准确理解和适用刑法中"国家规定"的有关问题的通知》进一步明确对国家规定的理解。该司法解释提出，刑法中的"国家规定"是指，全国人民代表大会及其常务委员会制定的法律和决定，国务院制定的行政法规、规定的行政措施、发布的决定和命令。其中，"国务院规定的行政措施"应当由国务院决定，通常以行政法规或者国务院制发文件的形式加以规定。以国务院办公厅名义制发的文件，符合以下条件的，亦应视为刑法中的"国家规定"：(1) 有明确的法律依据或者同相关行政法规不相抵触；(2) 经国务院常务会议讨论通过或者经国务院批准；(3) 在国务院公报上公开发布。对于违反地方性法规、部门规章的行为，不得认定为"违反国家规定"。对被告人的行为是否"违反国家规定"存在争议的，应当作为法律适用问题，逐级向最高人民法院请示。考虑到实践中，快速检测方法作为检测方法的一种，可以纳入食品安全标准中规定，因此，此处的国家规定应当是包括食品安全国家标准以及国家市场监督管理总局、农业农村部等部门的规定。三是对抽查检测结果表明可能不符合食品安全标准的食品，应当依照本法第87条的规定进行检验。抽查检测结果确定有关食品不符合食品安全标准的，可以作为行政处罚的依据。

配套

《餐饮服务食品安全快速检测方法认定管理办法》

第一百一十三条　【食品安全信用档案】县级以上人民政府食品安全监督管理部门应当建立食品生产经营者食品安全信用档案，记录许可颁发、日常监督检查结果、违法行为查处等情况，依法向社会公布并实时更新；对有不良信用记录的食品生产经营者增加监督检查频次，对违法行为情节严重的食品生产经营者，可以通报投资主管部门、证券监督管理机构和有关的金融机构。

注解

[建立黑名单制度]

根据2019年修订的《食品安全法实施条例》，在食品安全监督管理方面还可以建立黑名单制度，实施联合惩戒，将食品安全信用状况与准入、融资、信贷、征信等相衔接。

应用

44. 食品安全信用档案制度主要包括哪些内容?

一是建立食品生产经营者食品安全信用档案。县级以上人民政府食品安全监督管理部门应当建立食品生产经营者食品安全信用档案,记录许可颁发、日常监督检查结果、违法行为查处等情况。根据本法第114条的规定,食品安全监督管理部门对食品生产经营者法定代表人或者主要负责人的约谈情况,也应当纳入食品生产经营者的信用档案。二是信用档案要依法向社会公布。根据《政府信息公开条例》的规定,对于食品药品、产品质量的监督检查情况,行政机关应当依照本条例的规定,在各自职责范围内确定主动公开的政府信息的具体内容。需要注意,在公布食品生产经营者食品安全信用档案的过程中,要注意依法公开与依法保密的关系。根据《政府信息公开条例》规定,行政机关公开政府信息,不得危及国家安全、公共安全、经济安全和社会稳定。行政机关不得公开涉及国家秘密、商业秘密、个人隐私的政府信息。但是,第三方同意公开或者行政机关认为不公开会对公共利益造成重大影响的涉及商业秘密、个人隐私的政府信息,可以予以公开。三是要实行分级监管。根据食品安全信用档案的记录,对有不良信用记录的食品生产经营者增加监督检查频次。这要求根据企业信用等级实行分类分级监管,对于信用较低的食品生产经营者,要强化监管,增强监督检查频次;对于信用较高的企业,可以依法降低监督检查频率。四是实行联合惩戒。对违法行为情节严重的食品生产经营者,可以根据需要通报投资主管部门、证券监督管理机构以及有关的金融机构。

配套

《食品安全法实施条例》第66条

第一百一十四条 【对食品生产经营者进行责任约谈】 食品生产经营过程中存在食品安全隐患,未及时采取措施消除的,县级以上人民政府食品安全监督管理部门可以对食品生产经营者的法定代表人或者主要负责人进行责任约谈。食品生产经营者应当立即采取措施,进行整改,消除隐患。责任约谈情况和整改情况应当纳入食品生产经营者食品安全信用档案。

注解

责任约谈是食品安全领域一种新的行政执法方式。其是指依法享有监督管理职权的行政主体,发现其所监管的行政相对人出现了特定问题,为了防止发生违法行为,在事先约定的时间、地点与行政相对人进行沟通、协商,然后给予警示、告诫的一种非强制行政行为。责任约谈实现了行政监管方式由事后处罚打击型向事前监督指导型的转变,更有利于对食品安全事故发生的防范。责任约谈的一个必然法律后果,就是责任约谈情况和整改情况应当纳入食品生产经营者食品安全信用档案。

配套

《国家食品药品监督管理局关于建立餐饮服务食品安全责任人约谈制度的通知》;《食品安全法实施条例》第 62 条

第一百一十五条 【有奖举报和举报人合法权益的保护】县级以上人民政府食品安全监督管理等部门应当公布本部门的电子邮件地址或者电话,接受咨询、投诉、举报。接到咨询、投诉、举报,对属于本部门职责的,应当受理并在法定期限内及时答复、核实、处理;对不属于本部门职责的,应当移交有权处理的部门并书面通知咨询、投诉、举报人。有权处理的部门应当在法定期限内及时处理,不得推诿。对查证属实的举报,给予举报人奖励。

有关部门应当对举报人的信息予以保密,保护举报人的合法权益。举报人举报所在企业的,该企业不得以解除、变更劳动合同或者其他方式对举报人进行打击报复。

配套

《消费者权益保护法》第 46 条;《政府信息公开条例》第 33 条;《食品安全法实施条例》第 65 条

第一百一十六条 【加强食品安全执法人员管理】县级以上人民政府食品安全监督管理等部门应当加强对执法人员食品安全

法律、法规、标准和专业知识与执法能力等的培训,并组织考核。不具备相应知识和能力的,不得从事食品安全执法工作。

食品生产经营者、食品行业协会、消费者协会等发现食品安全执法人员在执法过程中有违反法律、法规规定的行为以及不规范执法行为的,可以向本级或者上级人民政府食品安全监督管理等部门或者监察机关投诉、举报。接到投诉、举报的部门或者机关应当进行核实,并将经核实的情况向食品安全执法人员所在部门通报;涉嫌违法违纪的,按照本法和有关规定处理。

第一百一十七条 【对所属食品安全监管部门或下级地方人民政府进行责任约谈】 县级以上人民政府食品安全监督管理等部门未及时发现食品安全系统性风险,未及时消除监督管理区域内的食品安全隐患的,本级人民政府可以对其主要负责人进行责任约谈。

地方人民政府未履行食品安全职责,未及时消除区域性重大食品安全隐患的,上级人民政府可以对其主要负责人进行责任约谈。

被约谈的食品安全监督管理等部门、地方人民政府应当立即采取措施,对食品安全监督管理工作进行整改。

责任约谈情况和整改情况应当纳入地方人民政府和有关部门食品安全监督管理工作评议、考核记录。

注解

本条规定的责任约谈属于行政层级监督。责任约谈的效力和后果是被约谈的食品药品监督管理等部门、地方人民政府应当立即采取措施,对食品安全监督管理工作进行整改。

应用

45. 如何理解本法中规定的责任约谈制度?

本法第114条和第117条规定了食品安全责任约谈制度,主要内容包括:一是食品安全监督管理部门对食品生产经营者负责人的责任约谈。食品生产经营过程中存在安全隐患，未及时采取措施消除的，县级以上人民政府食品安全监督管理部门可以对食品生产经营者的法定代表人或者主要负责人进行责任约谈。二是县级以上人民政府对本级食品安全监督管理部门主要负责人的责任约谈。县级以上人民政府食品安全监督管理等部门未及时发现食品安全系统性风险，未及时消除监督管理区域内的食品安全隐患的，本级人民政府可以对其主要负责人进行责任约谈。三是上级人民政府对下级人民政府主要负责人的责任约谈。地方人民政府未履行食品安全职责，未及时消除区域性重大食品安全隐患的，上级人民政府可以对其主要负责人进行责任约谈。四是责任约谈的法律效力。(1)食品生产经营者应当立即采取措施，进行整改，消除隐患。责任约谈情况和整改情况应当纳入食品生产经营者食品安全信用档案。(2)被约谈的食品安全监督管理等部门、地方人民政府应当立即采取措施，对食品安全及其监督管理工作进行整改。责任约谈情况和整改情况应当纳入地方人民政府和有关部门食品安全监督管理工作评议、考核记录。

第一百一十八条 **【食品安全信息统一公布制度】**国家建立统一的食品安全信息平台，实行食品安全信息统一公布制度。国家食品安全总体情况、食品安全风险警示信息、重大食品安全事故及其调查处理信息和国务院确定需要统一公布的其他信息由国务院食品安全监督管理部门统一公布。食品安全风险警示信息和重大食品安全事故及其调查处理信息的影响限于特定区域的，也可以由有关省、自治区、直辖市人民政府食品安全监督管理部门公布。未经授权不得发布上述信息。

县级以上人民政府食品安全监督管理、农业行政部门依据各自职责公布食品安全日常监督管理信息。

公布食品安全信息，应当做到准确、及时，并进行必要的解释说明，避免误导消费者和社会舆论。

注解

需要有关部门进行公布的食品安全信息可以分为三个层次：一是国家食

品安全总体情况、食品安全风险警示信息、重大食品安全事故及其调查处理信息和国务院确定需要统一公布的其他信息。二是食品安全风险警示信息和重大食品安全事故及其调查处理信息的影响限于特定区域的，一般由省、自治区、直辖市人民政府食品安全监督管理部门公布，但也可以由国务院食品安全监督管理部门公布。三是县级以上人民政府食品安全监督管理、质量监督、农业行政部门的食品安全日常监督管理信息。无论哪个层次的食品安全信息，有关部门在进行公布时都应当做到准确、及时，并进行必要的解释说明，避免误导消费者和社会舆论。

配套

本法第141条

第一百一十九条　【食品安全信息的报告、通报制度】县级以上地方人民政府食品安全监督管理、卫生行政、农业行政部门获知本法规定需要统一公布的信息，应当向上级主管部门报告，由上级主管部门立即报告国务院食品安全监督管理部门；必要时，可以直接向国务院食品安全监督管理部门报告。

县级以上人民政府食品安全监督管理、卫生行政、农业行政部门应当相互通报获知的食品安全信息。

应用

46. 什么是食品安全信息通报制度？

为了确保食品安全信息的有效利用，减少不必要的浪费，本条为县级以上人民政府食品安全监督管理、卫生行政、农业行政部门设定了一项法定义务，即应当相互通报、报告所获知的食品安全信息。比如对食品生产经营者的监督检查及其抽样检验结果、违法生产经营的查处情况、食品安全监督管理的计划等。需要说明的是，第一，此处所称的食品安全信息应当是全面的，不是某一部分；是互相的，不是单向的。第二，依照本法有关规定，负有食品安全信息通报职责的有关部门，应当按照规定的时间报告、通报食品安全信息，不得隐瞒、谎报、缓报。如果在执行这一规定过程中，县级以上人民政府食品安全监督管理、卫生行政、农业行政部门有渎职行为的，依法对直接负责的主管人员和其他直接责任人员给予记大过处分或者降级的处分；造成严重后果的，给予撤职或者开除的处分，其主要负责人应当引咎辞职。构成犯罪的，依法追究刑事责任。

第一百二十条 **【不得编造、散布虚假食品安全信息】**任何单位和个人不得编造、散布虚假食品安全信息。

县级以上人民政府食品安全监督管理部门发现可能误导消费者和社会舆论的食品安全信息，应当立即组织有关部门、专业机构、相关食品生产经营者等进行核实、分析，并及时公布结果。

配 套

《食品安全法实施条例》第83条

第一百二十一条 **【涉嫌食品安全犯罪案件的处理】**县级以上人民政府食品安全监督管理等部门发现涉嫌食品安全犯罪的，应当按照有关规定及时将案件移送公安机关。对移送的案件，公安机关应当及时审查；认为有犯罪事实需要追究刑事责任的，应当立案侦查。

公安机关在食品安全犯罪案件侦查过程中认为没有犯罪事实，或者犯罪事实显著轻微，不需要追究刑事责任，但依法应当追究行政责任的，应当及时将案件移送食品安全监督管理等部门和监察机关，有关部门应当依法处理。

公安机关商请食品安全监督管理、生态环境等部门提供检验结论、认定意见以及对涉案物品进行无害化处理等协助的，有关部门应当及时提供，予以协助。

注 解

遵循罪刑法定原则，依照刑法和有关司法解释规定，涉嫌食品安全犯罪案件主要有以下几种：生产、销售不符合安全标准的食品罪；生产、销售有毒、有害食品罪；生产、销售伪劣产品罪；非法经营罪；虚假广告罪；提供虚假证明文件罪；食品监管渎职罪；徇私舞弊罪、渎职罪等。

处理涉嫌食品安全犯罪案件，食品安全法确立了双向移送制度，体现了先刑事后行政的责任追究机制。

配套

《刑法》第143、144、149、225条；《最高人民法院、最高人民检察院关于办理危害食品安全刑事案件适用法律若干问题的解释》；《行政执法机关移送涉嫌犯罪案件的规定》

第九章　法律责任

第一百二十二条　【未经许可从事食品生产经营活动等的法律责任】违反本法规定，未取得食品生产经营许可从事食品生产经营活动，或者未取得食品添加剂生产许可从事食品添加剂生产活动的，由县级以上人民政府食品安全监督管理部门没收违法所得和违法生产经营的食品、食品添加剂以及用于违法生产经营的工具、设备、原料等物品；违法生产经营的食品、食品添加剂货值金额不足一万元的，并处五万元以上十万元以下罚款；货值金额一万元以上的，并处货值金额十倍以上二十倍以下罚款。

明知从事前款规定的违法行为，仍为其提供生产经营场所或者其他条件的，由县级以上人民政府食品安全监督管理部门责令停止违法行为，没收违法所得，并处五万元以上十万元以下罚款；使消费者的合法权益受到损害的，应当与食品、食品添加剂生产经营者承担连带责任。

应用

47. 从事食品生产经营无需取得许可的有哪些情形？

一是销售食用农产品不需要取得许可。《农产品质量安全法》中并未规定对食用农产品的生产经营实行许可管理的制度。因此，生产经营食用农产品无需取得许可。《食品安全法》将食用农产品的市场销售纳入本法进行调整，并在第35条中明确规定，销售食用农产品，不需要取得许可。二是关

85

于食品生产加工小作坊和食品摊贩等管理的地方立法中规定不实行许可管理的情形。考虑到各地经济发展的不平衡性、有些地方城乡生活水平存在较明显差距、传统文化与饮食习惯等诸多因素，对于有固定生产场所、有较少从业人员、生产条件简单、从事传统和低安全风险食品生产加工活动的小作坊和在街头或者其他公共场所无固定地点销售食品或者提供餐饮服务的食品摊贩，本法并没有一刀切地规定应当具备的条件和管理方式，而是授权由省、自治区、直辖市制定具体管理办法。如果地方立法中规定对食品生产加工小作坊和食品摊贩等不实行许可管理，从事相关活动无需取得许可。但无论是否实行许可，食品生产加工小作坊和食品摊贩的生产经营活动都要符合本法规定的与其生产经营规模、条件相适应的食品安全要求，保证所生产经营的食品卫生、无毒、无害。

配 套

本法第35、36、39、127条

第一百二十三条 【八类最严重违法食品生产经营行为的法律责任】违反本法规定，有下列情形之一，尚不构成犯罪的，由县级以上人民政府食品安全监督管理部门没收违法所得和违法生产经营的食品，并可以没收用于违法生产经营的工具、设备、原料等物品；违法生产经营的食品货值金额不足一万元的，并处十万元以上十五万元以下罚款；货值金额一万元以上的，并处货值金额十五倍以上三十倍以下罚款；情节严重的，吊销许可证，并可以由公安机关对其直接负责的主管人员和其他直接责任人员处五日以上十五日以下拘留：

（一）用非食品原料生产食品、在食品中添加食品添加剂以外的化学物质和其他可能危害人体健康的物质，或者用回收食品作为原料生产食品，或者经营上述食品；

（二）生产经营营养成分不符合食品安全标准的专供婴幼儿和其他特定人群的主辅食品；

（三）经营病死、毒死或者死因不明的禽、畜、兽、水产动

物肉类,或者生产经营其制品;

(四)经营未按规定进行检疫或者检疫不合格的肉类,或者生产经营未经检验或者检验不合格的肉类制品;

(五)生产经营国家为防病等特殊需要明令禁止生产经营的食品;

(六)生产经营添加药品的食品。

明知从事前款规定的违法行为,仍为其提供生产经营场所或者其他条件的,由县级以上人民政府食品安全监督管理部门责令停止违法行为,没收违法所得,并处十万元以上二十万元以下罚款;使消费者的合法权益受到损害的,应当与食品生产经营者承担连带责任。

违法使用剧毒、高毒农药的,除依照有关法律、法规规定给予处罚外,可以由公安机关依照第一款规定给予拘留。

应用

48. 生产经营添加药品的食品,应当如何承担法律责任?

根据《药品管理法》第2条的规定,药品是指用于预防、治疗、诊断人的疾病,有目的地调节人的生理机能并规定有适应症或者功能主治、用法和用量的物质,包括中药、化学药和生物制品等。不当用药难免会危及人的生命与健康。《食品安全法》第38条明确规定,生产经营的食品中不得添加药品。生产经营添加药品的食品的,应当依照食品安全法第123条第1款的规定承担责任。需要说明的是,禁止在食品中添加的药品不包括按照传统既是食品又是中药材的物质。也就是说,考虑到一些中药材传统上又是作为食品食用,允许在食品中添加这类按照传统既是食品又是中药材的物质。只要是存在生产或者经营添加药品的食品行为的,无论是否发生危害后果,即应依照本条第1款的规定进行处罚。

配套

本法第34、38、49条;《刑法》第143、144条;《食品安全法实施条例》第67、77条

第一百二十四条 【十一类违法生产经营行为的法律责任】违反本法规定,有下列情形之一,尚不构成犯罪的,由县级以上人民政府食品安全监督管理部门没收违法所得和违法生产经营的食品、食品添加剂,并可以没收用于违法生产经营的工具、设备、原料等物品;违法生产经营的食品、食品添加剂货值金额不足一万元的,并处五万元以上十万元以下罚款;货值金额一万元以上的,并处货值金额十倍以上二十倍以下罚款;情节严重的,吊销许可证:

(一)生产经营致病性微生物,农药残留、兽药残留、生物毒素、重金属等污染物质以及其他危害人体健康的物质含量超过食品安全标准限量的食品、食品添加剂;

(二)用超过保质期的食品原料、食品添加剂生产食品、食品添加剂,或者经营上述食品、食品添加剂;

(三)生产经营超范围、超限量使用食品添加剂的食品;

(四)生产经营腐败变质、油脂酸败、霉变生虫、污秽不洁、混有异物、掺假掺杂或者感官性状异常的食品、食品添加剂;

(五)生产经营标注虚假生产日期、保质期或者超过保质期的食品、食品添加剂;

(六)生产经营未按规定注册的保健食品、特殊医学用途配方食品、婴幼儿配方乳粉,或者未按注册的产品配方、生产工艺等技术要求组织生产;

(七)以分装方式生产婴幼儿配方乳粉,或者同一企业以同一配方生产不同品牌的婴幼儿配方乳粉;

(八)利用新的食品原料生产食品,或者生产食品添加剂新品种,未通过安全性评估;

(九)食品生产经营者在食品安全监督管理部门责令其召回或者停止经营后,仍拒不召回或者停止经营。

除前款和本法第一百二十三条、第一百二十五条规定的情形外,生产经营不符合法律、法规或者食品安全标准的食品、食品添加剂的,依照前款规定给予处罚。

生产食品相关产品新品种,未通过安全性评估,或者生产不符合食品安全标准的食品相关产品的,由县级以上人民政府食品安全监督管理部门依照第一款规定给予处罚。

配 套

本法第34、37、75-77、80-82条;《刑法》第143、144条

第一百二十五条 【四类违法生产经营行为的法律责任】违反本法规定,有下列情形之一的,由县级以上人民政府食品安全监督管理部门没收违法所得和违法生产经营的食品、食品添加剂,并可以没收用于违法生产经营的工具、设备、原料等物品;违法生产经营的食品、食品添加剂货值金额不足一万元的,并处五千元以上五万元以下罚款;货值金额一万元以上的,并处货值金额五倍以上十倍以下罚款;情节严重的,责令停产停业,直至吊销许可证:

(一)生产经营被包装材料、容器、运输工具等污染的食品、食品添加剂;

(二)生产经营无标签的预包装食品、食品添加剂或者标签、说明书不符合本法规定的食品、食品添加剂;

(三)生产经营转基因食品未按规定进行标示;

(四)食品生产经营者采购或者使用不符合食品安全标准的食品原料、食品添加剂、食品相关产品。

生产经营的食品、食品添加剂的标签、说明书存在瑕疵但不影响食品安全且不会对消费者造成误导的,由县级以上人民政府食品安全监督管理部门责令改正;拒不改正的,处二千元以下罚款。

配 套

本法第33、34、50、55、69条；《食品安全法实施条例》第68条

第一百二十六条 【十六类生产经营过程中违法行为所应承担的法律责任】违反本法规定，有下列情形之一的，由县级以上人民政府食品安全监督管理部门责令改正，给予警告；拒不改正的，处五千元以上五万元以下罚款；情节严重的，责令停产停业，直至吊销许可证：

（一）食品、食品添加剂生产者未按规定对采购的食品原料和生产的食品、食品添加剂进行检验；

（二）食品生产经营企业未按规定建立食品安全管理制度，或者未按规定配备或者培训、考核食品安全管理人员；

（三）食品、食品添加剂生产经营者进货时未查验许可证和相关证明文件，或者未按规定建立并遵守进货查验记录、出厂检验记录和销售记录制度；

（四）食品生产经营企业未制定食品安全事故处置方案；

（五）餐具、饮具和盛放直接入口食品的容器，使用前未经洗净、消毒或者清洗消毒不合格，或者餐饮服务设施、设备未按规定定期维护、清洗、校验；

（六）食品生产经营者安排未取得健康证明或者患有国务院卫生行政部门规定的有碍食品安全疾病的人员从事接触直接入口食品的工作；

（七）食品经营者未按规定要求销售食品；

（八）保健食品生产企业未按规定向食品安全监督管理部门备案，或者未按备案的产品配方、生产工艺等技术要求组织生产；

（九）婴幼儿配方食品生产企业未将食品原料、食品添加剂、产品配方、标签等向食品安全监督管理部门备案；

（十）特殊食品生产企业未按规定建立生产质量管理体系并有效运行，或者未定期提交自查报告；

（十一）食品生产经营者未定期对食品安全状况进行检查评价，或者生产经营条件发生变化，未按规定处理；

（十二）学校、托幼机构、养老机构、建筑工地等集中用餐单位未按规定履行食品安全管理责任；

（十三）食品生产企业、餐饮服务提供者未按规定制定、实施生产经营过程控制要求。

餐具、饮具集中消毒服务单位违反本法规定用水，使用洗涤剂、消毒剂，或者出厂的餐具、饮具未按规定检验合格并随附消毒合格证明，或者未按规定在独立包装上标注相关内容的，由县级以上人民政府卫生行政部门依照前款规定给予处罚。

食品相关产品生产者未按规定对生产的食品相关产品进行检验的，由县级以上人民政府食品安全监督管理部门依照第一款规定给予处罚。

食用农产品销售者违反本法第六十五条规定的，由县级以上人民政府食品安全监督管理部门依照第一款规定给予处罚。

配套

《食品安全法实施条例》第67、69、71条

第一百二十七条　【对食品生产加工小作坊、食品摊贩等的违法行为的处罚】对食品生产加工小作坊、食品摊贩等的违法行为的处罚，依照省、自治区、直辖市制定的具体管理办法执行。

注解

生产加工小作坊、食品摊贩等规模不大，数量不少，考虑到这种实际情况，授权省、自治区、直辖市制定这类生产经营者的具体管理办法，相应这类生产经营者的违法行为的处罚也应当由省、自治区、直辖市根据这类生产经营者的特点及其违法行为的危害程度制定。

配套

本法第 36 条

第一百二十八条 【事故单位违法行为所应承担的法律责任】违反本法规定，事故单位在发生食品安全事故后未进行处置、报告的，由有关主管部门按照各自职责分工责令改正，给予警告；隐匿、伪造、毁灭有关证据的，责令停产停业，没收违法所得，并处十万元以上五十万元以下罚款；造成严重后果的，吊销许可证。

应用

49. 发生食品安全事故后，进行处置、报告时应注意哪些问题？

一是正确理解事故单位。譬如：学生在校集体就餐，食用了社会上餐馆送的食物后发生了食物中毒，此时学校是事故单位还是餐馆是事故单位？谁是进行处置与报告的责任人？在这种情形下，学校和餐馆都是事故单位、都是责任人，否则不利于及时、有力地处理事故。因此，不可将事故单位理解为事故责任单位。二是处置与报告应当同时进行。食品安全事故发生后开展的处置工作通常包括对事故受害人的医疗救治、对涉案食品及原材料、食品添加剂、食品相关产品、运输工具的提取、留样或者封存等。而这些工作不可能在较短时间内完成，结束后再报告难免会造成事故扩大。因此，报告应当与现场处置同时进行，不可顾此失彼。三是及时向事故发生地食品安全监督管理部门报告。食品安全事故无论发生在食品生产经营的哪一个环节，一经发生，事故单位应当立即向事故发生地的食品安全监督管理部门报告，而不是向其他部门报告。报告应当做到及时、客观、真实，不得迟报、谎报、瞒报、漏报。

第一百二十九条 【进出口违法行为所应承担的法律责任】违反本法规定，有下列情形之一的，由出入境检验检疫机构依照本法第一百二十四条的规定给予处罚：

（一）提供虚假材料，进口不符合我国食品安全国家标准的食品、食品添加剂、食品相关产品；

（二）进口尚无食品安全国家标准的食品，未提交所执行的标准并经国务院卫生行政部门审查，或者进口利用新的食品原料生产的食品或者进口食品添加剂新品种、食品相关产品新品种，未通过安全性评估；

（三）未遵守本法的规定出口食品；

（四）进口商在有关主管部门责令其依照本法规定召回进口的食品后，仍拒不召回。

违反本法规定，进口商未建立并遵守食品、食品添加剂进口和销售记录制度、境外出口商或者生产企业审核制度的，由出入境检验检疫机构依照本法第一百二十六条的规定给予处罚。

第一百三十条 【集中交易市场违法行为所应承担的法律责任】违反本法规定，集中交易市场的开办者、柜台出租者、展销会的举办者允许未依法取得许可的食品经营者进入市场销售食品，或者未履行检查、报告等义务的，由县级以上人民政府食品安全监督管理部门责令改正，没收违法所得，并处五万元以上二十万元以下罚款；造成严重后果的，责令停业，直至由原发证部门吊销许可证；使消费者的合法权益受到损害的，应当与食品经营者承担连带责任。

食用农产品批发市场违反本法第六十四条规定的，依照前款规定承担责任。

第一百三十一条 【网络食品交易违法行为所应承担的法律责任】违反本法规定，网络食品交易第三方平台提供者未对入网食品经营者进行实名登记、审查许可证，或者未履行报告、停止提供网络交易平台服务等义务的，由县级以上人民政府食品安全监督管理部门责令改正，没收违法所得，并处五万元以上二十万元以下罚款；造成严重后果的，责令停业，直至由原发证部门吊销许可证；使消费者的合法权益受到损害的，应当与食品经营者承担连带责任。

消费者通过网络食品交易第三方平台购买食品，其合法权益受到损害的，可以向入网食品经营者或者食品生产者要求赔偿。网络食品交易第三方平台提供者不能提供入网食品经营者的真实名称、地址和有效联系方式的，由网络食品交易第三方平台提供者赔偿。网络食品交易第三方平台提供者赔偿后，有权向入网食品经营者或者食品生产者追偿。网络食品交易第三方平台提供者作出更有利于消费者承诺的，应当履行其承诺。

应 用

50. 网络食品交易第三方平台提供者违反本条规定应承担什么行政法律责任？

我国电子商务发展迅速，网络食品交易平台的建立对整个食品市场繁荣起到了重要促进作用。尽管发展迅猛，网络食品交易平台仅是为交易双方提供磋商的网络环境，并非卖方经营者。由于利用交易平台与消费者进行交易的各经营者资质、信誉往往良莠不齐，发生纠纷后，不可控因素增大，对消费者而言潜藏诸多风险。因此，需要合理确定网络食品交易平台的责任，切实保障网络购物中食品消费者的合法权益。《消费者权益保护法》第44条对网络交易平台提供者作了详细规定，消费者通过网络交易平台购买商品或者接受服务，其合法权益受到损害的，可以向销售者或者服务者要求赔偿。网络交易平台提供者不能提供销售者或者服务者的真实名称、地址和有效联系方式的，消费者也可以向网络交易平台提供者要求赔偿；网络交易平台提供者作出更有利于消费者的承诺的，应当履行承诺。网络交易平台提供者赔偿后，有权向销售者或者服务者追偿。网络交易平台提供者明知或者应知销售者或者服务者利用其平台侵害消费者合法权益，未采取必要措施的，依法与该销售者或者服务者承担连带责任。本法关于网络食品交易第三方平台提供者作出的主要规定是对入网食品经营者进行实名登记、审查许可证，或者发现入网食品经营者有违反本法规定行为及时履行报告、停止提供网络交易平台服务等。

配套

《消费者权益保护法》第44条

第一百三十二条 【进行食品贮存、运输和装卸违法行为所应承担的法律责任】违反本法规定，未按要求进行食品贮存、运输和装卸的，由县级以上人民政府食品安全监督管理等部门按照各自职责分工责令改正，给予警告；拒不改正的，责令停产停业，并处一万元以上五万元以下罚款；情节严重的，吊销许可证。

配套

《食品安全法实施条例》第67条

第一百三十三条 【拒绝、阻挠、干涉依法开展食品安全工作、打击报复举报人的法律责任】违反本法规定，拒绝、阻挠、干涉有关部门、机构及其工作人员依法开展食品安全监督检查、事故调查处理、风险监测和风险评估的，由有关主管部门按照各自职责分工责令停产停业，并处二千元以上五万元以下罚款；情节严重的，吊销许可证；构成违反治安管理行为的，由公安机关依法给予治安管理处罚。

违反本法规定，对举报人以解除、变更劳动合同或者其他方式打击报复的，应当依照有关法律的规定承担责任。

应用

51. 对举报人以解除、变更劳动合同或者其他方式打击报复需要承担的法律责任还有哪些规定？

这里的"有关法律"主要是指《劳动合同法》《治安管理处罚法》《刑法》等。如《劳动合同法》第48条规定，用人单位违反本法规定解除或者终止劳动合同，劳动者要求继续履行劳动合同的，用人单位应当继续履行；劳动者不要求继续履行劳动合同或者劳动合同已经不能继续履行的，用人单位应当依照本法第87条规定支付赔偿金。第87条规定，用人单位违反本法规定解除或者终止劳动合同的，应当依照本法第47条规定的经济补偿标准的2倍向劳动者支付赔偿金。《治安管理处罚法》第20条规定，对报案人、控告人、举报人、证人打击报复的，从重处罚。此外，《刑法》第254条规定，国家机关工作人员滥用职权、假公济私，对控告人、申诉人、批评人、举报人实行报复陷害的，处2年以下有期徒刑或者拘役；情节严重的，处2年以上7年以下有期徒刑。第308条规定，对证人进行打击报复的，处3年以下有期徒刑或者拘役；情节严重的，处3年以上7年以下有期徒刑。

配套

《治安管理处罚法》第20条；《劳动合同法》第42、48、87条；《刑法》第254条

第一百三十四条　【屡次违法可以增加处罚】食品生产经营者在一年内累计三次因违反本法规定受到责令停产停业、吊销许可证以外处罚的，由食品安全监督管理部门责令停产停业，直至吊销许可证。

注解

累计的处罚应当是因为违反本法规定而受到的处罚，处罚种类包括警告、罚款、没收违法所得和没收工具、设备、物品等责令停产停业、吊销许可证以外的处罚。一年内累计三次是指食品生产经营者在一年之内有三次违反本法规定且受到处罚的违法行为。

应用

52. 对食品生产经营者的违法行为适用累进加重处罚，有哪些需要注意的问题？

一是食品生产经营者必须是在受到责令停产停业、吊销许可证以外的处罚后，又发生了依法应当予以责令停产停业、吊销许可证以外的处罚的情形。如果食品生产经营者前后出现的违法情形所应受到的行政处罚有属于责令停产停业、吊销许可证的，则不能适用累进加重处罚，如食品生产经营者受到罚款处罚后，1年内又发生应当给予停产停业处罚的情形，则不适用

累进加重处罚。二是食品生产经营者受到的 3 次行政处罚应在 1 年内发生。如食品生产经营者的 3 次行政处罚发生在 2 年及以上的，则不可以适用累进加重处罚。三是适用累进加重处罚，给予的行政处罚种类是责令停产停业或者吊销许可证。如食品生产经营者在受到警告处罚后 1 年内又发生应当给予警告处罚情形的，对其就可以给予责令停产停业，直至吊销许可证的处罚。四是对食品生产经营者的累进加重处罚必须由食品安全监督管理部门作出。

第一百三十五条　【严重违法犯罪者的从业禁止】 被吊销许可证的食品生产经营者及其法定代表人、直接负责的主管人员和其他直接责任人员自处罚决定作出之日起五年内不得申请食品生产经营许可，或者从事食品生产经营管理工作、担任食品生产经营企业食品安全管理人员。

因食品安全犯罪被判处有期徒刑以上刑罚的，终身不得从事食品生产经营管理工作，也不得担任食品生产经营企业食品安全管理人员。

食品生产经营者聘用人员违反前两款规定的，由县级以上人民政府食品安全监督管理部门吊销许可证。

第一百三十六条　【食品经营者免予处罚的情形】 食品经营者履行了本法规定的进货查验等义务，有充分证据证明其不知道所采购的食品不符合食品安全标准，并能如实说明其进货来源的，可以免予处罚，但应当依法没收其不符合食品安全标准的食品；造成人身、财产或者其他损害的，依法承担赔偿责任。

注 解

[减轻处罚的情形]

2019 年修订的《食品安全法实施条例》规定食品生产经营者依法实施召回或者采取其他有效措施减轻、消除食品安全风险，未造成危害后果的，可以从轻或者减轻处罚，以此引导食品生产经营者主动、及时采取措施控制风险、减少危害。

配套

《产品质量法》第55条；《药品管理法实施条例》第75条；《食品安全法实施条例》第76条

第一百三十七条 【提供虚假监测、评估信息的法律责任】违反本法规定，承担食品安全风险监测、风险评估工作的技术机构、技术人员提供虚假监测、评估信息的，依法对技术机构直接负责的主管人员和技术人员给予撤职、开除处分；有执业资格的，由授予其资格的主管部门吊销执业证书。

第一百三十八条 【出具或提供虚假检验报告的法律责任】违反本法规定，食品检验机构、食品检验人员出具虚假检验报告的，由授予其资质的主管部门或者机构撤销该食品检验机构的检验资质，没收所收取的检验费用，并处检验费用五倍以上十倍以下罚款，检验费用不足一万元的，并处五万元以上十万元以下罚款；依法对食品检验机构直接负责的主管人员和食品检验人员给予撤职或者开除处分；导致发生重大食品安全事故的，对直接负责的主管人员和食品检验人员给予开除处分。

违反本法规定，受到开除处分的食品检验机构人员，自处分决定作出之日起十年内不得从事食品检验工作；因食品安全违法行为受到刑事处罚或者因出具虚假检验报告导致发生重大食品安全事故受到开除处分的食品检验机构人员，终身不得从事食品检验工作。食品检验机构聘用不得从事食品检验工作的人员的，由授予其资质的主管部门或者机构撤销该食品检验机构的检验资质。

食品检验机构出具虚假检验报告，使消费者的合法权益受到损害的，应当与食品生产经营者承担连带责任。

配套

《食品安全法实施条例》第80条

第一百三十九条　【虚假认证的法律责任】违反本法规定，认证机构出具虚假认证结论，由认证认可监督管理部门没收所收取的认证费用，并处认证费用五倍以上十倍以下罚款，认证费用不足一万元的，并处五万元以上十万元以下罚款；情节严重的，责令停业，直至撤销认证机构批准文件，并向社会公布；对直接负责的主管人员和负有直接责任的认证人员，撤销其执业资格。

认证机构出具虚假认证结论，使消费者的合法权益受到损害的，应当与食品生产经营者承担连带责任。

配　套

《认证认可条例》第61条

第一百四十条　【虚假宣传和违法推荐食品的法律责任】违反本法规定，在广告中对食品作虚假宣传，欺骗消费者，或者发布未取得批准文件、广告内容与批准文件不一致的保健食品广告的，依照《中华人民共和国广告法》的规定给予处罚。

广告经营者、发布者设计、制作、发布虚假食品广告，使消费者的合法权益受到损害的，应当与食品生产经营者承担连带责任。

社会团体或者其他组织、个人在虚假广告或者其他虚假宣传中向消费者推荐食品，使消费者的合法权益受到损害的，应当与食品生产经营者承担连带责任。

违反本法规定，食品安全监督管理等部门、食品检验机构、食品行业协会以广告或者其他形式向消费者推荐食品，消费者组织以收取费用或者其他牟取利益的方式向消费者推荐食品的，由有关主管部门没收违法所得，依法对直接负责的主管人员和其他直接责任人员给予记大过、降级或者撤职处分；情节严重的，给予开除处分。

对食品作虚假宣传且情节严重的，由省级以上人民政府食品安全监督管理部门决定暂停销售该食品，并向社会公布；仍然销售该食品的，由县级以上人民政府食品安全监督管理部门没收违法所得和违法销售的食品，并处二万元以上五万元以下罚款。

应用

53. 利用会议、讲座、健康咨询等方式对食品进行虚假宣传应如何处理？

2019年修订的《食品安全法实施条例》明确禁止利用包括会议、讲座、健康咨询在内的任何方式对食品进行虚假宣传。食品安全监督管理部门发现虚假宣传行为的，应当依法及时处理。利用会议、讲座、健康咨询等方式对食品进行虚假宣传的，由县级以上人民政府食品安全监督管理部门责令消除影响，有违法所得的，没收违法所得；情节严重的，依照食品安全法第一百四十条第五款的规定进行处罚；属于单位违法的，还应当依照本条例第七十五条的规定对单位的法定代表人、主要负责人、直接负责的主管人员和其他直接责任人员给予处罚。

配套

《广告法》第55、58条；《食品安全法实施条例》第34、73条

第一百四十一条 【编造、散布虚假食品安全信息的法律责任】违反本法规定，编造、散布虚假食品安全信息，构成违反治安管理行为的，由公安机关依法给予治安管理处罚。

媒体编造、散布虚假食品安全信息的，由有关主管部门依法给予处罚，并对直接负责的主管人员和其他直接责任人员给予处分；使公民、法人或者其他组织的合法权益受到损害的，依法承担消除影响、恢复名誉、赔偿损失、赔礼道歉等民事责任。

配套

《治安管理处罚法》第25条

第一百四十二条 【地方人民政府有关食品安全事故应对不当的法律责任】违反本法规定，县级以上地方人民政府有下列行

为之一的，对直接负责的主管人员和其他直接责任人员给予记大过处分；情节较重的，给予降级或者撤职处分；情节严重的，给予开除处分；造成严重后果的，其主要负责人还应当引咎辞职：

（一）对发生在本行政区域内的食品安全事故，未及时组织协调有关部门开展有效处置，造成不良影响或者损失；

（二）对本行政区域内涉及多环节的区域性食品安全问题，未及时组织整治，造成不良影响或者损失；

（三）隐瞒、谎报、缓报食品安全事故；

（四）本行政区域内发生特别重大食品安全事故，或者连续发生重大食品安全事故。

第一百四十三条　【政府未落实有关法定职责的法律责任】违反本法规定，县级以上地方人民政府有下列行为之一的，对直接负责的主管人员和其他直接责任人员给予警告、记过或者记大过处分；造成严重后果的，给予降级或者撤职处分：

（一）未确定有关部门的食品安全监督管理职责，未建立健全食品安全全程监督管理工作机制和信息共享机制，未落实食品安全监督管理责任制；

（二）未制定本行政区域的食品安全事故应急预案，或者发生食品安全事故后未按规定立即成立事故处置指挥机构、启动应急预案。

第一百四十四条　【食品安全监管部门的法律责任一】违反本法规定，县级以上人民政府食品安全监督管理、卫生行政、农业行政等部门有下列行为之一的，对直接负责的主管人员和其他直接责任人员给予记大过处分；情节较重的，给予降级或者撤职处分；情节严重的，给予开除处分；造成严重后果的，其主要负责人还应当引咎辞职：

（一）隐瞒、谎报、缓报食品安全事故；

（二）未按规定查处食品安全事故，或者接到食品安全事故报告未及时处理，造成事故扩大或者蔓延；

（三）经食品安全风险评估得出食品、食品添加剂、食品相关产品不安全结论后，未及时采取相应措施，造成食品安全事故或者不良社会影响；

（四）对不符合条件的申请人准予许可，或者超越法定职权准予许可；

（五）不履行食品安全监督管理职责，导致发生食品安全事故。

第一百四十五条　【食品安全监管部门的法律责任二】违反本法规定，县级以上人民政府食品安全监督管理、卫生行政、农业行政等部门有下列行为之一，造成不良后果的，对直接负责的主管人员和其他直接责任人员给予警告、记过或者记大过处分；情节较重的，给予降级或者撤职处分；情节严重的，给予开除处分：

（一）在获知有关食品安全信息后，未按规定向上级主管部门和本级人民政府报告，或者未按规定相互通报；

（二）未按规定公布食品安全信息；

（三）不履行法定职责，对查处食品安全违法行为不配合，或者滥用职权、玩忽职守、徇私舞弊。

配套

《食品安全法实施条例》第84条

第一百四十六条　【违法实施检查、强制等行政行为的法律责任】食品安全监督管理等部门在履行食品安全监督管理职责过程中，违法实施检查、强制等执法措施，给生产经营者造成损失的，应当依法予以赔偿，对直接负责的主管人员和其他直接责任人员依法给予处分。

> 注解

行政强制法对违法实施行政强制措施的法律责任作了规定。《行政强制法》第62条规定,行政机关有下列情形之一的,由上级行政机关或者有关部门责令改正,对直接负责的主管人员和其他直接责任人员依法给予处分:(1)扩大查封、扣押、冻结范围的;(2)使用或者损毁查封、扣押场所、设施或者财物的;(3)在查封、扣押法定期间不作出处理决定或者未依法及时解除查封、扣押的。该法还规定,行政机关将查封、扣押的财物或者划拨的存款、汇款以及拍卖和依法处理所得的款项,截留、私分或者变相私分的,由财政部门或者有关部门予以追缴;对直接负责的主管人员和其他直接责任人员依法给予记大过、降级、撤职或者开除的处分。行政机关工作人员利用职务上的便利,将查封、扣押的场所、设施或者财物据为己有的,由上级行政机关或者有关部门责令改正,依法给予记大过、降级、撤职或者开除的处分。

对于在实施行政检查、行政强制过程中给生产经营者造成损失的,应当依照国家赔偿法予以赔偿。国家赔偿法规定,行政机关及其工作人员在行使行政职权时,违法对财产采取查封、扣押、冻结等行政强制措施的,受害人有取得赔偿的权利。

第一百四十七条 【赔偿责任及民事赔偿责任优先原则】违反本法规定,造成人身、财产或者其他损害的,依法承担赔偿责任。生产经营者财产不足以同时承担民事赔偿责任和缴纳罚款、罚金时,先承担民事赔偿责任。

> 注解

食品生产经营企业出现违反本法规定的违法行为,依据本章法律责任的规定,可能会出现财产责任方面的竞合,即:一方面因为给他人的人身和财产造成损害而需要对受害者承担民事赔偿责任,另一方面还需要接受监管部门罚款的行政处罚;如果构成犯罪的,还要承担罚金的刑事责任。当一个食品生产经营企业同时面临民事赔偿、罚款、罚金的处罚时,可能会出现因财产不足而难以同时支付的问题。在此情况下,哪一种责任应当优先执行呢?我国的公司法、产品质量法等法律已经作出了明确规定,即民事赔偿责任优先的原则,本法也明确了这一原则,旨在保护消费者的合法权益。

第一百四十八条 【首负责任制和惩罚性赔偿】消费者因不符合食品安全标准的食品受到损害的,可以向经营者要求赔偿损失,也可以向生产者要求赔偿损失。接到消费者赔偿要求的生产经营者,应当实行首负责任制,先行赔付,不得推诿;属于生产者责任的,经营者赔偿后有权向生产者追偿;属于经营者责任的,生产者赔偿后有权向经营者追偿。

生产不符合食品安全标准的食品或者经营明知是不符合食品安全标准的食品,消费者除要求赔偿损失外,还可以向生产者或者经营者要求支付价款十倍或者损失三倍的赔偿金;增加赔偿的金额不足一千元的,为一千元。但是,食品的标签、说明书存在不影响食品安全且不会对消费者造成误导的瑕疵的除外。

注解

首负责任制,是指消费者在合法权益受到损害,向生产者或者经营者要求赔偿时,由首先接到赔偿要求的生产者或者经营者负责先行赔付,再由先行赔付的生产者或者经营者依法向相关责任人追偿。首负责任制有利于防止生产者与经营者相互推诿,切实维护消费者合法权益。

应用

54. 如何理解本条中的首负责任制?

实践中,消费者维权不易,其中生产者、销售者相互推诿是一个主要原因。卖东西的说责任在生产东西的,而生产东西的不是找不到就是把消费者又推给卖东西的,消费者被支得团团转却还解决不了问题。针对这一情形,食品安全法专门确立了"首负责任制"。

消费者因所购产品而受到损害的,既可以向生产者索赔,也可以向经营者索赔,这是《消费者权益保护法》《产品质量法》《民法典》等一系列法律明确规定并一再重申的制度。《消费者权益保护法》第40条规定,消费者在购买、使用商品时,其合法权益受到损害的,可以向销售者要求赔偿。

销售者赔偿后，属于生产者的责任或者属于向销售者提供商品的其他销售者的责任的，销售者有权向生产者或者其他销售者追偿。消费者或者其他受害人因商品缺陷造成人身、财产损害的，可以向销售者要求赔偿，也可以向生产者要求赔偿。属于生产者责任的，销售者赔偿后，有权向生产者追偿。属于销售者责任的，生产者赔偿后，有权向销售者追偿。《产品质量法》第43条规定，因产品存在缺陷造成人身、他人财产损害的，受害人可以向产品的生产者要求赔偿，也可以向产品的销售者要求赔偿。属于产品的生产者的责任，产品的销售者赔偿的，产品的销售者有权向产品的生产者追偿。属于产品的销售者的责任，产品的生产者赔偿的，产品的生产者有权向产品的销售者追偿。《民法典》第1203条规定，因产品存在缺陷造成他人损害的，被侵权人可以向产品的生产者请求赔偿，也可以向产品的销售者请求赔偿。产品缺陷由生产者造成的，销售者赔偿后，有权向生产者追偿。因销售者的过错使产品存在缺陷的，生产者赔偿后，有权向销售者追偿。

法律规定很明确，但实践中，由于生产者和经营者都可以成为产品受害人要求赔偿的对象，这种非唯一性的责任主体设计，反而会出现生产者和经营者相互推卸责任的情况。在此背景下，食品安全法进一步确立了首负责任制，即对于消费者而言，在食品生产经营全过程，不论哪个环节发现问题，都可以要求生产或者经营主体进行赔偿；一旦消费者选择了赔偿责任主体，这个被要求赔偿的生产者或者经营者就成了这个食品消费赔偿案中的法定责任人，必须先行赔偿，不能推卸责任。至于生产、经营之间的责任，就按照实际的责任进行划分，可以追偿。这一制度对保障食品消费者的合法权益有着非常重要且实际的意义。

55. 如何理解本条中的惩罚性赔偿制度？

《消费者权益保护法》第55条规定，经营者提供商品或者服务有欺诈行为的，应当按照消费者的要求增加赔偿其受到的损失，增加赔偿的金额为消费者购买商品的价款或者接受服务的费用的3倍；增加赔偿的金额不足500元的，为500元。法律另有规定的，依照其规定。《食品安全法》在此基础上进一步规定了10倍于价款的惩罚性赔偿制度。对这一制度，需要注意的是，只有生产者和销售者才承担惩罚性赔偿责任；同时，生产者和销售者承担惩罚性赔偿责任的归责原则不同：生产者承担惩罚性赔偿责任为无过错责任，而销售者承担惩罚性赔偿责任为过错责任——无论生产者主观上是否存在过错，只要其生产了不符合食品安全标准的食品，造成人身、财产或者其他损害的，消费者就有权要求其承担惩罚性赔偿责任；而销售者只有在明知是不符合食品安全标准的食品，消费者才有权向其要求惩罚性赔偿。

配套

《消费者权益保护法》第40、55条；《产品质量法》第43条；《民法典》第1203条

第一百四十九条 【刑事责任】违反本法规定，构成犯罪的，依法追究刑事责任。

应用

56. 食品安全违法行为有可能构成哪些刑事犯罪？

1. 生产、销售伪劣产品罪。

《刑法》第140条规定，生产者、销售者在产品中掺杂、掺假，以假充真，以次充好或者以不合格产品冒充合格产品，销售金额5万元以上不满20万元的，处2年以下有期徒刑或者拘役，并处或者单处销售金额50%以上2倍以下罚金；销售金额20万元以上不满50万元的，处2年以上7年以下有期徒刑，并处销售金额50%以上2倍以下罚金；销售金额50万元以上不满200万元的，处7年以上有期徒刑，并处销售金额50%以上2倍以下罚金；销售金额200万元以上的，处15年有期徒刑或者无期徒刑，并处销售金额50%以上2倍以下罚金或者没收财产。

2. 生产、销售不符合安全标准的食品罪。

《刑法》第143条规定，生产、销售不符合食品安全标准的食品，足以造成严重食物中毒事故或者其他严重食源性疾病的，处3年以下有期徒刑或者拘役，并处罚金；对人体健康造成严重危害或者有其他严重情节的，处3年以上7年以下有期徒刑，并处罚金；后果特别严重的，处7年以上有期徒刑或者无期徒刑，并处罚金或者没收财产。

3. 生产、销售有毒、有害食品罪。

《刑法》第144条规定，在生产、销售的食品中掺入有毒、有害的非食

品原料的，或者销售明知掺有有毒、有害的非食品原料的食品的，处5年以下有期徒刑，并处罚金；对人体健康造成严重危害或者有其他严重情节的，处5年以上10年以下有期徒刑，并处罚金；致人死亡或者有其他特别严重情节的，依照本法第141条的规定处罚。

4. 损害商业信誉、商品声誉罪。

《刑法》第221条规定，捏造并散布虚伪事实，损害他人的商业信誉、商品声誉，给他人造成重大损失或者有其他严重情节的，处2年以下有期徒刑或者拘役，并处或者单处罚金。

5. 虚假广告罪。

《刑法》第222条规定，广告主、广告经营者、广告发布者违反国家规定，利用广告对商品或者服务作虚假宣传，情节严重的，处2年以下有期徒刑或者拘役，并处或者单处罚金。

6. 提供虚假证明文件罪；出具证明文件重大失实罪。

《刑法》第229条规定，承担资产评估、验资、验证、会计、审计、法律服务等职责的中介组织的人员故意提供虚假证明文件，情节严重的，处5年以下有期徒刑或者拘役，并处罚金。前款规定的人员，索取他人财物或者非法收受他人财物，犯前款罪的，处5年以上10年以下有期徒刑，并处罚金。相关人员，严重不负责任，出具的证明文件有重大失实，造成严重后果的，处3年以下有期徒刑或者拘役，并处或者单处罚金。

7. 滥用职权罪；玩忽职守罪。

《刑法》第397条规定，国家机关工作人员滥用职权或者玩忽职守，致使公共财产、国家和人民利益遭受重大损失的，处3年以下有期徒刑或者拘役；情节特别严重的，处3年以上7年以下有期徒刑。本法另有规定的，依照规定。国家机关工作人员徇私舞弊，犯前款罪的，处5年以下有期徒刑或者拘役；情节特别严重的，处5年以上10年以下有期徒刑。本法另有规定的，依照规定。

8. 徇私舞弊不移交刑事案件罪。

《刑法》第402条规定，行政执法人员徇私舞弊，对依法应当移交司法机关追究刑事责任的不移交，情节严重的，处3年以下有期徒刑或者拘役；造成严重后果的，处3年以上7年以下有期徒刑。

9. 食品监管渎职罪。

《刑法》第408条之一规定，负有食品药品安全监督管理职责的国家机关工作人员，滥用职权或者玩忽职守，造成严重后果或者有其他严重情节的，处5年以下有期徒刑或者拘役；造成特别严重后果或者有其他特别严重情节的，处5年以上10年以下有期徒刑。徇私舞弊犯前款罪的，从重处罚。

配套

《食品安全法实施条例》第85条；《刑法》；《最高人民法院、最高人民检察院关于办理危害食品安全刑事案件适用法律若干问题的解释》

第十章 附 则

第一百五十条 【本法中部分用语含义】 本法下列用语的含义：

食品，指各种供人食用或者饮用的成品和原料以及按照传统既是食品又是中药材的物品，但是不包括以治疗为目的的物品。

食品安全，指食品无毒、无害，符合应当有的营养要求，对人体健康不造成任何急性、亚急性或者慢性危害。

预包装食品，指预先定量包装或者制作在包装材料、容器中的食品。

食品添加剂，指为改善食品品质和色、香、味以及为防腐、保鲜和加工工艺的需要而加入食品中的人工合成或者天然物质，包括营养强化剂。

用于食品的包装材料和容器，指包装、盛放食品或者食品添加剂用的纸、竹、木、金属、搪瓷、陶瓷、塑料、橡胶、天然纤维、化学纤维、玻璃等制品和直接接触食品或者食品添加剂的涂料。

用于食品生产经营的工具、设备，指在食品或者食品添加剂生产、销售、使用过程中直接接触食品或者食品添加剂的机械、管道、传送带、容器、用具、餐具等。

用于食品的洗涤剂、消毒剂,指直接用于洗涤或者消毒食品、餐具、饮具以及直接接触食品的工具、设备或者食品包装材料和容器的物质。

食品保质期,指食品在标明的贮存条件下保持品质的期限。

食源性疾病,指食品中致病因素进入人体引起的感染性、中毒性等疾病,包括食物中毒。

食品安全事故,指食源性疾病、食品污染等源于食品,对人体健康有危害或者可能有危害的事故。

第一百五十一条　【转基因食品和食盐的食品安全管理规定】转基因食品和食盐的食品安全管理,本法未作规定的,适用其他法律、行政法规的规定。

配　套

《农业转基因生物安全管理条例》;《食盐专营办法》

第一百五十二条　【铁路、民航、国境口岸、军队等有关食品安全的管理】铁路、民航运营中食品安全的管理办法由国务院食品安全监督管理部门会同国务院有关部门依照本法制定。

保健食品的具体管理办法由国务院食品安全监督管理部门依照本法制定。

食品相关产品生产活动的具体管理办法由国务院食品安全监督管理部门依照本法制定。

国境口岸食品的监督管理由出入境检验检疫机构依照本法以及有关法律、行政法规的规定实施。

军队专用食品和自供食品的食品安全管理办法由中央军事委员会依照本法制定。

配　套

《铁路运营食品安全管理办法》;《出入境口岸食品卫生监督管理规定》

第一百五十三条 【国务院可以调整食品安全监管体制】国务院根据实际需要,可以对食品安全监督管理体制作出调整。

第一百五十四条 【施行日期】本法自 2015 年 10 月 1 日起施行。

配套法规

中华人民共和国刑法（节录）

（1979年7月1日第五届全国人民代表大会第二次会议通过 1997年3月14日第八届全国人民代表大会第五次会议修订 根据1998年12月29日第九届全国人民代表大会常务委员会第六次会议通过的《全国人民代表大会常务委员会关于惩治骗购外汇、逃汇和非法买卖外汇犯罪的决定》、1999年12月25日第九届全国人民代表大会常务委员会第十三次会议通过的《中华人民共和国刑法修正案》、2001年8月31日第九届全国人民代表大会常务委员会第二十三次会议通过的《中华人民共和国刑法修正案（二）》、2001年12月29日第九届全国人民代表大会常务委员会第二十五次会议通过的《中华人民共和国刑法修正案（三）》、2002年12月28日第九届全国人民代表大会常务委员会第三十一次会议通过的《中华人民共和国刑法修正案（四）》、2005年2月28日第十届全国人民代表大会常务委员会第十四次会议通过的《中华人民共和国刑法修正案（五）》、2006年6月29日第十届全国人民代表大会常务委员会第二十二次会议通过的《中华人民共和国刑法修正案（六）》、2009年2月28日第十一届全国人民代表大会常务委员会第七次会议通过的《中华人民共和国刑法修正案（七）》、2009年8月27日第十一届全国人民代表大会常务委员会第十次会议通过的《全国人民代表大会常务委员会关于修改部分法律的决定》、2011年2月25日第十一届全国人民代表大会常务委员会第十九次会议通过的《中华人民共和国刑法修正案（八）》、2015年8月29日第十二届全国人民代表大会常务委员会第十六次会议通过的《中华人民共和国刑法修正案（九）》、2017年11月4日第十二届全国人民代表大会常务委员会第三十次会议通过的《中华人民共和国刑法修正案（十）》、2020年12月26日第十三届全国人民代表大会常务委员会第二十四次会议通过的《中华人民共和国刑法修正案（十一）》和2023年12月29日第十四届全国人民代表大会常务委员会第七次会议通过的《中华人民共和国刑法修正案（十二）》修正)①

……

第一百四十条 【生产、销售伪劣产品罪】生产者、销售者在产品中掺杂、掺假，以假充真，以次充好或者以不合格产品冒充合格产品，销售金额五万元以上不满二十万元的，处二年以下有期徒刑或者拘役，并处或者单处销售金额百分之五十以上二倍以下罚金；销售金额二十万元以上不满五十万元的，处二年以上七年以下有期徒刑，并处销售金额百分之五十以上二倍以下罚金；销售金额五十万元以上不满二百万元的，处七年以上有期徒刑，并处销售金额百分之五十以上二倍以下罚金；销售金额二百万元以上的，处十五年有期徒刑或者无期徒刑，并处销售金额百分之五十以上二倍以下罚金或者没收财产。

……

第一百四十三条 【生产、销售不符合安全标准的食品罪】生产、销售不符合食品安全标准的食品，足以造成严重食物中毒事故或者其他严重食源性疾病的，处三年以下有期徒刑或者拘役，并处

---

① 刑法、历次刑法修正案、涉及修改刑法的决定的施行日期，分别依据各法律所规定的施行日期确定。

罚金；对人体健康造成严重危害或者有其他严重情节的，处三年以上七年以下有期徒刑，并处罚金；后果特别严重的，处七年以上有期徒刑或者无期徒刑，并处罚金或者没收财产。

第一百四十四条 【生产、销售有毒、有害食品罪】在生产、销售的食品中掺入有毒、有害的非食品原料的，或者销售明知掺有有毒、有害的非食品原料的食品的，处五年以下有期徒刑，并处罚金；对人体健康造成严重危害或者有其他严重情节的，处五年以上十年以下有期徒刑，并处罚金；致人死亡或者有其他特别严重情节的，依照本法第一百四十一条的规定处罚。

……

第二百二十二条 【虚假广告罪】广告主、广告经营者、广告发布者违反国家规定，利用广告对商品或者服务作虚假宣传，情节严重的，处二年以下有期徒刑或者拘役，并处或者单处罚金。

……

第二百二十五条 【非法经营罪】违反国家规定，有下列非法经营行为之一，扰乱市场秩序，情节严重的，处五年以下有期徒刑或者拘役，并处或者单处违法所得一倍以上五倍以下罚金；情节特别严重的，处五年以上有期徒刑，并处违法所得一倍以上五倍以下罚金或者没收财产：

（一）未经许可经营法律、行政法规规定的专营、专卖物品或者其他限制买卖的物品的；

（二）买卖进出口许可证、进出口原产地证明以及其他法律、行政法规规定的经营许可证或者批准文件的；

（三）未经国家有关主管部门批准非法经营证券、期货、保险业务的，或者非法从事资金支付结算业务的；

（四）其他严重扰乱市场秩序的非法经营行为。

……

第二百二十九条 【提供虚假证明文件罪】承担资产评估、验资、验证、会计、审计、法律服务、保荐、安全评价、环境影响评价、环境监测等职责的中介组织的人员故意提供虚假证明文件，情节严重的，处五年以下有期徒刑或者拘役，并处罚金；有下列情形之一的，处五年以上十年以下有期徒刑，并处罚金：

（一）提供与证券发行相关的虚假的资产评估、会计、审计、法律服务、保荐等证明文件，情节特别严重的；

（二）提供与重大资产交易相关的虚假的资产评估、会计、审计等证明文件，情节特别严重的；

（三）在涉及公共安全的重大工程、项目中提供虚假的安全评价、环境影响评价等证明文件，致使公共财产、国家和人民利益遭受特别重大损失的。

有前款行为，同时索取他人财物或者非法收受他人财物构成犯罪的，依照处罚较重的规定定罪处罚。

【出具证明文件重大失实罪】第一款规定的人员，严重不负责任，出具的证明文件有重大失实，造成严重后果的，处三年以下有期徒刑或者拘役，并处或者单处罚金。

......

第四百零八条之一 【食品监管渎职罪】负有食品药品安全监督管理职责的国家机关工作人员，滥用职权或者玩忽职守，有下列情形之一，造成严重后果或者有其他严重情节的，处五年以下有期徒刑或者拘役；造成特别严重后果或者有其他特别严重情节的，处五年以上十年以下有期徒刑：

（一）瞒报、谎报食品安全事故、药品安全事件的；

（二）对发现的严重食品药品安全违法行为未按规定查处的；

（三）在药品和特殊食品审批审评过程中，对不符合条件的申请准予许可的；

（四）依法应当移交司法机关追究刑事责任不移交的；

（五）有其他滥用职权或者玩忽职守行为的。

徇私舞弊犯前款罪的，从重处罚。

......

第四百一十二条 【商检徇私舞弊罪】国家商检部门、商检机构的工作人员徇私舞弊，伪造检验结果的，处五年以下有期徒刑或者拘役；造成严重后果的，处五年以上十年以下有期徒刑。

【商检失职罪】前款所列人员严重不负责任，对应当检验的物品不检验，或者延误检验出证、错误出证，致使国家利益遭受重大损失的，处三年以下有期徒刑或者拘役。

……

第四百一十四条 【放纵制售伪劣商品犯罪行为罪】对生产、销售伪劣商品犯罪行为负有追究责任的国家机关工作人员，徇私舞弊，不履行法律规定的追究职责，情节严重的，处五年以下有期徒刑或者拘役。

……

中华人民共和国消费者权益保护法

（1993年10月31日第八届全国人民代表大会常务委员会第四次会议通过 根据2009年8月27日第十一届全国人民代表大会常务委员会第十次会议《关于修改部分法律的决定》第一次修正 根据2013年10月25日第十二届全国人民代表大会常务委员会第五次会议《关于修改〈中华人民共和国消费者权益保护法〉的决定》第二次修正）

第一章 总 则

第一条 【立法宗旨】为保护消费者的合法权益，维护社会经济秩序，促进社会主义市场经济健康发展，制定本法。

第二条 【本法调整对象——消费者】消费者为生活消费需要购买、使用商品或者接受服务，其权益受本法保护；本法未作规定的，受其他有关法律、法规保护。

第三条 【本法调整对象——经营者】经营者为消费者提供其生产、销售的商品或者提供服务，应当遵守本法；本法未作规定的，应当遵守其他有关法律、法规。

第四条 【交易原则】经营者与消费者进行交易，应当遵循自愿、平等、公平、诚实信用的原则。

第五条 【国家保护消费者合法权益的职能】国家保护消费者的合法权益不受侵害。

国家采取措施，保障消费者依法行使权利，维护消费者的合法权益。

国家倡导文明、健康、节约资源和保护环境的消费方式，反对浪费。

第六条 【全社会共同保护消费者合法权益原则】保护消费者的合法权益是全社会的共同责任。

国家鼓励、支持一切组织和个人对损害消费者合法权益的行为进行社会监督。

大众传播媒介应当做好维护消费者合法权益的宣传，对损害消费者合法权益的行为进行舆论监督。

第二章 消费者的权利

第七条 【安全保障权】消费者在购买、使用商品和接受服务时享有人身、财产安全不受损害的权利。

消费者有权要求经营者提供的商品和服务，符合保障人身、财产安全的要求。

第八条 【知情权】消费者享有知悉其购买、使用的商品或者接受的服务的真实情况的权利。

消费者有权根据商品或者服务的不同情况，要求经营者提供商品的价格、产地、生产者、用途、性能、规格、等级、主要成份、生产日期、有效期限、检验合格证明、使用方法说明书、售后服务，或者服务的内容、规格、费用等有关情况。

第九条 【选择权】消费者享有自主选择商品或者服务的权利。

消费者有权自主选择提供商品或者服务的经营者，自主选择商品品种或者服务方式，自主决定购买或者不购买任何一种商品、接受或者不接受任何一项服务。

消费者在自主选择商品或者服务时，有权进行比较、鉴别和挑选。

第十条 【公平交易权】消费者享有公平交易的权利。

消费者在购买商品或者接受服务时，有权获得质量保障、价格合理、计量正确等公平交易条件，有权拒绝经营者的强制交易行为。

第十一条 【获得赔偿权】消费者因购买、使用商品或者接受服务受到人身、财产损害的，享有依法获得赔偿的权利。

第十二条 【成立维权组织权】消费者享有依法成立维护自身合法权益的社会组织的权利。

第十三条 【获得知识权】消费者享有获得有关消费和消费者权益保护方面的知识的权利。

消费者应当努力掌握所需商品或者服务的知识和使用技能，正确使用商品，提高自我保护意识。

第十四条 【受尊重权及信息得到保护权】消费者在购买、使用商品和接受服务时，享有人格尊严、民族风俗习惯得到尊重的权利，享有个人信息依法得到保护的权利。

第十五条 【监督权】消费者享有对商品和服务以及保护消费者权益工作进行监督的权利。

消费者有权检举、控告侵害消费者权益的行为和国家机关及其工作人员在保护消费者权益工作中的违法失职行为，有权对保护消费者权益工作提出批评、建议。

第三章　经营者的义务

第十六条　【经营者义务】经营者向消费者提供商品或者服务，应当依照本法和其他有关法律、法规的规定履行义务。

经营者和消费者有约定的，应当按照约定履行义务，但双方的约定不得违背法律、法规的规定。

经营者向消费者提供商品或者服务，应当恪守社会公德，诚信经营，保障消费者的合法权益；不得设定不公平、不合理的交易条件，不得强制交易。

第十七条　【听取意见、接受监督的义务】经营者应当听取消费者对其提供的商品或者服务的意见，接受消费者的监督。

第十八条　【安全保障义务】经营者应当保证其提供的商品或者服务符合保障人身、财产安全的要求。对可能危及人身、财产安全的商品和服务，应当向消费者作出真实的说明和明确的警示，并说明和标明正确使用商品或者接受服务的方法以及防止危害发生的方法。

宾馆、商场、餐馆、银行、机场、车站、港口、影剧院等经营场所的经营者，应当对消费者尽到安全保障义务。

第十九条　【对存在缺陷的产品和服务及时采取措施的义务】经营者发现其提供的商品或者服务存在缺陷，有危及人身、财产安全危险的，应当立即向有关行政部门报告和告知消费者，并采取停止销售、警示、召回、无害化处理、销毁、停止生产或者服务等措施。采取召回措施的，经营者应当承担消费者因商品被召回支出的必要费用。

第二十条　【提供真实、全面信息的义务】经营者向消费者提供有关商品或者服务的质量、性能、用途、有效期限等信息，应当真实、全面，不得作虚假或者引人误解的宣传。

经营者对消费者就其提供的商品或者服务的质量和使用方法等问题提出的询问，应当作出真实、明确的答复。

经营者提供商品或者服务应当明码标价。

第二十一条 【标明真实名称和标记的义务】经营者应当标明其真实名称和标记。

租赁他人柜台或者场地的经营者，应当标明其真实名称和标记。

第二十二条 【出具发票的义务】经营者提供商品或者服务，应当按照国家有关规定或者商业惯例向消费者出具发票等购货凭证或者服务单据；消费者索要发票等购货凭证或者服务单据的，经营者必须出具。

第二十三条 【质量担保义务、瑕疵举证责任】经营者应当保证在正常使用商品或者接受服务的情况下其提供的商品或者服务应当具有的质量、性能、用途和有效期限；但消费者在购买该商品或者接受该服务前已经知道其存在瑕疵，且存在该瑕疵不违反法律强制性规定的除外。

经营者以广告、产品说明、实物样品或者其他方式表明商品或者服务的质量状况的，应当保证其提供的商品或者服务的实际质量与表明的质量状况相符。

经营者提供的机动车、计算机、电视机、电冰箱、空调器、洗衣机等耐用商品或者装饰装修等服务，消费者自接受商品或者服务之日起六个月内发现瑕疵，发生争议的，由经营者承担有关瑕疵的举证责任。

第二十四条 【退货、更换、修理义务】经营者提供的商品或者服务不符合质量要求的，消费者可以依照国家规定、当事人约定退货，或者要求经营者履行更换、修理等义务。没有国家规定和当事人约定的，消费者可以自收到商品之日起七日内退货；七日后符合法定解除合同条件的，消费者可以及时退货，不符合法定解除合同条件的，可以要求经营者履行更换、修理等义务。

依照前款规定进行退货、更换、修理的，经营者应当承担运输

119

等必要费用。

第二十五条 【无理由退货制度】经营者采用网络、电视、电话、邮购等方式销售商品，消费者有权自收到商品之日起七日内退货，且无需说明理由，但下列商品除外：

（一）消费者定作的；

（二）鲜活易腐的；

（三）在线下载或者消费者拆封的音像制品、计算机软件等数字化商品；

（四）交付的报纸、期刊。

除前款所列商品外，其他根据商品性质并经消费者在购买时确认不宜退货的商品，不适用无理由退货。

消费者退货的商品应当完好。经营者应当自收到退回商品之日起七日内返还消费者支付的商品价款。退回商品的运费由消费者承担；经营者和消费者另有约定的，按照约定。

第二十六条 【格式条款的限制】经营者在经营活动中使用格式条款的，应当以显著方式提请消费者注意商品或者服务的数量和质量、价款或者费用、履行期限和方式、安全注意事项和风险警示、售后服务、民事责任等与消费者有重大利害关系的内容，并按照消费者的要求予以说明。

经营者不得以格式条款、通知、声明、店堂告示等方式，作出排除或者限制消费者权利、减轻或者免除经营者责任、加重消费者责任等对消费者不公平、不合理的规定，不得利用格式条款并借助技术手段强制交易。

格式条款、通知、声明、店堂告示等含有前款所列内容的，其内容无效。

第二十七条 【不得侵犯人格尊严和人身自由的义务】经营者不得对消费者进行侮辱、诽谤，不得搜查消费者的身体及其携带的物品，不得侵犯消费者的人身自由。

第二十八条 【特定领域经营者的信息披露义务】采用网络、

电视、电话、邮购等方式提供商品或者服务的经营者，以及提供证券、保险、银行等金融服务的经营者，应当向消费者提供经营地址、联系方式、商品或者服务的数量和质量、价款或者费用、履行期限和方式、安全注意事项和风险警示、售后服务、民事责任等信息。

第二十九条　【收集、使用消费者个人信息】经营者收集、使用消费者个人信息，应当遵循合法、正当、必要的原则，明示收集、使用信息的目的、方式和范围，并经消费者同意。经营者收集、使用消费者个人信息，应当公开其收集、使用规则，不得违反法律、法规的规定和双方的约定收集、使用信息。

经营者及其工作人员对收集的消费者个人信息必须严格保密，不得泄露、出售或者非法向他人提供。经营者应当采取技术措施和其他必要措施，确保信息安全，防止消费者个人信息泄露、丢失。在发生或者可能发生信息泄露、丢失的情况时，应当立即采取补救措施。

经营者未经消费者同意或者请求，或者消费者明确表示拒绝的，不得向其发送商业性信息。

第四章　国家对消费者合法权益的保护

第三十条　【听取消费者的意见】国家制定有关消费者权益的法律、法规、规章和强制性标准，应当听取消费者和消费者协会等组织的意见。

第三十一条　【各级政府的职责】各级人民政府应当加强领导，组织、协调、督促有关行政部门做好保护消费者合法权益的工作，落实保护消费者合法权益的职责。

各级人民政府应当加强监督，预防危害消费者人身、财产安全行为的发生，及时制止危害消费者人身、财产安全的行为。

第三十二条　【工商部门的职责】各级人民政府工商行政管理

部门和其他有关行政部门应当依照法律、法规的规定，在各自的职责范围内，采取措施，保护消费者的合法权益。

有关行政部门应当听取消费者和消费者协会等组织对经营者交易行为、商品和服务质量问题的意见，及时调查处理。

第三十三条 【抽查检验的职责】有关行政部门在各自的职责范围内，应当定期或者不定期对经营者提供的商品和服务进行抽查检验，并及时向社会公布抽查检验结果。

有关行政部门发现并认定经营者提供的商品或者服务存在缺陷，有危及人身、财产安全危险的，应当立即责令经营者采取停止销售、警示、召回、无害化处理、销毁、停止生产或者服务等措施。

第三十四条 【行政部门的职责】有关国家机关应当依照法律、法规的规定，惩处经营者在提供商品和服务中侵害消费者合法权益的违法犯罪行为。

第三十五条 【人民法院的职责】人民法院应当采取措施，方便消费者提起诉讼。对符合《中华人民共和国民事诉讼法》起诉条件的消费者权益争议，必须受理，及时审理。

第五章 消费者组织

第三十六条 【消费者协会】消费者协会和其他消费者组织是依法成立的对商品和服务进行社会监督的保护消费者合法权益的社会组织。

第三十七条 【消费者协会的公益性职责】消费者协会履行下列公益性职责：

（一）向消费者提供消费信息和咨询服务，提高消费者维护自身合法权益的能力，引导文明、健康、节约资源和保护环境的消费方式；

（二）参与制定有关消费者权益的法律、法规、规章和强制性标准；

（三）参与有关行政部门对商品和服务的监督、检查；

（四）就有关消费者合法权益的问题，向有关部门反映、查询，提出建议；

（五）受理消费者的投诉，并对投诉事项进行调查、调解；

（六）投诉事项涉及商品和服务质量问题的，可以委托具备资格的鉴定人鉴定，鉴定人应当告知鉴定意见；

（七）就损害消费者合法权益的行为，支持受损害的消费者提起诉讼或者依照本法提起诉讼；

（八）对损害消费者合法权益的行为，通过大众传播媒介予以揭露、批评。

各级人民政府对消费者协会履行职责应当予以必要的经费等支持。

消费者协会应当认真履行保护消费者合法权益的职责，听取消费者的意见和建议，接受社会监督。

依法成立的其他消费者组织依照法律、法规及其章程的规定，开展保护消费者合法权益的活动。

第三十八条 【消费者组织的禁止行为】消费者组织不得从事商品经营和营利性服务，不得以收取费用或者其他牟取利益的方式向消费者推荐商品和服务。

第六章 争议的解决

第三十九条 【争议解决的途径】消费者和经营者发生消费者权益争议的，可以通过下列途径解决：

（一）与经营者协商和解；

（二）请求消费者协会或者依法成立的其他调解组织调解；

（三）向有关行政部门投诉；

（四）根据与经营者达成的仲裁协议提请仲裁机构仲裁；

（五）向人民法院提起诉讼。

第四十条　【消费者索赔的权利】消费者在购买、使用商品时，其合法权益受到损害的，可以向销售者要求赔偿。销售者赔偿后，属于生产者的责任或者属于向销售者提供商品的其他销售者的责任的，销售者有权向生产者或者其他销售者追偿。

消费者或者其他受害人因商品缺陷造成人身、财产损害的，可以向销售者要求赔偿，也可以向生产者要求赔偿。属于生产者责任的，销售者赔偿后，有权向生产者追偿。属于销售者责任的，生产者赔偿后，有权向销售者追偿。

消费者在接受服务时，其合法权益受到损害的，可以向服务者要求赔偿。

第四十一条　【企业变更后的索赔】消费者在购买、使用商品或者接受服务时，其合法权益受到损害，因原企业分立、合并的，可以向变更后承受其权利义务的企业要求赔偿。

第四十二条　【营业执照出借人或借用人的连带责任】使用他人营业执照的违法经营者提供商品或者服务，损害消费者合法权益的，消费者可以向其要求赔偿，也可以向营业执照的持有人要求赔偿。

第四十三条　【展销会、租赁柜台的责任】消费者在展销会、租赁柜台购买商品或者接受服务，其合法权益受到损害的，可以向销售者或者服务者要求赔偿。展销会结束或者柜台租赁期满后，也可以向展销会的举办者、柜台的出租者要求赔偿。展销会的举办者、柜台的出租者赔偿后，有权向销售者或者服务者追偿。

第四十四条　【网络交易平台提供者的责任】消费者通过网络交易平台购买商品或者接受服务，其合法权益受到损害的，可以向销售者或者服务者要求赔偿。网络交易平台提供者不能提供销售者或者服务者的真实名称、地址和有效联系方式的，消费者也可以向网络交易平台提供者要求赔偿；网络交易平台提供者作出更有利于消费者的承诺的，应当履行承诺。网络交易平台提供者赔偿后，有权向销售者或者服务者追偿。

网络交易平台提供者明知或者应知销售者或者服务者利用其平台侵害消费者合法权益，未采取必要措施的，依法与该销售者或者服务者承担连带责任。

第四十五条 【虚假广告相关责任人的责任】消费者因经营者利用虚假广告或者其他虚假宣传方式提供商品或者服务，其合法权益受到损害的，可以向经营者要求赔偿。广告经营者、发布者发布虚假广告的，消费者可以请求行政主管部门予以惩处。广告经营者、发布者不能提供经营者的真实名称、地址和有效联系方式的，应当承担赔偿责任。

广告经营者、发布者设计、制作、发布关系消费者生命健康商品或者服务的虚假广告，造成消费者损害的，应当与提供该商品或者服务的经营者承担连带责任。

社会团体或者其他组织、个人在关系消费者生命健康商品或者服务的虚假广告或者其他虚假宣传中向消费者推荐商品或者服务，造成消费者损害的，应当与提供该商品或者服务的经营者承担连带责任。

第四十六条 【投诉】消费者向有关行政部门投诉的，该部门应当自收到投诉之日起七个工作日内，予以处理并告知消费者。

第四十七条 【消费者协会的诉权】对侵害众多消费者合法权益的行为，中国消费者协会以及在省、自治区、直辖市设立的消费者协会，可以向人民法院提起诉讼。

第七章 法律责任

第四十八条 【经营者承担责任的情形】经营者提供商品或者服务有下列情形之一的，除本法另有规定外，应当依照其他有关法律、法规的规定，承担民事责任：

（一）商品或者服务存在缺陷的；

（二）不具备商品应当具备的使用性能而出售时未作说明的；

（三）不符合在商品或者其包装上注明采用的商品标准的；

（四）不符合商品说明、实物样品等方式表明的质量状况的；

（五）生产国家明令淘汰的商品或者销售失效、变质的商品的；

（六）销售的商品数量不足的；

（七）服务的内容和费用违反约定的；

（八）对消费者提出的修理、重作、更换、退货、补足商品数量、退还货款和服务费用或者赔偿损失的要求，故意拖延或者无理拒绝的；

（九）法律、法规规定的其他损害消费者权益的情形。

经营者对消费者未尽到安全保障义务，造成消费者损害的，应当承担侵权责任。

第四十九条 【造成人身损害的赔偿责任】经营者提供商品或者服务，造成消费者或者其他受害人人身伤害的，应当赔偿医疗费、护理费、交通费等为治疗和康复支出的合理费用，以及因误工减少的收入。造成残疾的，还应当赔偿残疾生活辅助具费和残疾赔偿金。造成死亡的，还应当赔偿丧葬费和死亡赔偿金。

第五十条 【侵犯人格尊严的弥补】经营者侵害消费者的人格尊严、侵犯消费者人身自由或者侵害消费者个人信息依法得到保护的权利的，应当停止侵害、恢复名誉、消除影响、赔礼道歉，并赔偿损失。

第五十一条 【精神损害赔偿责任】经营者有侮辱诽谤、搜查身体、侵犯人身自由等侵害消费者或者其他受害人人身权益的行为，造成严重精神损害的，受害人可以要求精神损害赔偿。

第五十二条 【造成财产损害的民事责任】经营者提供商品或者服务，造成消费者财产损害的，应当依照法律规定或者当事人约定承担修理、重作、更换、退货、补足商品数量、退还货款和服务费用或者赔偿损失等民事责任。

第五十三条 【预付款后未履约的责任】经营者以预收款方式提供商品或者服务的,应当按照约定提供。未按照约定提供的,应当按照消费者的要求履行约定或者退回预付款;并应当承担预付款的利息、消费者必须支付的合理费用。

第五十四条 【退货责任】依法经有关行政部门认定为不合格的商品,消费者要求退货的,经营者应当负责退货。

第五十五条 【惩罚性赔偿】经营者提供商品或者服务有欺诈行为的,应当按照消费者的要求增加赔偿其受到的损失,增加赔偿的金额为消费者购买商品的价款或者接受服务的费用的三倍;增加赔偿的金额不足五百元的,为五百元。法律另有规定的,依照其规定。

经营者明知商品或者服务存在缺陷,仍然向消费者提供,造成消费者或者其他受害人死亡或者健康严重损害的,受害人有权要求经营者依照本法第四十九条、第五十一条等法律规定赔偿损失,并有权要求所受损失二倍以下的惩罚性赔偿。

第五十六条 【严重处罚的情形】经营者有下列情形之一,除承担相应的民事责任外,其他有关法律、法规对处罚机关和处罚方式有规定的,依照法律、法规的规定执行;法律、法规未作规定的,由工商行政管理部门或者其他有关行政部门责令改正,可以根据情节单处或者并处警告、没收违法所得、处以违法所得一倍以上十倍以下的罚款,没有违法所得的,处以五十万元以下的罚款;情节严重的,责令停业整顿、吊销营业执照:

(一)提供的商品或者服务不符合保障人身、财产安全要求的;

(二)在商品中掺杂、掺假,以假充真,以次充好,或者以不合格商品冒充合格商品的;

(三)生产国家明令淘汰的商品或者销售失效、变质的商品的;

(四)伪造商品的产地,伪造或者冒用他人的厂名、厂址,篡改生产日期,伪造或者冒用认证标志等质量标志的;

（五）销售的商品应当检验、检疫而未检验、检疫或者伪造检验、检疫结果的；

（六）对商品或者服务作虚假或者引人误解的宣传的；

（七）拒绝或者拖延有关行政部门责令对缺陷商品或者服务采取停止销售、警示、召回、无害化处理、销毁、停止生产或者服务等措施的；

（八）对消费者提出的修理、重作、更换、退货、补足商品数量、退还货款和服务费用或者赔偿损失的要求，故意拖延或者无理拒绝的；

（九）侵害消费者人格尊严、侵犯消费者人身自由或者侵害消费者个人信息依法得到保护的权利的；

（十）法律、法规规定的对损害消费者权益应当予以处罚的其他情形。

经营者有前款规定情形的，除依照法律、法规规定予以处罚外，处罚机关应当记入信用档案，向社会公布。

第五十七条 【经营者的刑事责任】经营者违反本法规定提供商品或者服务，侵害消费者合法权益，构成犯罪的，依法追究刑事责任。

第五十八条 【民事赔偿责任优先原则】经营者违反本法规定，应当承担民事赔偿责任和缴纳罚款、罚金，其财产不足以同时支付的，先承担民事赔偿责任。

第五十九条 【经营者的权利】经营者对行政处罚决定不服的，可以依法申请行政复议或者提起行政诉讼。

第六十条 【暴力抗法的责任】以暴力、威胁等方法阻碍有关行政部门工作人员依法执行职务的，依法追究刑事责任；拒绝、阻碍有关行政部门工作人员依法执行职务，未使用暴力、威胁方法的，由公安机关依照《中华人民共和国治安管理处罚法》的规定处罚。

第六十一条 【国家机关工作人员的责任】国家机关工作人员玩忽职守或者包庇经营者侵害消费者合法权益的行为的，由其所在单位或者上级机关给予行政处分；情节严重，构成犯罪的，依法追究刑事责任。

第八章　附　　则

第六十二条　【购买农业生产资料的参照执行】农民购买、使用直接用于农业生产的生产资料，参照本法执行。

第六十三条　【实施日期】本法自 1994 年 1 月 1 日起施行。

中华人民共和国广告法

（2009 年 2 月 28 日第十一届全国人民代表大会常务委员会第七次会议通过　2015 年 4 月 24 日第十二届全国人民代表大会常务委员会第十四次会议修订　根据 2018 年 12 月 29 日第十三届全国人民代表大会常务委员会第七次会议《关于修改〈中华人民共和国产品质量法〉等五部法律的决定》第一次修正　根据 2021 年 4 月 29 日第十三届全国人民代表大会常务委员会第二十八次会议《关于修改〈中华人民共和国道路交通安全法〉等八部法律的决定》第二次修正）

第一章　总　　则

第一条　【立法目的】为了规范广告活动，保护消费者的合法权益，促进广告业的健康发展，维护社会经济秩序，制定本法。

第二条　【调整范围及定义】在中华人民共和国境内，商品经营者或者服务提供者通过一定媒介和形式直接或者间接地介绍自己所推销的商品或者服务的商业广告活动，适用本法。

本法所称广告主，是指为推销商品或者服务，自行或者委托他人设计、制作、发布广告的自然人、法人或者其他组织。

本法所称广告经营者,是指接受委托提供广告设计、制作、代理服务的自然人、法人或者其他组织。

本法所称广告发布者,是指为广告主或者广告主委托的广告经营者发布广告的自然人、法人或者其他组织。

本法所称广告代言人,是指广告主以外的,在广告中以自己的名义或者形象对商品、服务作推荐、证明的自然人、法人或者其他组织。

第三条　【内容和形式要求】广告应当真实、合法,以健康的表现形式表达广告内容,符合社会主义精神文明建设和弘扬中华民族优秀传统文化的要求。

第四条　【真实性原则】广告不得含有虚假或者引人误解的内容,不得欺骗、误导消费者。

广告主应当对广告内容的真实性负责。

第五条　【基本行为规范】广告主、广告经营者、广告发布者从事广告活动,应当遵守法律、法规,诚实信用,公平竞争。

第六条　【监督管理体制】国务院市场监督管理部门主管全国的广告监督管理工作,国务院有关部门在各自的职责范围内负责广告管理相关工作。

县级以上地方市场监督管理部门主管本行政区域的广告监督管理工作,县级以上地方人民政府有关部门在各自的职责范围内负责广告管理相关工作。

第七条　【行业组织】广告行业组织依照法律、法规和章程的规定,制定行业规范,加强行业自律,促进行业发展,引导会员依法从事广告活动,推动广告行业诚信建设。

第二章　广告内容准则

第八条　【广告表述】广告中对商品的性能、功能、产地、用途、质量、成分、价格、生产者、有效期限、允诺等或者对服务的内容、提供者、形式、质量、价格、允诺等有表示的，应当准确、清楚、明白。

广告中表明推销的商品或者服务附带赠送的，应当明示所附带赠送商品或者服务的品种、规格、数量、期限和方式。

法律、行政法规规定广告中应当明示的内容，应当显著、清晰表示。

第九条　【一般禁止情形】广告不得有下列情形：

（一）使用或者变相使用中华人民共和国的国旗、国歌、国徽，军旗、军歌、军徽；

（二）使用或者变相使用国家机关、国家机关工作人员的名义或者形象；

（三）使用"国家级"、"最高级"、"最佳"等用语；

（四）损害国家的尊严或者利益，泄露国家秘密；

（五）妨碍社会安定，损害社会公共利益；

（六）危害人身、财产安全，泄露个人隐私；

（七）妨碍社会公共秩序或者违背社会良好风尚；

（八）含有淫秽、色情、赌博、迷信、恐怖、暴力的内容；

（九）含有民族、种族、宗教、性别歧视的内容；

（十）妨碍环境、自然资源或者文化遗产保护；

（十一）法律、行政法规规定禁止的其他情形。

第十条　【保护未成年人和残疾人】广告不得损害未成年人和残疾人的身心健康。

第十一条　【涉及行政许可和引证内容的广告】广告内容涉及的事项需要取得行政许可的，应当与许可的内容相符合。

广告使用数据、统计资料、调查结果、文摘、引用语等引证内容的，应当真实、准确，并表明出处。引证内容有适用范围和有效期限的，应当明确表示。

第十二条　【涉及专利的广告】广告中涉及专利产品或者专利

131

方法的，应当标明专利号和专利种类。

未取得专利权的，不得在广告中谎称取得专利权。

禁止使用未授予专利权的专利申请和已经终止、撤销、无效的专利作广告。

第十三条 【广告不得含有贬低内容】广告不得贬低其他生产经营者的商品或者服务。

第十四条 【广告可识别性以及发布要求】广告应当具有可识别性，能够使消费者辨明其为广告。

大众传播媒介不得以新闻报道形式变相发布广告。通过大众传播媒介发布的广告应当显著标明"广告"，与其他非广告信息相区别，不得使消费者产生误解。

广播电台、电视台发布广告，应当遵守国务院有关部门关于时长、方式的规定，并应当对广告时长作出明显提示。

第十五条 【处方药、易制毒化学品、戒毒等广告】麻醉药品、精神药品、医疗用毒性药品、放射性药品等特殊药品，药品类易制毒化学品，以及戒毒治疗的药品、医疗器械和治疗方法，不得作广告。

前款规定以外的处方药，只能在国务院卫生行政部门和国务院药品监督管理部门共同指定的医学、药学专业刊物上作广告。

第十六条 【医疗、药品、医疗器械广告】医疗、药品、医疗器械广告不得含有下列内容：

（一）表示功效、安全性的断言或者保证；

（二）说明治愈率或者有效率；

（三）与其他药品、医疗器械的功效和安全性或者其他医疗机构比较；

（四）利用广告代言人作推荐、证明；

（五）法律、行政法规规定禁止的其他内容。

药品广告的内容不得与国务院药品监督管理部门批准的说明书不一致，并应当显著标明禁忌、不良反应。处方药广告应当显著标明"本广告仅供医学药学专业人士阅读",非处方药广告应当显著标明"请按药品说明书或者在药师指导下购买和使用"。

推荐给个人自用的医疗器械的广告,应当显著标明"请仔细阅读产品说明书或者在医务人员的指导下购买和使用"。医疗器械产品注册证明文件中有禁忌内容、注意事项的,广告中应当显著标明"禁忌内容或者注意事项详见说明书"。

第十七条 【禁止使用医药用语】除医疗、药品、医疗器械广告外,禁止其他任何广告涉及疾病治疗功能,并不得使用医疗用语或者易使推销的商品与药品、医疗器械相混淆的用语。

第十八条 【保健食品广告】保健食品广告不得含有下列内容:

(一)表示功效、安全性的断言或者保证;

(二)涉及疾病预防、治疗功能;

(三)声称或者暗示广告商品为保障健康所必需;

(四)与药品、其他保健食品进行比较;

(五)利用广告代言人作推荐、证明;

(六)法律、行政法规规定禁止的其他内容。

保健食品广告应当显著标明"本品不能代替药物"。

第十九条 【禁止变相发布广告】广播电台、电视台、报刊音像出版单位、互联网信息服务提供者不得以介绍健康、养生知识等形式变相发布医疗、药品、医疗器械、保健食品广告。

第二十条 【母乳代用品广告】禁止在大众传播媒介或者公共场所发布声称全部或者部分替代母乳的婴儿乳制品、饮料和其他食品广告。

第二十一条 【农药、兽药、饲料和饲料添加剂广告】农药、兽药、饲料和饲料添加剂广告不得含有下列内容:

(一)表示功效、安全性的断言或者保证;

(二)利用科研单位、学术机构、技术推广机构、行业协会或者专业人士、用户的名义或者形象作推荐、证明;

(三)说明有效率;

（四）违反安全使用规程的文字、语言或者画面；

（五）法律、行政法规规定禁止的其他内容。

第二十二条　【烟草广告】禁止在大众传播媒介或者公共场所、公共交通工具、户外发布烟草广告。禁止向未成年人发送任何形式的烟草广告。

禁止利用其他商品或者服务的广告、公益广告，宣传烟草制品名称、商标、包装、装潢以及类似内容。

烟草制品生产者或者销售者发布的迁址、更名、招聘等启事中，不得含有烟草制品名称、商标、包装、装潢以及类似内容。

第二十三条　【酒类广告】酒类广告不得含有下列内容：

（一）诱导、怂恿饮酒或者宣传无节制饮酒；

（二）出现饮酒的动作；

（三）表现驾驶车、船、飞机等活动；

（四）明示或者暗示饮酒有消除紧张和焦虑、增加体力等功效。

第二十四条　【教育、培训广告】教育、培训广告不得含有下列内容：

（一）对升学、通过考试、获得学位学历或者合格证书，或者对教育、培训的效果作出明示或者暗示的保证性承诺；

（二）明示或者暗示有相关考试机构或者其工作人员、考试命题人员参与教育、培训；

（三）利用科研单位、学术机构、教育机构、行业协会、专业人士、受益者的名义或者形象作推荐、证明。

第二十五条　【有投资回报预期的商品或者服务广告】招商等有投资回报预期的商品或者服务广告，应当对可能存在的风险以及风险责任承担有合理提示或者警示，并不得含有下列内容：

（一）对未来效果、收益或者与其相关的情况作出保证性承诺，明示或者暗示保本、无风险或者保收益等，国家另有规定的除外；

（二）利用学术机构、行业协会、专业人士、受益者的名义或者形象作推荐、证明。

第二十六条 【房地产广告】房地产广告，房源信息应当真实，面积应当表明为建筑面积或者套内建筑面积，并不得含有下列内容：

（一）升值或者投资回报的承诺；

（二）以项目到达某一具体参照物的所需时间表示项目位置；

（三）违反国家有关价格管理的规定；

（四）对规划或者建设中的交通、商业、文化教育设施以及其他市政条件作误导宣传。

第二十七条 【种养殖广告】农作物种子、林木种子、草种子、种畜禽、水产苗种和种养殖广告关于品种名称、生产性能、生长量或者产量、品质、抗性、特殊使用价值、经济价值、适宜种植或者养殖的范围和条件等方面的表述应当真实、清楚、明白，并不得含有下列内容：

（一）作科学上无法验证的断言；

（二）表示功效的断言或者保证；

（三）对经济效益进行分析、预测或者作保证性承诺；

（四）利用科研单位、学术机构、技术推广机构、行业协会或者专业人士、用户的名义或者形象作推荐、证明。

第二十八条 【虚假广告】广告以虚假或者引人误解的内容欺骗、误导消费者的，构成虚假广告。

广告有下列情形之一的，为虚假广告：

（一）商品或者服务不存在的；

（二）商品的性能、功能、产地、用途、质量、规格、成分、价格、生产者、有效期限、销售状况、曾获荣誉等信息，或者服务的内容、提供者、形式、质量、价格、销售状况、曾获荣誉等信息，以及与商品或者服务有关的允诺等信息与实际情况不符，对购买行为有实质性影响的；

（三）使用虚构、伪造或者无法验证的科研成果、统计资料、调查结果、文摘、引用语等信息作证明材料的；

（四）虚构使用商品或者接受服务的效果的；

（五）以虚假或者引人误解的内容欺骗、误导消费者的其他情形。

第三章　广告行为规范

第二十九条　**【从事广告发布业务的条件】**广播电台、电视台、报刊出版单位从事广告发布业务的，应当设有专门从事广告业务的机构，配备必要的人员，具有与发布广告相适应的场所、设备。

第三十条　**【广告合同】**广告主、广告经营者、广告发布者之间在广告活动中应当依法订立书面合同。

第三十一条　**【禁止不正当竞争】**广告主、广告经营者、广告发布者不得在广告活动中进行任何形式的不正当竞争。

第三十二条　**【受委托方的合法经营资格】**广告主委托设计、制作、发布广告，应当委托具有合法经营资格的广告经营者、广告发布者。

第三十三条　**【广告涉及他人人身权利时的义务】**广告主或者广告经营者在广告中使用他人名义或者形象的，应当事先取得其书面同意；使用无民事行为能力人、限制民事行为能力人的名义或者形象的，应当事先取得其监护人的书面同意。

第三十四条　**【广告业务管理制度和查验、核对义务】**广告经营者、广告发布者应当按照国家有关规定，建立、健全广告业务的承接登记、审核、档案管理制度。

广告经营者、广告发布者依据法律、行政法规查验有关证明文件，核对广告内容。对内容不符或者证明文件不全的广告，广告经营者不得提供设计、制作、代理服务，广告发布者不得发布。

第三十五条　**【广告收费标准和办法】**广告经营者、广告发布者应当公布其收费标准和收费办法。

第三十六条　**【媒介传播效果资料真实】**广告发布者向广告主、

广告经营者提供的覆盖率、收视率、点击率、发行量等资料应当真实。

第三十七条 【不得提供广告服务的情形】法律、行政法规规定禁止生产、销售的产品或者提供的服务，以及禁止发布广告的商品或者服务，任何单位或者个人不得设计、制作、代理、发布广告。

第三十八条 【广告代言人的义务】广告代言人在广告中对商品、服务作推荐、证明，应当依据事实，符合本法和有关法律、行政法规规定，并不得为其未使用过的商品或者未接受过的服务作推荐、证明。

不得利用不满十周岁的未成年人作为广告代言人。

对在虚假广告中作推荐、证明受到行政处罚未满三年的自然人、法人或者其他组织，不得利用其作为广告代言人。

第三十九条 【广告不得侵扰中小学生、幼儿】不得在中小学校、幼儿园内开展广告活动，不得利用中小学生和幼儿的教材、教辅材料、练习册、文具、教具、校服、校车等发布或者变相发布广告，但公益广告除外。

第四十条 【针对未成年人的广告】在针对未成年人的大众传播媒介上不得发布医疗、药品、保健食品、医疗器械、化妆品、酒类、美容广告，以及不利于未成年人身心健康的网络游戏广告。

针对不满十四周岁的未成年人的商品或者服务的广告不得含有下列内容：

（一）劝诱其要求家长购买广告商品或者服务；

（二）可能引发其模仿不安全行为。

第四十一条 【户外广告的监管】县级以上地方人民政府应当组织有关部门加强对利用户外场所、空间、设施等发布户外广告的监督管理，制定户外广告设置规划和安全要求。

户外广告的管理办法，由地方性法规、地方政府规章规定。

第四十二条 【禁止设置户外广告的情形】有下列情形之一的，不得设置户外广告：

（一）利用交通安全设施、交通标志的；

（二）影响市政公共设施、交通安全设施、交通标志、消防设施、消防安全标志使用的；

（三）妨碍生产或者人民生活，损害市容市貌的；

（四）在国家机关、文物保护单位、风景名胜区等的建筑控制地带，或者县级以上地方人民政府禁止设置户外广告的区域设置的。

第四十三条 【垃圾广告】任何单位或者个人未经当事人同意或者请求，不得向其住宅、交通工具等发送广告，也不得以电子信息方式向其发送广告。

以电子信息方式发送广告的，应当明示发送者的真实身份和联系方式，并向接收者提供拒绝继续接收的方式。

第四十四条 【互联网广告】利用互联网从事广告活动，适用本法的各项规定。

利用互联网发布、发送广告，不得影响用户正常使用网络。在互联网页面以弹出等形式发布的广告，应当显著标明关闭标志，确保一键关闭。

第四十五条 【"第三方平台"义务】公共场所的管理者或者电信业务经营者、互联网信息服务提供者对其明知或者应知的利用其场所或者信息传输、发布平台发送、发布违法广告的，应当予以制止。

第四章 监督管理

第四十六条 【特殊商品和服务广告发布前审查】发布医疗、药品、医疗器械、农药、兽药和保健食品广告，以及法律、行政法规规定应当进行审查的其他广告，应当在发布前由有关部门（以下称广告审查机关）对广告内容进行审查；未经审查，不得发布。

第四十七条 【广告发布前审查程序】广告主申请广告审查，

应当依照法律、行政法规向广告审查机关提交有关证明文件。

广告审查机关应当依照法律、行政法规规定作出审查决定，并应当将审查批准文件抄送同级市场监督管理部门。广告审查机关应当及时向社会公布批准的广告。

第四十八条 【广告审查批准文件不得伪造、变造或者转让】任何单位或者个人不得伪造、变造或者转让广告审查批准文件。

第四十九条 【市场监督管理部门的职权和义务】市场监督管理部门履行广告监督管理职责，可以行使下列职权：

（一）对涉嫌从事违法广告活动的场所实施现场检查；

（二）询问涉嫌违法当事人或者其法定代表人、主要负责人和其他有关人员，对有关单位或者个人进行调查；

（三）要求涉嫌违法当事人限期提供有关证明文件；

（四）查阅、复制与涉嫌违法广告有关的合同、票据、账簿、广告作品和其他有关资料；

（五）查封、扣押与涉嫌违法广告直接相关的广告物品、经营工具、设备等财物；

（六）责令暂停发布可能造成严重后果的涉嫌违法广告；

（七）法律、行政法规规定的其他职权。

市场监督管理部门应当建立健全广告监测制度，完善监测措施，及时发现和依法查处违法广告行为。

第五十条 【授权制定利用大众传播媒介发布广告的行为规范】国务院市场监督管理部门会同国务院有关部门，制定大众传播媒介广告发布行为规范。

第五十一条 【配合监管义务】市场监督管理部门依照本法规定行使职权，当事人应当协助、配合，不得拒绝、阻挠。

第五十二条 【保密义务】市场监督管理部门和有关部门及其工作人员对其在广告监督管理活动中知悉的商业秘密负有保密义务。

第五十三条 【投诉和举报】任何单位或者个人有权向市场监督管理部门和有关部门投诉、举报违反本法的行为。市场监督管理部门和有关部门应当向社会公开受理投诉、举报的电话、信箱或者电子邮件地址，接到投诉、举报的部门应当自收到投诉之日起七个工作日内，予以处理并告知投诉、举报人。

市场监督管理部门和有关部门不依法履行职责的，任何单位或者个人有权向其上级机关或者监察机关举报。接到举报的机关应当依法作出处理，并将处理结果及时告知举报人。

有关部门应当为投诉、举报人保密。

第五十四条 【社会监督】消费者协会和其他消费者组织对违反本法规定，发布虚假广告侵害消费者合法权益，以及其他损害社会公共利益的行为，依法进行社会监督。

第五章 法律责任

第五十五条 【虚假广告行政、刑事责任】违反本法规定，发布虚假广告的，由市场监督管理部门责令停止发布广告，责令广告主在相应范围内消除影响，处广告费用三倍以上五倍以下的罚款，广告费用无法计算或者明显偏低的，处二十万元以上一百万元以下的罚款；两年内有三次以上违法行为或者有其他严重情节的，处广告费用五倍以上十倍以下的罚款，广告费用无法计算或者明显偏低的，处一百万元以上二百万元以下的罚款，可以吊销营业执照，并由广告审查机关撤销广告审查批准文件、一年内不受理其广告审查申请。

医疗机构有前款规定违法行为，情节严重的，除由市场监督管理部门依照本法处罚外，卫生行政部门可以吊销诊疗科目或者吊销医疗机构执业许可证。

广告经营者、广告发布者明知或者应知广告虚假仍设计、制作、代理、发布的，由市场监督管理部门没收广告费用，并处广告费用三倍以上五倍以下的罚款，广告费用无法计算或者明显偏低的，处二十万元以上一百万元以下的罚款；两年内有三次以上违法行为或者有其他严重情节的，处广告费用五倍以上十倍以下的罚款，广告费用无法计算或者明显偏低的，处一百万元以上二百万元以下的罚款，并可以由有关部门暂停广告发布业务、吊销营业执照。

广告主、广告经营者、广告发布者有本条第一款、第三款规定行为，构成犯罪的，依法追究刑事责任。

第五十六条 【虚假广告民事责任】违反本法规定，发布虚假广告，欺骗、误导消费者，使购买商品或者接受服务的消费者的合法权益受到损害的，由广告主依法承担民事责任。广告经营者、广告发布者不能提供广告主的真实名称、地址和有效联系方式的，消费者可以要求广告经营者、广告发布者先行赔偿。

关系消费者生命健康的商品或者服务的虚假广告，造成消费者损害的，其广告经营者、广告发布者、广告代言人应当与广告主承担连带责任。

前款规定以外的商品或者服务的虚假广告，造成消费者损害的，其广告经营者、广告发布者、广告代言人，明知或者应知广告虚假仍设计、制作、代理、发布或者作推荐、证明的，应当与广告主承担连带责任。

第五十七条 【发布违反基本准则或者本法禁止发布的广告的责任】有下列行为之一的，由市场监督管理部门责令停止发布广告，对广告主处二十万元以上一百万元以下的罚款，情节严重的，并可以吊销营业执照，由广告审查机关撤销广告审查批准文件、一年内不受理其广告审查申请；对广告经营者、广告发布者，由市场监督管理部门没收广告费用，处二十万元以上一百万元以下的罚款，情节严重的，并可以吊销营业执照：

（一）发布有本法第九条、第十条规定的禁止情形的广告的；

（二）违反本法第十五条规定发布处方药广告、药品类易制毒化学品广告、戒毒治疗的医疗器械和治疗方法广告的；

（三）违反本法第二十条规定，发布声称全部或者部分替代母乳的婴儿乳制品、饮料和其他食品广告的；

（四）违反本法第二十二条规定发布烟草广告的；

（五）违反本法第三十七条规定，利用广告推销禁止生产、销售的产品或者提供的服务，或者禁止发布广告的商品或者服务的；

（六）违反本法第四十条第一款规定，在针对未成年人的大众传播媒介上发布医疗、药品、保健食品、医疗器械、化妆品、酒类、美容广告，以及不利于未成年人身心健康的网络游戏广告的。

第五十八条 【发布违反特殊准则、违法使用广告代言人或者未经依法审查的广告的责任】有下列行为之一的，由市场监督管理部门责令停止发布广告，责令广告主在相应范围内消除影响，处广告费用一倍以上三倍以下的罚款，广告费用无法计算或者明显偏低的，处十万元以上二十万元以下的罚款；情节严重的，处广告费用三倍以上五倍以下的罚款，广告费用无法计算或者明显偏低的，处二十万元以上一百万元以下的罚款，可以吊销营业执照，并由广告审查机关撤销广告审查批准文件、一年内不受理其广告审查申请：

（一）违反本法第十六条规定发布医疗、药品、医疗器械广告的；

（二）违反本法第十七条规定，在广告中涉及疾病治疗功能，以及使用医疗用语或者易使推销的商品与药品、医疗器械相混淆的用语的；

（三）违反本法第十八条规定发布保健食品广告的；

（四）违反本法第二十一条规定发布农药、兽药、饲料和饲料添加剂广告的；

（五）违反本法第二十三条规定发布酒类广告的；

（六）违反本法第二十四条规定发布教育、培训广告的；

（七）违反本法第二十五条规定发布招商等有投资回报预期的商品或者服务广告的；

（八）违反本法第二十六条规定发布房地产广告的；

（九）违反本法第二十七条规定发布农作物种子、林木种子、草

种子、种畜禽、水产苗种和种养殖广告的;

（十）违反本法第三十八条第二款规定，利用不满十周岁的未成年人作为广告代言人的;

（十一）违反本法第三十八条第三款规定，利用自然人、法人或者其他组织作为广告代言人的;

（十二）违反本法第三十九条规定，在中小学校、幼儿园内或者利用与中小学生、幼儿有关的物品发布广告的;

（十三）违反本法第四十条第二款规定，发布针对不满十四周岁的未成年人的商品或者服务的广告的;

（十四）违反本法第四十六条规定，未经审查发布广告的。

医疗机构有前款规定违法行为，情节严重的，除由市场监督管理部门依照本法处罚外，卫生行政部门可以吊销诊疗科目或者吊销医疗机构执业许可证。

广告经营者、广告发布者明知或者应知有本条第一款规定违法行为仍设计、制作、代理、发布的，由市场监督管理部门没收广告费用，并处广告费用一倍以上三倍以下的罚款，广告费用无法计算或者明显偏低的，处十万元以上二十万元以下的罚款;情节严重的，处广告费用三倍以上五倍以下的罚款，广告费用无法计算或者明显偏低的，处二十万元以上一百万元以下的罚款，并可以由有关部门暂停广告发布业务、吊销营业执照。

第五十九条 【发布违反一般准则或者贬低他人商品或服务的广告的责任】有下列行为之一的，由市场监督管理部门责令停止发布广告，对广告主处十万元以下的罚款:

（一）广告内容违反本法第八条规定的;

（二）广告引证内容违反本法第十一条规定的;

（三）涉及专利的广告违反本法第十二条规定的;

（四）违反本法第十三条规定，广告贬低其他生产经营者的商品或者服务的。

广告经营者、广告发布者明知或者应知有前款规定违法行为仍设计、制作、代理、发布的,由市场监督管理部门处十万元以下的罚款。

广告违反本法第十四条规定,不具有可识别性的,或者违反本法第十九条规定,变相发布医疗、药品、医疗器械、保健食品广告的,由市场监督管理部门责令改正,对广告发布者处十万元以下的罚款。

第六十条 【广告经营者、广告发布者未依法进行广告业务管理的责任】违反本法第三十四条规定,广告经营者、广告发布者未按照国家有关规定建立、健全广告业务管理制度的,或者未对广告内容进行核对的,由市场监督管理部门责令改正,可以处五万元以下的罚款。

违反本法第三十五条规定,广告经营者、广告发布者未公布其收费标准和收费办法的,由价格主管部门责令改正,可以处五万元以下的罚款。

第六十一条 【广告代言人的责任】广告代言人有下列情形之一的,由市场监督管理部门没收违法所得,并处违法所得一倍以上二倍以下的罚款:

(一)违反本法第十六条第一款第四项规定,在医疗、药品、医疗器械广告中作推荐、证明的;

(二)违反本法第十八条第一款第五项规定,在保健食品广告中作推荐、证明的;

(三)违反本法第三十八条第一款规定,为其未使用过的商品或者未接受过的服务作推荐、证明的;

(四)明知或者应知广告虚假仍在广告中对商品、服务作推荐、证明的。

第六十二条 【未经同意或者请求向他人发送广告、违法利用互联网发布广告的责任】违反本法第四十三条规定发送广告的,由有关部门责令停止违法行为,对广告主处五千元以上三万元以下的罚款。

违反本法第四十四条第二款规定，利用互联网发布广告，未显著标明关闭标志，确保一键关闭的，由市场监督管理部门责令改正，对广告主处五千元以上三万元以下的罚款。

第六十三条 【公共场所的管理者和电信业务经营者、互联网信息服务提供者未依法制止违法广告活动的责任】违反本法第四十五条规定，公共场所的管理者和电信业务经营者、互联网信息服务提供者，明知或者应知广告活动违法不予制止的，由市场监督管理部门没收违法所得，违法所得五万元以上的，并处违法所得一倍以上三倍以下的罚款，违法所得不足五万元的，并处一万元以上五万元以下的罚款；情节严重的，由有关部门依法停止相关业务。

第六十四条 【隐瞒真实情况或者提供虚假材料申请广告审查的责任】违反本法规定，隐瞒真实情况或者提供虚假材料申请广告审查的，广告审查机关不予受理或者不予批准，予以警告，一年内不受理该申请人的广告审查申请；以欺骗、贿赂等不正当手段取得广告审查批准的，广告审查机关予以撤销，处十万元以上二十万元以下的罚款，三年内不受理该申请人的广告审查申请。

第六十五条 【伪造、变造或者转让广告审查批准文件的责任】违反本法规定，伪造、变造或者转让广告审查批准文件的，由市场监督管理部门没收违法所得，并处一万元以上十万元以下的罚款。

第六十六条 【信用档案制度】有本法规定的违法行为的，由市场监督管理部门记入信用档案，并依照有关法律、行政法规规定予以公示。

第六十七条 【广播电台、电视台、报刊音像出版单位及其主管部门的责任】广播电台、电视台、报刊音像出版单位发布违法广告，或者以新闻报道形式变相发布广告，或者以介绍健康、养生知识等形式变相发布医疗、药品、医疗器械、保健食品广告，市场监督管理部门依照本法给予处罚的，应当通报新闻出版、广播电视主管部门以及其他有关部门。新闻出版、广播电视主管部门以及其他有关部门应当依法对负有责任的主管人员和直接责任人员给予处分；

情节严重的,并可以暂停媒体的广告发布业务。

新闻出版、广播电视主管部门以及其他有关部门未依照前款规定对广播电台、电视台、报刊音像出版单位进行处理的,对负有责任的主管人员和直接责任人员,依法给予处分。

第六十八条 【民事责任】广告主、广告经营者、广告发布者违反本法规定,有下列侵权行为之一的,依法承担民事责任:

(一)在广告中损害未成年人或者残疾人的身心健康的;

(二)假冒他人专利的;

(三)贬低其他生产经营者的商品、服务的;

(四)在广告中未经同意使用他人名义或者形象的;

(五)其他侵犯他人合法民事权益的。

第六十九条 【对公司、企业广告违法行为负有个人责任的法定代表人的责任】因发布虚假广告,或者有其他本法规定的违法行为,被吊销营业执照的公司、企业的法定代表人,对违法行为负有个人责任的,自该公司、企业被吊销营业执照之日起三年内不得担任公司、企业的董事、监事、高级管理人员。

第七十条 【拒绝、阻挠工商部门监督检查等违反治安管理行为的责任】违反本法规定,拒绝、阻挠市场监督管理部门监督检查,或者有其他构成违反治安管理行为的,依法给予治安管理处罚;构成犯罪的,依法追究刑事责任。

第七十一条 【广告审查机关的责任】广告审查机关对违法的广告内容作出审查批准决定的,对负有责任的主管人员和直接责任人员,由任免机关或者监察机关依法给予处分;构成犯罪的,依法追究刑事责任。

第七十二条 【广告管理部门及其工作人员的责任】市场监督管理部门对在履行广告监测职责中发现的违法广告行为或者对经投诉、举报的违法广告行为,不依法予以查处的,对负有责任的主管人员和直接责任人员,依法给予处分。

市场监督管理部门和负责广告管理相关工作的有关部门的工作

人员玩忽职守、滥用职权、徇私舞弊的，依法给予处分。

有前两款行为，构成犯罪的，依法追究刑事责任。

第六章　附　　则

第七十三条　【公益广告】国家鼓励、支持开展公益广告宣传活动，传播社会主义核心价值观，倡导文明风尚。

大众传播媒介有义务发布公益广告。广播电台、电视台、报刊出版单位应当按照规定的版面、时段、时长发布公益广告。公益广告的管理办法，由国务院市场监督管理部门会同有关部门制定。

第七十四条　【实施日期】本法自2015年9月1日起施行。

中华人民共和国食品安全法实施条例

（2009年7月20日中华人民共和国国务院令第557号公布　根据2016年2月6日《国务院关于修改部分行政法规的决定》修订　2019年3月26日国务院第42次常务会议修订通过　2019年10月11日中华人民共和国国务院令第721号公布　自2019年12月1日起施行）

第一章　总　　则

第一条　根据《中华人民共和国食品安全法》（以下简称食品安全法），制定本条例。

第二条　食品生产经营者应当依照法律、法规和食品安全标准从事生产经营活动，建立健全食品安全管理制度，采取有效措施预防和控制食品安全风险，保证食品安全。

第三条　国务院食品安全委员会负责分析食品安全形势，研究部署、统筹指导食品安全工作，提出食品安全监督管理的重大政策措施，督促落实食品安全监督管理责任。县级以上地方人民政府食品安全委员会按照本级人民政府规定的职责开展工作。

第四条 县级以上人民政府建立统一权威的食品安全监督管理体制，加强食品安全监督管理能力建设。

县级以上人民政府食品安全监督管理部门和其他有关部门应当依法履行职责，加强协调配合，做好食品安全监督管理工作。

乡镇人民政府和街道办事处应当支持、协助县级人民政府食品安全监督管理部门及其派出机构依法开展食品安全监督管理工作。

第五条 国家将食品安全知识纳入国民素质教育内容，普及食品安全科学常识和法律知识，提高全社会的食品安全意识。

第二章 食品安全风险监测和评估

第六条 县级以上人民政府卫生行政部门会同同级食品安全监督管理等部门建立食品安全风险监测会商机制，汇总、分析风险监测数据，研判食品安全风险，形成食品安全风险监测分析报告，报本级人民政府；县级以上地方人民政府卫生行政部门还应当将食品安全风险监测分析报告同时报上一级人民政府卫生行政部门。食品安全风险监测会商的具体办法由国务院卫生行政部门会同国务院食品安全监督管理等部门制定。

第七条 食品安全风险监测结果表明存在食品安全隐患，食品安全监督管理等部门经进一步调查确认有必要通知相关食品生产经营者的，应当及时通知。

接到通知的食品生产经营者应当立即进行自查，发现食品不符合食品安全标准或者有证据证明可能危害人体健康的，应当依照食品安全法第六十三条的规定停止生产、经营，实施食品召回，并报告相关情况。

第八条 国务院卫生行政、食品安全监督管理等部门发现需要对农药、肥料、兽药、饲料和饲料添加剂等进行安全性评估的，应当向国务院农业行政部门提出安全性评估建议。国务院农业行政部门应当及时组织评估，并向国务院有关部门通报评估结果。

第九条 国务院食品安全监督管理部门和其他有关部门建立食品安全风险信息交流机制，明确食品安全风险信息交流的内容、程序和要求。

第三章 食品安全标准

第十条 国务院卫生行政部门会同国务院食品安全监督管理、农业行政等部门制定食品安全国家标准规划及其年度实施计划。国务院卫生行政部门应当在其网站上公布食品安全国家标准规划及其年度实施计划的草案，公开征求意见。

第十一条 省、自治区、直辖市人民政府卫生行政部门依照食品安全法第二十九条的规定制定食品安全地方标准，应当公开征求意见。省、自治区、直辖市人民政府卫生行政部门应当自食品安全地方标准公布之日起30个工作日内，将地方标准报国务院卫生行政部门备案。国务院卫生行政部门发现备案的食品安全地方标准违反法律、法规或者食品安全国家标准的，应当及时予以纠正。

食品安全地方标准依法废止的，省、自治区、直辖市人民政府卫生行政部门应当及时在其网站上公布废止情况。

第十二条 保健食品、特殊医学用途配方食品、婴幼儿配方食品等特殊食品不属于地方特色食品，不得对其制定食品安全地方标准。

第十三条 食品安全标准公布后，食品生产经营者可以在食品安全标准规定的实施日期之前实施并公开提前实施情况。

第十四条 食品生产企业不得制定低于食品安全国家标准或者

地方标准要求的企业标准。食品生产企业制定食品安全指标严于食品安全国家标准或者地方标准的企业标准的，应当报省、自治区、直辖市人民政府卫生行政部门备案。

食品生产企业制定企业标准的，应当公开，供公众免费查阅。

第四章　食品生产经营

第十五条　食品生产经营许可的有效期为5年。

食品生产经营者的生产经营条件发生变化，不再符合食品生产经营要求的，食品生产经营者应当立即采取整改措施；需要重新办理许可手续的，应当依法办理。

第十六条　国务院卫生行政部门应当及时公布新的食品原料、食品添加剂新品种和食品相关产品新品种目录以及所适用的食品安全国家标准。

对按照传统既是食品又是中药材的物质目录，国务院卫生行政部门会同国务院食品安全监督管理部门应当及时更新。

第十七条　国务院食品安全监督管理部门会同国务院农业行政等有关部门明确食品安全全程追溯基本要求，指导食品生产经营者通过信息化手段建立、完善食品安全追溯体系。

食品安全监督管理等部门应当将婴幼儿配方食品等针对特定人群的食品以及其他食品安全风险较高或者销售量大的食品的追溯体系建设作为监督检查的重点。

第十八条　食品生产经营者应当建立食品安全追溯体系，依照食品安全法的规定如实记录并保存进货查验、出厂检验、食品销售等信息，保证食品可追溯。

第十九条　食品生产经营企业的主要负责人对本企业的食品安全工作全面负责，建立并落实本企业的食品安全责任制，加强供货者管理、进货查验和出厂检验、生产经营过程控制、食品安全自查等工作。食品生产经营企业的食品安全管理人员应当协助企业主要负责人做好食品安全管理工作。

第二十条 食品生产经营企业应当加强对食品安全管理人员的培训和考核。食品安全管理人员应当掌握与其岗位相适应的食品安全法律、法规、标准和专业知识,具备食品安全管理能力。食品安全监督管理部门应当对企业食品安全管理人员进行随机监督抽查考核。考核指南由国务院食品安全监督管理部门制定、公布。

第二十一条 食品、食品添加剂生产经营者委托生产食品、食品添加剂的,应当委托取得食品生产许可、食品添加剂生产许可的生产者生产,并对其生产行为进行监督,对委托生产的食品、食品添加剂的安全负责。受托方应当依照法律、法规、食品安全标准以及合同约定进行生产,对生产行为负责,并接受委托方的监督。

第二十二条 食品生产经营者不得在食品生产、加工场所贮存依照本条例第六十三条规定制定的名录中的物质。

第二十三条 对食品进行辐照加工,应当遵守食品安全国家标准,并按照食品安全国家标准的要求对辐照加工食品进行检验和标注。

第二十四条 贮存、运输对温度、湿度等有特殊要求的食品,应当具备保温、冷藏或者冷冻等设备设施,并保持有效运行。

第二十五条 食品生产经营者委托贮存、运输食品的,应当对受托方的食品安全保障能力进行审核,并监督受托方按照保证食品安全的要求贮存、运输食品。受托方应当保证食品贮存、运输条件符合食品安全的要求,加强食品贮存、运输过程管理。

接受食品生产经营者委托贮存、运输食品的,应当如实记录委托方和收货方的名称、地址、联系方式等内容。记录保存期限不得少于贮存、运输结束后2年。

非食品生产经营者从事对温度、湿度等有特殊要求的食品贮存业务的,应当自取得营业执照之日起30个工作日内向所在地县级人民政府食品安全监督管理部门备案。

第二十六条　餐饮服务提供者委托餐具饮具集中消毒服务单位提供清洗消毒服务的，应当查验、留存餐具饮具集中消毒服务单位的营业执照复印件和消毒合格证明。保存期限不得少于消毒餐具饮具使用期限到期后6个月。

第二十七条　餐具饮具集中消毒服务单位应当建立餐具饮具出厂检验记录制度，如实记录出厂餐具饮具的数量、消毒日期和批号、使用期限、出厂日期以及委托方名称、地址、联系方式等内容。出厂检验记录保存期限不得少于消毒餐具饮具使用期限到期后6个月。消毒后的餐具饮具应当在独立包装上标注单位名称、地址、联系方式、消毒日期和批号以及使用期限等内容。

第二十八条　学校、托幼机构、养老机构、建筑工地等集中用餐单位的食堂应当执行原料控制、餐具饮具清洗消毒、食品留样等制度，并依照食品安全法第四十七条的规定定期开展食堂食品安全自查。

承包经营集中用餐单位食堂的，应当依法取得食品经营许可，并对食堂的食品安全负责。集中用餐单位应当督促承包方落实食品安全管理制度，承担管理责任。

第二十九条　食品生产经营者应当对变质、超过保质期或者回收的食品进行显著标示或者单独存放在有明确标志的场所，及时采取无害化处理、销毁等措施并如实记录。

食品安全法所称回收食品，是指已经售出，因违反法律、法规、食品安全标准或者超过保质期等原因，被召回或者退回的食品，不包括依照食品安全法第六十三条第三款的规定可以继续销售的食品。

第三十条　县级以上地方人民政府根据需要建设必要的食品无害化处理和销毁设施。食品生产经营者可以按照规定使用政府建设的设施对食品进行无害化处理或者予以销毁。

第三十一条　食品集中交易市场的开办者、食品展销会的举办者应当在市场开业或者展销会举办前向所在地县级人民政府食品安全监督管理部门报告。

第三十二条　网络食品交易第三方平台提供者应当妥善保存入网食品经营者的登记信息和交易信息。县级以上人民政府食品安全监督管理部门开展食品安全监督检查、食品安全案件调查处理、食品安全事故处置确需了解有关信息的，经其负责人批准，可以要求网络食品交易第三方平台提供者提供，网络食品交易第三方平台提供者应当按照要求提供。县级以上人民政府食品安全监督管理部门及其工作人员对网络食品交易第三方平台提供者提供的信息依法负有保密义务。

第三十三条　生产经营转基因食品应当显著标示，标示办法由国务院食品安全监督管理部门会同国务院农业行政部门制定。

第三十四条　禁止利用包括会议、讲座、健康咨询在内的任何方式对食品进行虚假宣传。食品安全监督管理部门发现虚假宣传行为的，应当依法及时处理。

第三十五条　保健食品生产工艺有原料提取、纯化等前处理工序的，生产企业应当具备相应的原料前处理能力。

第三十六条　特殊医学用途配方食品生产企业应当按照食品安全国家标准规定的检验项目对出厂产品实施逐批检验。

特殊医学用途配方食品中的特定全营养配方食品应当通过医疗机构或者药品零售企业向消费者销售。医疗机构、药品零售企业销售特定全营养配方食品的，不需要取得食品经营许可，但是应当遵守食品安全法和本条例关于食品销售的规定。

第三十七条　特殊医学用途配方食品中的特定全营养配方食品广告按照处方药广告管理，其他类别的特殊医学用途配方食品广告按照非处方药广告管理。

第三十八条　对保健食品之外的其他食品，不得声称具有保健功能。

对添加食品安全国家标准规定的选择性添加物质的婴幼儿配方食品，不得以选择性添加物质命名。

第三十九条　特殊食品的标签、说明书内容应当与注册或者备案的标签、说明书一致。销售特殊食品，应当核对食品标签、说明书内容是否与注册或者备案的标签、说明书一致，不一致的不得销售。省级以上人民政府食品安全监督管理部门应当在其网站上公布注册或者备案的特殊食品的标签、说明书。

特殊食品不得与普通食品或者药品混放销售。

第五章 食品检验

第四十条 对食品进行抽样检验，应当按照食品安全标准、注册或者备案的特殊食品的产品技术要求以及国家有关规定确定的检验项目和检验方法进行。

第四十一条 对可能掺杂掺假的食品，按照现有食品安全标准规定的检验项目和检验方法以及依照食品安全法第一百一十一条和本条例第六十三条规定制定的检验项目和检验方法无法检验的，国务院食品安全监督管理部门可以制定补充检验项目和检验方法，用于对食品的抽样检验、食品安全案件调查处理和食品安全事故处置。

第四十二条 依照食品安全法第八十八条的规定申请复检的，申请人应当向复检机构先行支付复检费用。复检结论表明食品不合格的，复检费用由复检申请人承担；复检结论表明食品合格的，复检费用由实施抽样检验的食品安全监督管理部门承担。

复检机构无正当理由不得拒绝承担复检任务。

第四十三条 任何单位和个人不得发布未依法取得资质认定的食品检验机构出具的食品检验信息，不得利用上述检验信息对食品、食品生产经营者进行等级评定，欺骗、误导消费者。

第六章 食品进出口

第四十四条 进口商进口食品、食品添加剂，应当按照规定向出入境检验检疫机构报检,如实申报产品相关信息,并随附法律、行政法规规定的合格证明材料。

第四十五条 进口食品运达口岸后,应当存放在出入境检验检疫机构指定或者认可的场所;需要移动的,应当按照出入境检验检疫机构的要求采取必要的安全防护措施。大宗散装进口食品应当在卸货口岸进行检验。

第四十六条 国家出入境检验检疫部门根据风险管理需要,可以对部分食品实行指定口岸进口。

第四十七条 国务院卫生行政部门依照食品安全法第九十三条的规定对境外出口商、境外生产企业或者其委托的进口商提交的相关国家(地区)标准或者国际标准进行审查,认为符合食品安全要求的,决定暂予适用并予以公布;暂予适用的标准公布前,不得进口尚无食品安全国家标准的食品。

食品安全国家标准中通用标准已经涵盖的食品不属于食品安全法第九十三条规定的尚无食品安全国家标准的食品。

第四十八条 进口商应当建立境外出口商、境外生产企业审核制度,重点审核境外出口商、境外生产企业制定和执行食品安全风险控制措施的情况以及向我国出口的食品是否符合食品安全法、本条例和其他有关法律、行政法规的规定以及食品安全国家标准的要求。

第四十九条 进口商依照食品安全法第九十四条第三款的规定召回进口食品的,应当将食品召回和处理情况向所在地县级人民政府食品安全监督管理部门和所在地出入境检验检疫机构报告。

第五十条 国家出入境检验检疫部门发现已经注册的境外食品生产企业不再符合注册要求的,应当责令其在规定期限内整改,整改期间暂停进口其生产的食品;经整改仍不符合注册要求的,国家出入境检验检疫部门应当撤销境外食品生产企业注册并公告。

第五十一条 对通过我国良好生产规范、危害分析与关键控制点体系认证的境外生产企业,认证机构应当依法实施跟踪调查。对不再符合认证要求的企业，认证机构应当依法撤销认证并向社会公布。

第五十二条 境外发生的食品安全事件可能对我国境内造成影响，或者在进口食品、食品添加剂、食品相关产品中发现严重食品安全问题的，国家出入境检验检疫部门应当及时进行风险预警，并可以对相关的食品、食品添加剂、食品相关产品采取下列控制措施：

（一）退货或者销毁处理；

（二）有条件地限制进口；

（三）暂停或者禁止进口。

第五十三条 出口食品、食品添加剂的生产企业应当保证其出口食品、食品添加剂符合进口国家（地区）的标准或者合同要求；我国缔结或者参加的国际条约、协定有要求的，还应当符合国际条约、协定的要求。

第七章 食品安全事故处置

第五十四条 食品安全事故按照国家食品安全事故应急预案实行分级管理。县级以上人民政府食品安全监督管理部门会同同级有关部门负责食品安全事故调查处理。

县级以上人民政府应当根据实际情况及时修改、完善食品安全事故应急预案。

第五十五条 县级以上人民政府应当完善食品安全事故应急管理机制，改善应急装备，做好应急物资储备和应急队伍建设，加强应急培训、演练。

第五十六条 发生食品安全事故的单位应当对导致或者可能导致食品安全事故的食品及原料、工具、设备、设施等，立即采取封存等控制措施。

第五十七条 县级以上人民政府食品安全监督管理部门接到食

品安全事故报告后，应当立即会同同级卫生行政、农业行政等部门依照食品安全法第一百零五条的规定进行调查处理。食品安全监督管理部门应当对事故单位封存的食品及原料、工具、设备、设施等予以保护，需要封存而事故单位尚未封存的应当直接封存或者责令事故单位立即封存，并通知疾病预防控制机构对与事故有关的因素开展流行病学调查。

疾病预防控制机构应当在调查结束后向同级食品安全监督管理、卫生行政部门同时提交流行病学调查报告。

任何单位和个人不得拒绝、阻挠疾病预防控制机构开展流行病学调查。有关部门应当对疾病预防控制机构开展流行病学调查予以协助。

第五十八条 国务院食品安全监督管理部门会同国务院卫生行政、农业行政等部门定期对全国食品安全事故情况进行分析，完善食品安全监督管理措施，预防和减少事故的发生。

第八章　监　督　管　理

第五十九条 设区的市级以上人民政府食品安全监督管理部门根据监督管理工作需要，可以对由下级人民政府食品安全监督管理部门负责日常监督管理的食品生产经营者实施随机监督检查，也可以组织下级人民政府食品安全监督管理部门对食品生产经营者实施异地监督检查。

设区的市级以上人民政府食品安全监督管理部门认为必要的，可以直接调查处理下级人民政府食品安全监督管理部门管辖的食品安全违法案件，也可以指定其他下级人民政府食品安全监督管理部门调查处理。

第六十条 国家建立食品安全检查员制度，依托现有资源加强职业化检查员队伍建设，强化考核培训，提高检查员专业化水平。

第六十一条 县级以上人民政府食品安全监督管理部门依照食品安全法第一百一十条的规定实施查封、扣押措施，查封、扣押的期限不得超过30日；情况复杂的，经实施查封、扣押措施的食品安全监督管理部门负责人批准，可以延长，延长期限不得超过45日。

第六十二条 网络食品交易第三方平台多次出现入网食品经营者违法经营或者入网食品经营者的违法经营行为造成严重后果的，县级以上人民政府食品安全监督管理部门可以对网络食品交易第三方平台提供者的法定代表人或者主要负责人进行责任约谈。

第六十三条 国务院食品安全监督管理部门会同国务院卫生行政等部门根据食源性疾病信息、食品安全风险监测信息和监督管理信息等，对发现的添加或者可能添加到食品中的非食品用化学物质和其他可能危害人体健康的物质，制定名录及检测方法并予以公布。

第六十四条 县级以上地方人民政府卫生行政部门应当对餐具饮具集中消毒服务单位进行监督检查，发现不符合法律、法规、国家相关标准以及相关卫生规范等要求的，应当及时调查处理。监督检查的结果应当向社会公布。

第六十五条 国家实行食品安全违法行为举报奖励制度，对查证属实的举报，给予举报人奖励。举报人举报所在企业食品安全重大违法犯罪行为的，应当加大奖励力度。有关部门应当对举报人的信息予以保密，保护举报人的合法权益。食品安全违法行为举报奖励办法由国务院食品安全监督管理部门会同国务院财政等有关部门制定。

食品安全违法行为举报奖励资金纳入各级人民政府预算。

第六十六条 国务院食品安全监督管理部门应当会同国务院有关部门建立守信联合激励和失信联合惩戒机制，结合食品生产经营者信用档案，建立严重违法生产经营者黑名单制度，将食品安全信用状况与准入、融资、信贷、征信等相衔接，及时向社会公布。

第九章 法律责任

第六十七条 有下列情形之一的,属于食品安全法第一百二十三条至第一百二十六条、第一百三十二条以及本条例第七十二条、第七十三条规定的情节严重情形:

(一)违法行为涉及的产品货值金额 2 万元以上或者违法行为持续时间 3 个月以上;

(二)造成食源性疾病并出现死亡病例,或者造成 30 人以上食源性疾病但未出现死亡病例;

(三)故意提供虚假信息或者隐瞒真实情况;

(四)拒绝、逃避监督检查;

(五)因违反食品安全法律、法规受到行政处罚后 1 年内又实施同一性质的食品安全违法行为,或者因违反食品安全法律、法规受到刑事处罚后又实施食品安全违法行为;

(六)其他情节严重的情形。

对情节严重的违法行为处以罚款时,应当依法从重从严。

第六十八条 有下列情形之一的,依照食品安全法第一百二十五条第一款、本条例第七十五条的规定给予处罚:

(一)在食品生产、加工场所贮存依照本条例第六十三条规定制定的名录中的物质;

(二)生产经营的保健食品之外的食品的标签、说明书声称具有保健功能;

(三)以食品安全国家标准规定的选择性添加物质命名婴幼儿配方食品;

(四)生产经营的特殊食品的标签、说明书内容与注册或者备案的标签、说明书不一致。

第六十九条 有下列情形之一的,依照食品安全法第一百二十六条第一款、本条例第七十五条的规定给予处罚：

（一）接受食品生产经营者委托贮存、运输食品，未按照规定记录保存信息；

（二）餐饮服务提供者未查验、留存餐具饮具集中消毒服务单位的营业执照复印件和消毒合格证明；

（三）食品生产经营者未按照规定对变质、超过保质期或者回收的食品进行标示或者存放，或者未及时对上述食品采取无害化处理、销毁等措施并如实记录；

（四）医疗机构和药品零售企业之外的单位或者个人向消费者销售特殊医学用途配方食品中的特定全营养配方食品；

（五）将特殊食品与普通食品或者药品混放销售。

第七十条　除食品安全法第一百二十五条第一款、第一百二十六条规定的情形外，食品生产经营者的生产经营行为不符合食品安全法第三十三条第一款第五项、第七项至第十项的规定，或者不符合有关食品生产经营过程要求的食品安全国家标准的，依照食品安全法第一百二十六条第一款、本条例第七十五条的规定给予处罚。

第七十一条　餐具饮具集中消毒服务单位未按照规定建立并遵守出厂检验记录制度的，由县级以上人民政府卫生行政部门依照食品安全法第一百二十六条第一款、本条例第七十五条的规定给予处罚。

第七十二条　从事对温度、湿度等有特殊要求的食品贮存业务的非食品生产经营者，食品集中交易市场的开办者、食品展销会的举办者，未按照规定备案或者报告的，由县级以上人民政府食品安全监督管理部门责令改正，给予警告；拒不改正的，处1万元以上5万元以下罚款；情节严重的，责令停产停业，并处5万元以上20万元以下罚款。

第七十三条　利用会议、讲座、健康咨询等方式对食品进行虚假宣传的，由县级以上人民政府食品安全监督管理部门责令消除影响，有违法所得的，没收违法所得；情节严重的，依照食品安全法

第一百四十条第五款的规定进行处罚；属于单位违法的，还应当依照本条例第七十五条的规定对单位的法定代表人、主要负责人、直接负责的主管人员和其他直接责任人员给予处罚。

第七十四条 食品生产经营者生产经营的食品符合食品安全标准但不符合食品所标注的企业标准规定的食品安全指标的，由县级以上人民政府食品安全监督管理部门给予警告，并责令食品经营者停止经营该食品，责令食品生产企业改正；拒不停止经营或者改正的，没收不符合企业标准规定的食品安全指标的食品，货值金额不足1万元的，并处1万元以上5万元以下罚款，货值金额1万元以上的，并处货值金额5倍以上10倍以下罚款。

第七十五条 食品生产经营企业等单位有食品安全法规定的违法情形，除依照食品安全法的规定给予处罚外，有下列情形之一的，对单位的法定代表人、主要负责人、直接负责的主管人员和其他直接责任人员处以其上一年度从本单位取得收入的1倍以上10倍以下罚款：

（一）故意实施违法行为；

（二）违法行为性质恶劣；

（三）违法行为造成严重后果。

属于食品安全法第一百二十五条第二款规定情形的，不适用前款规定。

第七十六条 食品生产经营者依照食品安全法第六十三条第一款、第二款的规定停止生产、经营，实施食品召回，或者采取其他有效措施减轻或者消除食品安全风险，未造成危害后果的，可以从轻或者减轻处罚。

第七十七条 县级以上地方人民政府食品安全监督管理等部门对有食品安全法第一百二十三条规定的违法情形且情节严重，可能需要行政拘留的，应当及时将案件及有关材料移送同级公安机关。公安机关认为需要补充材料的，食品安全监督管理等部门应当及时提供。公安机关经审查认为不符合行政拘留条件的，应当及时将案件及有关材料退回移送的食品安全监督管理等部门。

第七十八条 公安机关对发现的食品安全违法行为，经审查没有犯罪事实或者立案侦查后认为不需要追究刑事责任，但依法应当予以行政拘留的，应当及时作出行政拘留的处罚决定；不需要予以行政拘留但依法应当追究其他行政责任的，应当及时将案件及有关材料移送同级食品安全监督管理等部门。

第七十九条 复检机构无正当理由拒绝承担复检任务的，由县级以上人民政府食品安全监督管理部门给予警告，无正当理由1年内2次拒绝承担复检任务的，由国务院有关部门撤销其复检机构资质并向社会公布。

第八十条 发布未依法取得资质认定的食品检验机构出具的食品检验信息，或者利用上述检验信息对食品、食品生产经营者进行等级评定，欺骗、误导消费者的，由县级以上人民政府食品安全监督管理部门责令改正，有违法所得的，没收违法所得，并处10万元以上50万元以下罚款；拒不改正的，处50万元以上100万元以下罚款；构成违反治安管理行为的，由公安机关依法给予治安管理处罚。

第八十一条 食品安全监督管理部门依照食品安全法、本条例对违法单位或者个人处以30万元以上罚款的，由设区的市级以上人民政府食品安全监督管理部门决定。罚款具体处罚权限由国务院食品安全监督管理部门规定。

第八十二条 阻碍食品安全监督管理等部门工作人员依法执行职务，构成违反治安管理行为的，由公安机关依法给予治安管理处罚。

第八十三条 县级以上人民政府食品安全监督管理等部门发现单位或者个人违反食品安全法第一百二十条第一款规定，编造、散布虚假食品安全信息，涉嫌构成违反治安管理行为的，应当将相关情况通报同级公安机关。

第八十四条 县级以上人民政府食品安全监督管理部门及其工作人员违法向他人提供网络食品交易第三方平台提供者提供的信息

的，依照食品安全法第一百四十五条的规定给予处分。

第八十五条 违反本条例规定，构成犯罪的，依法追究刑事责任。

第十章 附 则

第八十六条 本条例自2019年12月1日起施行。

中华人民共和国产品质量法

（1993年2月22日第七届全国人民代表大会常务委员会第三十次会议通过 根据2000年7月8日第九届全国人民代表大会常务委员会第十六次会议《关于修改〈中华人民共和国产品质量法〉的决定》第一次修正 根据2009年8月27日第十一届全国人民代表大会常务委员会第十次会议《关于修改部分法律的决定》第二次修正 根据2018年12月29日第十三届全国人民代表大会常务委员会第七次会议《关于修改〈中华人民共和国产品质量法〉等五部法律的决定》第三次修正）

第一章 总 则

第一条 【立法目的】为了加强对产品质量的监督管理，提高产品质量水平，明确产品质量责任，保护消费者的合法权益，维护社会经济秩序，制定本法。

第二条 【适用范围】在中华人民共和国境内从事产品生产、销售活动，必须遵守本法。

本法所称产品是指经过加工、制作，用于销售的产品。

建设工程不适用本法规定；但是，建设工程使用的建筑材料、建筑构配件和设备，属于前款规定的产品范围的，适用本法规定。

第三条　【建立健全内部产品质量管理制度】生产者、销售者应当建立健全内部产品质量管理制度，严格实施岗位质量规范、质量责任以及相应的考核办法。

第四条　【依法承担产品质量责任】生产者、销售者依照本法规定承担产品质量责任。

第五条　【禁止行为】禁止伪造或者冒用认证标志等质量标志；禁止伪造产品的产地，伪造或者冒用他人的厂名、厂址；禁止在生产、销售的产品中掺杂、掺假，以假充真，以次充好。

第六条　【鼓励推行先进科学技术】国家鼓励推行科学的质量管理方法，采用先进的科学技术，鼓励企业产品质量达到并且超过行业标准、国家标准和国际标准。

对产品质量管理先进和产品质量达到国际先进水平、成绩显著的单位和个人，给予奖励。

第七条　【各级人民政府保障本法的施行】各级人民政府应当把提高产品质量纳入国民经济和社会发展规划，加强对产品质量工作的统筹规划和组织领导，引导、督促生产者、销售者加强产品质量管理，提高产品质量，组织各有关部门依法采取措施，制止产品生产、销售中违反本法规定的行为，保障本法的施行。

第八条　【监管部门的监管权限】国务院市场监督管理部门主管全国产品质量监督工作。国务院有关部门在各自的职责范围内负责产品质量监督工作。

县级以上地方市场监督管理部门主管本行政区域内的产品质量监督工作。县级以上地方人民政府有关部门在各自的职责范围内负责产品质量监督工作。

法律对产品质量的监督部门另有规定的，依照有关法律的规定执行。

第九条　【各级政府的禁止行为】各级人民政府工作人员和其

他国家机关工作人员不得滥用职权、玩忽职守或者徇私舞弊，包庇、放纵本地区、本系统发生的产品生产、销售中违反本法规定的行为，或者阻挠、干预依法对产品生产、销售中违反本法规定的行为进行查处。

各级地方人民政府和其他国家机关有包庇、放纵产品生产、销售中违反本法规定的行为的，依法追究其主要负责人的法律责任。

第十条　【公众检举权】任何单位和个人有权对违反本法规定的行为，向市场监督管理部门或者其他有关部门检举。

市场监督管理部门和有关部门应当为检举人保密，并按照省、自治区、直辖市人民政府的规定给予奖励。

第十一条　【禁止产品垄断经营】任何单位和个人不得排斥非本地区或者非本系统企业生产的质量合格产品进入本地区、本系统。

第二章　产品质量的监督

第十二条　【产品质量要求】产品质量应当检验合格，不得以不合格产品冒充合格产品。

第十三条　【工业产品质量标准要求】可能危及人体健康和人身、财产安全的工业产品，必须符合保障人体健康和人身、财产安全的国家标准、行业标准；未制定国家标准、行业标准的，必须符合保障人体健康和人身、财产安全的要求。

禁止生产、销售不符合保障人体健康和人身、财产安全的标准和要求的工业产品。具体管理办法由国务院规定。

第十四条　【企业质量体系认证制度】国家根据国际通用的质量管理标准，推行企业质量体系认证制度。企业根据自愿原则可以向国务院市场监督管理部门认可的或者国务院市场监督管理部门授权的部门认可的认证机构申请企业质量体系认证。经认证合格的，由认证机构颁发企业质量体系认证证书。

国家参照国际先进的产品标准和技术要求，推行产品质量认证制度。企业根据自愿原则可以向国务院市场监督管理部门认可的或者国务院市场监督管理部门授权的部门认可的认证机构申请产品质量认证。经认证合格的，由认证机构颁发产品质量认证证书，准许企业在产品或者其包装上使用产品质量认证标志。

第十五条 【以抽查为主要方式的组织领导监督检查制度】国家对产品质量实行以抽查为主要方式的监督检查制度，对可能危及人体健康和人身、财产安全的产品，影响国计民生的重要工业产品以及消费者、有关组织反映有质量问题的产品进行抽查。抽查的样品应当在市场上或者企业成品仓库内的待销产品中随机抽取。监督抽查工作由国务院市场监督管理部门规划和组织。县级以上地方市场监督管理部门在本行政区域内也可以组织监督抽查。法律对产品质量的监督检查另有规定的，依照有关法律的规定执行。

国家监督抽查的产品，地方不得另行重复抽查；上级监督抽查的产品，下级不得另行重复抽查。

根据监督抽查的需要，可以对产品进行检验。检验抽取样品的数量不得超过检验的合理需要，并不得向被检查人收取检验费用。监督抽查所需检验费用按照国务院规定列支。

生产者、销售者对抽查检验的结果有异议的，可以自收到检验结果之日起十五日内向实施监督抽查的市场监督管理部门或者其上级市场监督管理部门申请复检，由受理复检的市场监督管理部门作出复检结论。

第十六条 【质量监督检查】对依法进行的产品质量监督检查，生产者、销售者不得拒绝。

第十七条 【违反监督抽查规定的行政责任】依照本法规定进行监督抽查的产品质量不合格的，由实施监督抽查的市场监督管理部门责令其生产者、销售者限期改正。逾期不改正的，由省级以上人民政府市场监督管理部门予以公告；公告后经复查仍不合格的，责令停业，限期整顿；整顿期满后经复查产品质量仍不合格的，吊销营业执照。

监督抽查的产品有严重质量问题的,依照本法第五章的有关规定处罚。

第十八条 【县级以上市场监督管理部门查违职权】县级以上市场监督管理部门根据已经取得的违法嫌疑证据或者举报,对涉嫌违反本法规定的行为进行查处时,可以行使下列职权:

(一)对当事人涉嫌从事违反本法的生产、销售活动的场所实施现场检查;

(二)向当事人的法定代表人、主要负责人和其他有关人员调查、了解与涉嫌从事违反本法的生产、销售活动有关的情况;

(三)查阅、复制当事人有关的合同、发票、账簿以及其他有关资料;

(四)对有根据认为不符合保障人体健康和人身、财产安全的国家标准、行业标准的产品或者有其他严重质量问题的产品,以及直接用于生产、销售该项产品的原辅材料、包装物、生产工具,予以查封或者扣押。

第十九条 【产品质量检验机构设立条件】产品质量检验机构必须具备相应的检测条件和能力,经省级以上人民政府市场监督管理部门或者其授权的部门考核合格后,方可承担产品质量检验工作。法律、行政法规对产品质量检验机构另有规定的,依照有关法律、行政法规的规定执行。

第二十条 【产品质量检验、认证中介机构依法设立】从事产品质量检验、认证的社会中介机构必须依法设立,不得与行政机关和其他国家机关存在隶属关系或者其他利益关系。

第二十一条 【产品质量检验、认证机构必须依法出具检验结果、认证证明】产品质量检验机构、认证机构必须依法按照有关标准,客观、公正地出具检验结果或者认证证明。

产品质量认证机构应当依照国家规定对准许使用认证标志的产品进行认证后的跟踪检查;对不符合认证标准而使用认证标志的,

要求其改正；情节严重的，取消其使用认证标志的资格。

第二十二条 【消费者的查询、申诉权】消费者有权就产品质量问题，向产品的生产者、销售者查询；向市场监督管理部门及有关部门申诉，接受申诉的部门应当负责处理。

第二十三条 【消费者权益组织的职能】保护消费者权益的社会组织可以就消费者反映的产品质量问题建议有关部门负责处理，支持消费者对因产品质量造成的损害向人民法院起诉。

第二十四条 【抽查产品质量状况定期公告】国务院和省、自治区、直辖市人民政府的市场监督管理部门应当定期发布其监督抽查的产品的质量状况公告。

第二十五条 【监管机构的禁止行为】市场监督管理部门或者其他国家机关以及产品质量检验机构不得向社会推荐生产者的产品；不得以对产品进行监制、监销等方式参与产品经营活动。

第三章 生产者、销售者的产品质量责任和义务

第一节 生产者的产品质量责任和义务

第二十六条 【生产者的产品质量要求】生产者应当对其生产的产品质量负责。

产品质量应当符合下列要求：

（一）不存在危及人身、财产安全的不合理的危险，有保障人体健康和人身、财产安全的国家标准、行业标准的，应当符合该标准；

（二）具备产品应当具备的使用性能，但是，对产品存在使用性能的瑕疵作出说明的除外；

（三）符合在产品或者其包装上注明采用的产品标准，符合以产品说明、实物样品等方式表明的质量状况。

第二十七条 【产品及其包装上的标识要求】产品或者其包装

上的标识必须真实，并符合下列要求：

（一）有产品质量检验合格证明；

（二）有中文标明的产品名称、生产厂厂名和厂址；

（三）根据产品的特点和使用要求，需要标明产品规格、等级、所含主要成份的名称和含量的，用中文相应予以标明；需要事先让消费者知晓的，应当在外包装上标明，或者预先向消费者提供有关资料；

（四）限期使用的产品，应当在显著位置清晰地标明生产日期和安全使用期或者失效日期；

（五）使用不当，容易造成产品本身损坏或者可能危及人身、财产安全的产品，应当有警示标志或者中文警示说明。

裸装的食品和其他根据产品的特点难以附加标识的裸装产品，可以不附加产品标识。

第二十八条　【危险物品包装质量要求】易碎、易燃、易爆、有毒、有腐蚀性、有放射性等危险物品以及储运中不能倒置和其他有特殊要求的产品，其包装质量必须符合相应要求，依照国家有关规定作出警示标志或者中文警示说明，标明储运注意事项。

第二十九条　【禁止生产国家明令淘汰的产品】生产者不得生产国家明令淘汰的产品。

第三十条　【禁止伪造产地、伪造或者冒用他人的厂名、厂址】生产者不得伪造产地，不得伪造或者冒用他人的厂名、厂址。

第三十一条　【禁止伪造或者冒用认证标志等质量标志】生产者不得伪造或者冒用认证标志等质量标志。

第三十二条　【生产者的禁止行为】生产者生产产品，不得掺杂、掺假，不得以假充真、以次充好，不得以不合格产品冒充合格产品。

第二节　销售者的产品质量责任和义务

第三十三条　【进货检查验收制度】销售者应当建立并执行进

货检查验收制度,验明产品合格证明和其他标识。

第三十四条 【保持销售产品质量的义务】销售者应当采取措施,保持销售产品的质量。

第三十五条 【禁止销售的产品范围】销售者不得销售国家明令淘汰并停止销售的产品和失效、变质的产品。

第三十六条 【销售产品的标识要求】销售者销售的产品的标识应当符合本法第二十七条的规定。

第三十七条 【禁止伪造产地、伪造或者冒用他人的厂名、厂址】销售者不得伪造产地,不得伪造或者冒用他人的厂名、厂址。

第三十八条 【禁止伪造或者冒用认证标志等质量标志】销售者不得伪造或者冒用认证标志等质量标志。

第三十九条 【销售者的禁止行为】销售者销售产品,不得掺杂、掺假,不得以假充真、以次充好,不得以不合格产品冒充合格产品。

第四章 损害赔偿

第四十条 【销售者的损害赔偿责任】售出的产品有下列情形之一的,销售者应当负责修理、更换、退货;给购买产品的消费者造成损失的,销售者应当赔偿损失:

(一)不具备产品应当具备的使用性能而事先未作说明的;

(二)不符合在产品或者其包装上注明采用的产品标准的;

(三)不符合以产品说明、实物样品等方式表明的质量状况的。

销售者依照前款规定负责修理、更换、退货、赔偿损失后,属于生产者的责任或者属于向销售者提供产品的其他销售者(以下简称供货者)的责任的,销售者有权向生产者、供货者追偿。

销售者未按照第一款规定给予修理、更换、退货或者赔偿损失的,由市场监督管理部门责令改正。

生产者之间、销售者之间、生产者与销售者之间订立的买卖合同、承揽合同有不同约定的，合同当事人按照合同约定执行。

第四十一条　【人身、他人财产的损害赔偿责任】因产品存在缺陷造成人身、缺陷产品以外的其他财产（以下简称他人财产）损害的，生产者应当承担赔偿责任。

生产者能够证明有下列情形之一的，不承担赔偿责任：

（一）未将产品投入流通的；

（二）产品投入流通时，引起损害的缺陷尚不存在的；

（三）将产品投入流通时的科学技术水平尚不能发现缺陷的存在的。

第四十二条　【销售者的过错赔偿责任】由于销售者的过错使产品存在缺陷，造成人身、他人财产损害的，销售者应当承担赔偿责任。

销售者不能指明缺陷产品的生产者也不能指明缺陷产品的供货者的，销售者应当承担赔偿责任。

第四十三条　【受害者的选择赔偿权】因产品存在缺陷造成人身、他人财产损害的，受害人可以向产品的生产者要求赔偿，也可以向产品的销售者要求赔偿。属于产品的生产者的责任，产品的销售者赔偿的，产品的销售者有权向产品的生产者追偿。属于产品的销售者的责任，产品的生产者赔偿的，产品的生产者有权向产品的销售者追偿。

第四十四条　【人身伤害的赔偿范围】因产品存在缺陷造成受害人人身伤害的，侵害人应当赔偿医疗费、治疗期间的护理费、因误工减少的收入等费用；造成残疾的，还应当支付残疾者生活自助具费、生活补助费、残疾赔偿金以及由其扶养的人所必需的生活费等费用；造成受害人死亡的，并应当支付丧葬费、死亡赔偿金以及由死者生前扶养的人所必需的生活费等费用。

因产品存在缺陷造成受害人财产损失的，侵害人应当恢复原状或者折价赔偿。受害人因此遭受其他重大损失的，侵害人应当赔偿损失。

第四十五条 【诉讼时效期间】因产品存在缺陷造成损害要求赔偿的诉讼时效期间为二年，自当事人知道或者应当知道其权益受到损害时起计算。

因产品存在缺陷造成损害要求赔偿的请求权，在造成损害的缺陷产品交付最初消费者满十年丧失；但是，尚未超过明示的安全使用期的除外。

第四十六条 【缺陷的含义】本法所称缺陷，是指产品存在危及人身、他人财产安全的不合理的危险；产品有保障人体健康和人身、财产安全的国家标准、行业标准的，是指不符合该标准。

第四十七条 【纠纷解决方式】因产品质量发生民事纠纷时，当事人可以通过协商或者调解解决。当事人不愿通过协商、调解解决或者协商、调解不成的，可以根据当事人各方的协议向仲裁机构申请仲裁；当事人各方没有达成仲裁协议或者仲裁协议无效的，可以直接向人民法院起诉。

第四十八条 【仲裁机构或者人民法院对产品质量检验的规定】仲裁机构或者人民法院可以委托本法第十九条规定的产品质量检验机构，对有关产品质量进行检验。

第五章 罚 则

第四十九条 【生产、销售不符合安全标准的产品的行政处罚、刑事责任】生产、销售不符合保障人体健康和人身、财产安全的国家标准、行业标准的产品的，责令停止生产、销售，没收违法生产、销售的产品，并处违法生产、销售产品（包括已售出和未售出的产品，下同）货值金额等值以上三倍以下的罚款；有违法所得的，并处没收违法所得；情节严重的，吊销营业执照；构成犯罪的，依法追究刑事责任。

第五十条 【假冒产品的行政处罚、刑事责任】在产品中掺杂、掺假，以假充真，以次充好，或者以不合格产品冒充合格产品的，责令停止生产、销售，没收违法生产、销售的产品，并处违法生产、销售产品货值金额百分之五十以上三倍以下的罚款；有违法所得的，并处没收违法所得；情节严重的，吊销营业执照；构成犯罪的，依法追究刑事责任。

第五十一条 【生产、销售淘汰产品的行政处罚规定】生产国家明令淘汰的产品的，销售国家明令淘汰并停止销售的产品的，责令停止生产、销售，没收违法生产、销售的产品，并处违法生产、销售产品货值金额等值以下的罚款；有违法所得的，并处没收违法所得；情节严重的，吊销营业执照。

第五十二条 【销售失效、变质的产品的行政处罚、刑事责任】销售失效、变质的产品的，责令停止销售，没收违法销售的产品，并处违法销售产品货值金额二倍以下的罚款；有违法所得的，并处没收违法所得；情节严重的，吊销营业执照；构成犯罪的，依法追究刑事责任。

第五十三条 【伪造、冒用产品产地、厂名、厂址、标志的行政处罚规定】伪造产品产地的，伪造或者冒用他人厂名、厂址的，伪造或者冒用认证标志等质量标志的，责令改正，没收违法生产、销售的产品，并处违法生产、销售产品货值金额等值以下的罚款；有违法所得的，并处没收违法所得；情节严重的，吊销营业执照。

第五十四条 【不符合产品包装、标识要求的行政处罚规定】产品标识不符合本法第二十七条规定的，责令改正；有包装的产品标识不符合本法第二十七条第（四）项、第（五）项规定，情节严重的，责令停止生产、销售，并处违法生产、销售产品货值金额百分之三十以下的罚款；有违法所得的，并处没收违法所得。

第五十五条 【销售者的从轻或者减轻处罚情节】销售者销售本法第四十九条至第五十三条规定禁止销售的产品，有充分证据证明其不知道该产品为禁止销售的产品并如实说明其进货来源的，可以从轻或者减轻处罚。

第五十六条 【违反依法接受产品质量监督检查义务的行政处罚规定】拒绝接受依法进行的产品质量监督检查的,给予警告,责令改正;拒不改正的,责令停业整顿;情节特别严重的,吊销营业执照。

第五十七条 【产品质量中介机构的行政处罚、刑事责任规定】产品质量检验机构、认证机构伪造检验结果或者出具虚假证明的,责令改正,对单位处五万元以上十万元以下的罚款,对直接负责的主管人员和其他直接责任人员处一万元以上五万元以下的罚款;有违法所得的,并处没收违法所得;情节严重的,取消其检验资格、认证资格;构成犯罪的,依法追究刑事责任。

产品质量检验机构、认证机构出具的检验结果或者证明不实,造成损失的,应当承担相应的赔偿责任;造成重大损失的,撤销其检验资格、认证资格。

产品质量认证机构违反本法第二十一条第二款的规定,对不符合认证标准而使用认证标志的产品,未依法要求其改正或者取消其使用认证标志资格的,对因产品不符合认证标准给消费者造成的损失,与产品的生产者、销售者承担连带责任;情节严重的,撤销其认证资格。

第五十八条 【社会团体、社会中介机构的连带赔偿责任】社会团体、社会中介机构对产品质量作出承诺、保证,而该产品又不符合其承诺、保证的质量要求,给消费者造成损失的,与产品的生产者、销售者承担连带责任。

第五十九条 【虚假广告的责任承担】在广告中对产品质量作虚假宣传,欺骗和误导消费者的,依照《中华人民共和国广告法》的规定追究法律责任。

第六十条 【生产伪劣产品的材料、包装、工具的没收】对生产者专门用于生产本法第四十九条、第五十一条所列的产品或者以假充真的产品的原辅材料、包装物、生产工具,应当予以没收。

第六十一条 【运输、保管、仓储部门的责任承担】知道或者应当知道属于本法规定禁止生产、销售的产品而为其提供运输、保管、仓储等便利条件的，或者为以假充真的产品提供制假生产技术的，没收全部运输、保管、仓储或者提供制假生产技术的收入，并处违法收入百分之五十以上三倍以下的罚款；构成犯罪的，依法追究刑事责任。

第六十二条 【服务业经营者的责任承担】服务业的经营者将本法第四十九条至第五十二条规定禁止销售的产品用于经营性服务的，责令停止使用；对知道或者应当知道所使用的产品属于本法规定禁止销售的产品的，按照违法使用的产品（包括已使用和尚未使用的产品）的货值金额，依照本法对销售者的处罚规定处罚。

第六十三条 【隐匿、转移、变卖、损毁被依法查封、扣押的物品的行政责任】隐匿、转移、变卖、损毁被市场监督管理部门查封、扣押的物品的，处被隐匿、转移、变卖、损毁物品货值金额等值以上三倍以下的罚款；有违法所得的，并处没收违法所得。

第六十四条 【民事赔偿责任优先原则】违反本法规定，应当承担民事赔偿责任和缴纳罚款、罚金，其财产不足以同时支付时，先承担民事赔偿责任。

第六十五条 【国家工作人员的责任承担】各级人民政府工作人员和其他国家机关工作人员有下列情形之一的，依法给予行政处分；构成犯罪的，依法追究刑事责任：

（一）包庇、放纵产品生产、销售中违反本法规定行为的；

（二）向从事违反本法规定的生产、销售活动的当事人通风报信，帮助其逃避查处的；

（三）阻挠、干预市场监督管理部门依法对产品生产、销售中违反本法规定的行为进行查处，造成严重后果的。

第六十六条 【质检部门的检验责任承担】市场监督管理部门在产品质量监督抽查中超过规定的数量索取样品或者向被检查人收取检验费用的，由上级市场监督管理部门或者监察机关责令退还；

情节严重的，对直接负责的主管人员和其他直接责任人员依法给予行政处分。

第六十七条 【国家机关推荐产品的责任承担】市场监督管理部门或者其他国家机关违反本法第二十五条的规定，向社会推荐生产者的产品或者以监制、监销等方式参与产品经营活动的，由其上级机关或者监察机关责令改正，消除影响，有违法收入的予以没收；情节严重的，对直接负责的主管人员和其他直接责任人员依法给予行政处分。

产品质量检验机构有前款所列违法行为的，由市场监督管理部门责令改正，消除影响，有违法收入的予以没收，可以并处违法收入一倍以下的罚款；情节严重的，撤销其质量检验资格。

第六十八条 【监管部门工作人员违法行为的责任承担】市场监督管理部门的工作人员滥用职权、玩忽职守、徇私舞弊，构成犯罪的，依法追究刑事责任；尚不构成犯罪的，依法给予行政处分。

第六十九条 【妨碍监管公务的行政责任】以暴力、威胁方法阻碍市场监督管理部门的工作人员依法执行职务的，依法追究刑事责任；拒绝、阻碍未使用暴力、威胁方法的，由公安机关依照治安管理处罚法的规定处罚。

第七十条 【监管部门的行政处罚权限】本法第四十九条至第五十七条、第六十条至第六十三条规定的行政处罚由市场监督管理部门决定。法律、行政法规对行使行政处罚权的机关另有规定的，依照有关法律、行政法规的规定执行。

第七十一条 【没收产品的处理】对依照本法规定没收的产品，依照国家有关规定进行销毁或者采取其他方式处理。

第七十二条 【货值金额的计算】本法第四十九条至第五十四条、第六十二条、第六十三条所规定的货值金额以违法生产、销售产品的标价计算；没有标价的，按照同类产品的市场价格计算。

第六章 附 则

第七十三条 【军工产品质量监督管理办法另行制定】军工产品质量监督管理办法，由国务院、中央军事委员会另行制定。

因核设施、核产品造成损害的赔偿责任，法律、行政法规另有规定的，依照其规定。

第七十四条 【施行日期】本法自1993年9月1日起施行。

中华人民共和国农产品质量安全法

（2006年4月29日第十届全国人民代表大会常务委员会第二十一次会议通过 根据2018年10月26日第十三届全国人民代表大会常务委员会第六次会议《关于修改〈中华人民共和国野生动物保护法〉等十五部法律的决定》修正 2022年9月2日第十三届全国人民代表大会常务委员会第三十六次会议修订 2022年9月2日中华人民共和国主席令第120号公布 自2023年1月1日起施行）

第一章 总 则

第一条 为了保障农产品质量安全，维护公众健康，促进农业和农村经济发展，制定本法。

第二条 本法所称农产品，是指来源于种植业、林业、畜牧业和渔业等的初级产品，即在农业活动中获得的植物、动物、微生物及其产品。

本法所称农产品质量安全，是指农产品质量达到农产品质量安全标准，符合保障人的健康、安全的要求。

第三条 与农产品质量安全有关的农产品生产经营及其监督管理活动，适用本法。

《中华人民共和国食品安全法》对食用农产品的市场销售、有关质量安全标准的制定、有关安全信息的公布和农业投入品已经作出规定的，应当遵守其规定。

第四条 国家加强农产品质量安全工作，实行源头治理、风险管理、全程控制，建立科学、严格的监督管理制度，构建协同、高效的社会共治体系。

第五条 国务院农业农村主管部门、市场监督管理部门依照本法和规定的职责，对农产品质量安全实施监督管理。

国务院其他有关部门依照本法和规定的职责承担农产品质量安全的有关工作。

第六条 县级以上地方人民政府对本行政区域的农产品质量安全工作负责，统一领导、组织、协调本行政区域的农产品质量安全工作，建立健全农产品质量安全工作机制，提高农产品质量安全水平。

县级以上地方人民政府应当依照本法和有关规定，确定本级农业农村主管部门、市场监督管理部门和其他有关部门的农产品质量安全监督管理工作职责。各有关部门在职责范围内负责本行政区域的农产品质量安全监督管理工作。

乡镇人民政府应当落实农产品质量安全监督管理责任，协助上级人民政府及其有关部门做好农产品质量安全监督管理工作。

第七条 农产品生产经营者应当对其生产经营的农产品质量安全负责。

农产品生产经营者应当依照法律、法规和农产品质量安全标准从事生产经营活动，诚信自律，接受社会监督，承担社会责任。

第八条 县级以上人民政府应当将农产品质量安全管理工作纳入本级国民经济和社会发展规划，所需经费列入本级预算，加强农产品质量安全监督管理能力建设。

第九条 国家引导、推广农产品标准化生产，鼓励和支持生产绿色优质农产品，禁止生产、销售不符合国家规定的农产品质量安全标准的农产品。

第十条 国家支持农产品质量安全科学技术研究，推行科学的质量安全管理方法，推广先进安全的生产技术。国家加强农产品质量安全科学技术国际交流与合作。

第十一条 各级人民政府及有关部门应当加强农产品质量安全知识的宣传，发挥基层群众性自治组织、农村集体经济组织的优势和作用，指导农产品生产经营者加强质量安全管理，保障农产品消费安全。

新闻媒体应当开展农产品质量安全法律、法规和农产品质量安全知识的公益宣传，对违法行为进行舆论监督。有关农产品质量安全的宣传报道应当真实、公正。

第十二条 农民专业合作社和农产品行业协会等应当及时为其成员提供生产技术服务，建立农产品质量安全管理制度，健全农产品质量安全控制体系，加强自律管理。

第二章 农产品质量安全风险管理和标准制定

第十三条 国家建立农产品质量安全风险监测制度。

国务院农业农村主管部门应当制定国家农产品质量安全风险监测计划，并对重点区域、重点农产品品种进行质量安全风险监测。省、自治区、直辖市人民政府农业农村主管部门应当根据国家农产品质量安全风险监测计划，结合本行政区域农产品生产经营实际，制定本行政区域的农产品质量安全风险监测实施方案，并报国务院农业农村主管部门备案。县级以上地方人民政府农业农村主管部门负责组织实施本行政区域的农产品质量安全风险监测。

县级以上人民政府市场监督管理部门和其他有关部门获知有关

农产品质量安全风险信息后,应当立即核实并向同级农业农村主管部门通报。接到通报的农业农村主管部门应当及时上报。制定农产品质量安全风险监测计划、实施方案的部门应当及时研究分析,必要时进行调整。

第十四条 国家建立农产品质量安全风险评估制度。

国务院农业农村主管部门应当设立农产品质量安全风险评估专家委员会,对可能影响农产品质量安全的潜在危害进行风险分析和评估。国务院卫生健康、市场监督管理等部门发现需要对农产品进行质量安全风险评估的,应当向国务院农业农村主管部门提出风险评估建议。

农产品质量安全风险评估专家委员会由农业、食品、营养、生物、环境、医学、化工等方面的专家组成。

第十五条 国务院农业农村主管部门应当根据农产品质量安全风险监测、风险评估结果采取相应的管理措施,并将农产品质量安全风险监测、风险评估结果及时通报国务院市场监督管理、卫生健康等部门和有关省、自治区、直辖市人民政府农业农村主管部门。

县级以上人民政府农业农村主管部门开展农产品质量安全风险监测和风险评估工作时,可以根据需要进入农产品产地、储存场所及批发、零售市场。采集样品应当按照市场价格支付费用。

第十六条 国家建立健全农产品质量安全标准体系,确保严格实施。农产品质量安全标准是强制执行的标准,包括以下与农产品质量安全有关的要求:

(一)农业投入品质量要求、使用范围、用法、用量、安全间隔期和休药期规定;

(二)农产品产地环境、生产过程管控、储存、运输要求;

(三)农产品关键成分指标等要求;

(四)与屠宰畜禽有关的检验规程;

(五)其他与农产品质量安全有关的强制性要求。

《中华人民共和国食品安全法》对食用农产品的有关质量安全标

准作出规定的,依照其规定执行。

第十七条 农产品质量安全标准的制定和发布,依照法律、行政法规的规定执行。

制定农产品质量安全标准应当充分考虑农产品质量安全风险评估结果,并听取农产品生产经营者、消费者、有关部门、行业协会等的意见,保障农产品消费安全。

第十八条 农产品质量安全标准应当根据科学技术发展水平以及农产品质量安全的需要,及时修订。

第十九条 农产品质量安全标准由农业农村主管部门商有关部门推进实施。

第三章 农产品产地

第二十条 国家建立健全农产品产地监测制度。

县级以上地方人民政府农业农村主管部门应当会同同级生态环境、自然资源等部门制定农产品产地监测计划,加强农产品产地安全调查、监测和评价工作。

第二十一条 县级以上地方人民政府农业农村主管部门应当会同同级生态环境、自然资源等部门按照保障农产品质量安全的要求,根据农产品品种特性和产地安全调查、监测、评价结果,依照土壤污染防治等法律、法规的规定提出划定特定农产品禁止生产区域的建议,报本级人民政府批准后实施。

任何单位和个人不得在特定农产品禁止生产区域种植、养殖、捕捞、采集特定农产品和建立特定农产品生产基地。

特定农产品禁止生产区域划定和管理的具体办法由国务院农业农村主管部门商国务院生态环境、自然资源等部门制定。

第二十二条 任何单位和个人不得违反有关环境保护法律、法规的规定向农产品产地排放或者倾倒废水、废气、固体废物或者其他有毒有害物质。

农业生产用水和用作肥料的固体废物,应当符合法律、法规和国家有关强制性标准的要求。

第二十三条 农产品生产者应当科学合理使用农药、兽药、肥料、农用薄膜等农业投入品,防止对农产品产地造成污染。

农药、肥料、农用薄膜等农业投入品的生产者、经营者、使用者应当按照国家有关规定回收并妥善处置包装物和废弃物。

第二十四条 县级以上人民政府应当采取措施,加强农产品基地建设,推进农业标准化示范建设,改善农产品的生产条件。

第四章 农产品生产

第二十五条 县级以上地方人民政府农业农村主管部门应当根据本地区的实际情况,制定保障农产品质量安全的生产技术要求和操作规程,并加强对农产品生产经营者的培训和指导。

农业技术推广机构应当加强对农产品生产经营者质量安全知识和技能的培训。国家鼓励科研教育机构开展农产品质量安全培训。

第二十六条 农产品生产企业、农民专业合作社、农业社会化服务组织应当加强农产品质量安全管理。

农产品生产企业应当建立农产品质量安全管理制度,配备相应的技术人员;不具备配备条件的,应当委托具有专业技术知识的人员进行农产品质量安全指导。

国家鼓励和支持农产品生产企业、农民专业合作社、农业社会化服务组织建立和实施危害分析和关键控制点体系,实施良好农业规范,提高农产品质量安全管理水平。

第二十七条 农产品生产企业、农民专业合作社、农业社会化服务组织应当建立农产品生产记录,如实记载下列事项:

(一)使用农业投入品的名称、来源、用法、用量和使用、停用的日期；

（二）动物疫病、农作物病虫害的发生和防治情况；

（三）收获、屠宰或者捕捞的日期。

农产品生产记录应当至少保存二年。禁止伪造、变造农产品生产记录。

国家鼓励其他农产品生产者建立农产品生产记录。

第二十八条 对可能影响农产品质量安全的农药、兽药、饲料和饲料添加剂、肥料、兽医器械，依照有关法律、行政法规的规定实行许可制度。

省级以上人民政府农业农村主管部门应当定期或者不定期组织对可能危及农产品质量安全的农药、兽药、饲料和饲料添加剂、肥料等农业投入品进行监督抽查，并公布抽查结果。

农药、兽药经营者应当依照有关法律、行政法规的规定建立销售台账，记录购买者、销售日期和药品施用范围等内容。

第二十九条 农产品生产经营者应当依照有关法律、行政法规和国家有关强制性标准、国务院农业农村主管部门的规定，科学合理使用农药、兽药、饲料和饲料添加剂、肥料等农业投入品，严格执行农业投入品使用安全间隔期或者休药期的规定；不得超范围、超剂量使用农业投入品危及农产品质量安全。

禁止在农产品生产经营过程中使用国家禁止使用的农业投入品以及其他有毒有害物质。

第三十条 农产品生产场所以及生产活动中使用的设施、设备、消毒剂、洗涤剂等应当符合国家有关质量安全规定，防止污染农产品。

第三十一条 县级以上人民政府农业农村主管部门应当加强对农业投入品使用的监督管理和指导，建立健全农业投入品的安全使用制度，推广农业投入品科学使用技术，普及安全、环保农业投入品的使用。

第三十二条 国家鼓励和支持农产品生产经营者选用优质特色

农产品品种，采用绿色生产技术和全程质量控制技术，生产绿色优质农产品，实施分等分级，提高农产品品质，打造农产品品牌。

第三十三条 国家支持农产品产地冷链物流基础设施建设，健全有关农产品冷链物流标准、服务规范和监管保障机制，保障冷链物流农产品畅通高效、安全便捷，扩大高品质市场供给。

从事农产品冷链物流的生产经营者应当依照法律、法规和有关农产品质量安全标准，加强冷链技术创新与应用、质量安全控制，执行对冷链物流农产品及其包装、运输工具、作业环境等的检验检测检疫要求，保证冷链农产品质量安全。

第五章 农产品销售

第三十四条 销售的农产品应当符合农产品质量安全标准。

农产品生产企业、农民专业合作社应当根据质量安全控制要求自行或者委托检测机构对农产品质量安全进行检测；经检测不符合农产品质量安全标准的农产品，应当及时采取管控措施，且不得销售。

农业技术推广等机构应当为农户等农产品生产经营者提供农产品检测技术服务。

第三十五条 农产品在包装、保鲜、储存、运输中所使用的保鲜剂、防腐剂、添加剂、包装材料等，应当符合国家有关强制性标准以及其他农产品质量安全规定。

储存、运输农产品的容器、工具和设备应当安全、无害。禁止将农产品与有毒有害物质一同储存、运输，防止污染农产品。

第三十六条 有下列情形之一的农产品，不得销售：

（一）含有国家禁止使用的农药、兽药或者其他化合物；

（二）农药、兽药等化学物质残留或者含有的重金属等有毒有害物质不符合农产品质量安全标准；

（三）含有的致病性寄生虫、微生物或者生物毒素不符合农产品质量安全标准；

（四）未按照国家有关强制性标准以及其他农产品质量安全规定使用保鲜剂、防腐剂、添加剂、包装材料等，或者使用的保鲜剂、防腐剂、添加剂、包装材料等不符合国家有关强制性标准以及其他质量安全规定；

（五）病死、毒死或者死因不明的动物及其产品；

（六）其他不符合农产品质量安全标准的情形。

对前款规定不得销售的农产品，应当依照法律、法规的规定进行处置。

第三十七条 农产品批发市场应当按照规定设立或者委托检测机构，对进场销售的农产品质量安全状况进行抽查检测；发现不符合农产品质量安全标准的，应当要求销售者立即停止销售，并向所在地市场监督管理、农业农村等部门报告。

农产品销售企业对其销售的农产品，应当建立健全进货检查验收制度；经查验不符合农产品质量安全标准的，不得销售。

食品生产者采购农产品等食品原料，应当依照《中华人民共和国食品安全法》的规定查验许可证和合格证明，对无法提供合格证明的，应当按照规定进行检验。

第三十八条 农产品生产企业、农民专业合作社以及从事农产品收购的单位或者个人销售的农产品，按照规定应当包装或者附加承诺达标合格证等标识的，须经包装或者附加标识后方可销售。包装物或者标识上应当按照规定标明产品的品名、产地、生产者、生产日期、保质期、产品质量等级等内容；使用添加剂的，还应当按照规定标明添加剂的名称。具体办法由国务院农业农村主管部门制定。

第三十九条 农产品生产企业、农民专业合作社应当执行法律、法规的规定和国家有关强制性标准，保证其销售的农产品符合农产品质量安全标准，并根据质量安全控制、检测结果等开具承诺达标合格证，承诺不使用禁用的农药、兽药及其他化合物且使用的常规农药、兽药残留不超标等。鼓励和支持农户销售农产品时开具承诺达标合格证。法律、行政法规对畜禽产品的质量安全合格证明有特别规定的，应当遵守其规定。

从事农产品收购的单位或者个人应当按照规定收取、保存承诺达标合格证或者其他质量安全合格证明，对其收购的农产品进行混装或者分装后销售的，应当按照规定开具承诺达标合格证。

农产品批发市场应当建立健全农产品承诺达标合格证查验等制度。

县级以上人民政府农业农村主管部门应当做好承诺达标合格证有关工作的指导服务，加强日常监督检查。

农产品质量安全承诺达标合格证管理办法由国务院农业农村主管部门会同国务院有关部门制定。

第四十条 农产品生产经营者通过网络平台销售农产品的，应当依照本法和《中华人民共和国电子商务法》、《中华人民共和国食品安全法》等法律、法规的规定，严格落实质量安全责任，保证其销售的农产品符合质量安全标准。网络平台经营者应当依法加强对农产品生产经营者的管理。

第四十一条 国家对列入农产品质量安全追溯目录的农产品实施追溯管理。国务院农业农村主管部门应当会同国务院市场监督管理等部门建立农产品质量安全追溯协作机制。农产品质量安全追溯管理办法和追溯目录由国务院农业农村主管部门会同国务院市场监督管理等部门制定。

国家鼓励具备信息化条件的农产品生产经营者采用现代信息技术手段采集、留存生产记录、购销记录等生产经营信息。

第四十二条 农产品质量符合国家规定的有关优质农产品标准的，农产品生产经营者可以申请使用农产品质量标志。禁止冒用农产品质量标志。

国家加强地理标志农产品保护和管理。

第四十三条 属于农业转基因生物的农产品,应当按照农业转基因生物安全管理的有关规定进行标识。

第四十四条 依法需要实施检疫的动植物及其产品,应当附具检疫标志、检疫证明。

第六章 监督管理

第四十五条 县级以上人民政府农业农村主管部门和市场监督管理等部门应当建立健全农产品质量安全全程监督管理协作机制,确保农产品从生产到消费各环节的质量安全。

县级以上人民政府农业农村主管部门和市场监督管理部门应当加强收购、储存、运输过程中农产品质量安全监督管理的协调配合和执法衔接,及时通报和共享农产品质量安全监督管理信息,并按照职责权限,发布有关农产品质量安全日常监督管理信息。

第四十六条 县级以上人民政府农业农村主管部门应当根据农产品质量安全风险监测、风险评估结果和农产品质量安全状况等,制定监督抽查计划,确定农产品质量安全监督抽查的重点、方式和频次,并实施农产品质量安全风险分级管理。

第四十七条 县级以上人民政府农业农村主管部门应当建立健全随机抽查机制,按照监督抽查计划,组织开展农产品质量安全监督抽查。

农产品质量安全监督抽查检测应当委托符合本法规定条件的农产品质量安全检测机构进行。监督抽查不得向被抽查人收取费用,抽取的样品应当按照市场价格支付费用,并不得超过国务院农业农村主管部门规定的数量。

上级农业农村主管部门监督抽查的同批次农产品,下级农业农村主管部门不得另行重复抽查。

第四十八条 农产品质量安全检测应当充分利用现有的符合条

件的检测机构。

从事农产品质量安全检测的机构，应当具备相应的检测条件和能力，由省级以上人民政府农业农村主管部门或者其授权的部门考核合格。具体办法由国务院农业农村主管部门制定。

农产品质量安全检测机构应当依法经资质认定。

第四十九条　从事农产品质量安全检测工作的人员，应当具备相应的专业知识和实际操作技能，遵纪守法，恪守职业道德。

农产品质量安全检测机构对出具的检测报告负责。检测报告应当客观公正，检测数据应当真实可靠，禁止出具虚假检测报告。

第五十条　县级以上地方人民政府农业农村主管部门可以采用国务院农业农村主管部门会同国务院市场监督管理等部门认定的快速检测方法，开展农产品质量安全监督抽查检测。抽查检测结果确定有关农产品不符合农产品质量安全标准的，可以作为行政处罚的证据。

第五十一条　农产品生产经营者对监督抽查检测结果有异议的，可以自收到检测结果之日起五个工作日内，向实施农产品质量安全监督抽查的农业农村主管部门或者其上一级农业农村主管部门申请复检。复检机构与初检机构不得为同一机构。

采用快速检测方法进行农产品质量安全监督抽查检测，被抽查人对检测结果有异议的，可以自收到检测结果时起四小时内申请复检。复检不得采用快速检测方法。

复检机构应当自收到复检样品之日起七个工作日内出具检测报告。

因检测结果错误给当事人造成损害的，依法承担赔偿责任。

第五十二条　县级以上地方人民政府农业农村主管部门应当加强对农产品生产的监督管理，开展日常检查，重点检查农产品产地环境、农业投入品购买和使用、农产品生产记录、承诺达标合格证开具等情况。

国家鼓励和支持基层群众性自治组织建立农产品质量安全信息

员工作制度，协助开展有关工作。

第五十三条 开展农产品质量安全监督检查，有权采取下列措施：

（一）进入生产经营场所进行现场检查，调查了解农产品质量安全的有关情况；

（二）查阅、复制农产品生产记录、购销台账等与农产品质量安全有关的资料；

（三）抽样检测生产经营的农产品和使用的农业投入品以及其他有关产品；

（四）查封、扣押有证据证明存在农产品质量安全隐患或者经检测不符合农产品质量安全标准的农产品；

（五）查封、扣押有证据证明可能危及农产品质量安全或者经检测不符合产品质量标准的农业投入品以及其他有毒有害物质；

（六）查封、扣押用于违法生产经营农产品的设施、设备、场所以及运输工具；

（七）收缴伪造的农产品质量标志。

农产品生产经营者应当协助、配合农产品质量安全监督检查，不得拒绝、阻挠。

第五十四条 县级以上人民政府农业农村等部门应当加强农产品质量安全信用体系建设，建立农产品生产经营者信用记录，记载行政处罚等信息，推进农产品质量安全信用信息的应用和管理。

第五十五条 农产品生产经营过程中存在质量安全隐患，未及时采取措施消除的，县级以上地方人民政府农业农村主管部门可以对农产品生产经营者的法定代表人或者主要负责人进行责任约谈。农产品生产经营者应当立即采取措施，进行整改，消除隐患。

第五十六条 国家鼓励消费者协会和其他单位或者个人对农产品质量安全进行社会监督，对农产品质量安全监督管理工作提出意见和建议。任何单位和个人有权对违反本法的行为进行检举控告、投诉举报。

县级以上人民政府农业农村主管部门应当建立农产品质量安全投诉举报制度，公开投诉举报渠道，收到投诉举报后，应当及时处理。对不属于本部门职责的，应当移交有权处理的部门并书面通知投诉举报人。

第五十七条 县级以上地方人民政府农业农村主管部门应当加强对农产品质量安全执法人员的专业技术培训并组织考核。不具备相应知识和能力的，不得从事农产品质量安全执法工作。

第五十八条 上级人民政府应当督促下级人民政府履行农产品质量安全职责。对农产品质量安全责任落实不力、问题突出的地方人民政府，上级人民政府可以对其主要负责人进行责任约谈。被约谈的地方人民政府应当立即采取整改措施。

第五十九条 国务院农业农村主管部门应当会同国务院有关部门制定国家农产品质量安全突发事件应急预案，并与国家食品安全事故应急预案相衔接。

县级以上地方人民政府应当根据有关法律、行政法规的规定和上级人民政府的农产品质量安全突发事件应急预案，制定本行政区域的农产品质量安全突发事件应急预案。

发生农产品质量安全事故时，有关单位和个人应当采取控制措施，及时向所在地乡镇人民政府和县级人民政府农业农村等部门报告；收到报告的机关应当按照农产品质量安全突发事件应急预案及时处理并报本级人民政府、上级人民政府有关部门。发生重大农产品质量安全事故时，按照规定上报国务院及其有关部门。

任何单位和个人不得隐瞒、谎报、缓报农产品质量安全事故，不得隐匿、伪造、毁灭有关证据。

第六十条 县级以上地方人民政府市场监督管理部门依照本法和《中华人民共和国食品安全法》等法律、法规的规定，对农产品进入批发、零售市场或者生产加工企业后的生产经营活动进行监督检查。

第六十一条 县级以上人民政府农业农村、市场监督管理等部门发现农产品质量安全违法行为涉嫌犯罪的，应当及时将案件移送公安机关。对移送的案件，公安机关应当及时审查；认为有犯罪事实需要追究刑事责任的，应当立案侦查。

公安机关对依法不需要追究刑事责任但应当给予行政处罚的，应当及时将案件移送农业农村、市场监督管理等部门，有关部门应当依法处理。

公安机关商请农业农村、市场监督管理、生态环境等部门提供检验结论、认定意见以及对涉案农产品进行无害化处理等协助的，有关部门应当及时提供、予以协助。

第七章　法律责任

第六十二条　违反本法规定，地方各级人民政府有下列情形之一的，对直接负责的主管人员和其他直接责任人员给予警告、记过、记大过处分；造成严重后果的，给予降级或者撤职处分：

（一）未确定有关部门的农产品质量安全监督管理工作职责，未建立健全农产品质量安全工作机制，或者未落实农产品质量安全监督管理责任；

（二）未制定本行政区域的农产品质量安全突发事件应急预案，或者发生农产品质量安全事故后未按照规定启动应急预案。

第六十三条　违反本法规定，县级以上人民政府农业农村等部门有下列行为之一的，对直接负责的主管人员和其他直接责任人员给予记大过处分；情节较重的，给予降级或者撤职处分；情节严重的，给予开除处分；造成严重后果的，其主要负责人还应当引咎辞职：

（一）隐瞒、谎报、缓报农产品质量安全事故或者隐匿、伪造、毁灭有关证据；

（二）未按照规定查处农产品质量安全事故，或者接到农产品质量安全事故报告未及时处理，造成事故扩大或者蔓延；

（三）发现农产品质量安全重大风险隐患后，未及时采取相应措施，造成农产品质量安全事故或者不良社会影响；

（四）不履行农产品质量安全监督管理职责，导致发生农产品质量安全事故。

第六十四条　县级以上地方人民政府农业农村、市场监督管理等部门在履行农产品质量安全监督管理职责过程中，违法实施检查、强制等执法措施，给农产品生产经营者造成损失的，应当依法予以赔偿，对直接负责的主管人员和其他直接责任人员依法给予处分。

第六十五条　农产品质量安全检测机构、检测人员出具虚假检测报告的，由县级以上人民政府农业农村主管部门没收所收取的检测费用，检测费用不足一万元的，并处五万元以上十万元以下罚款，检测费用一万元以上的，并处检测费用五倍以上十倍以下罚款；对直接负责的主管人员和其他直接责任人员处一万元以上五万元以下罚款；使消费者的合法权益受到损害的，农产品质量安全检测机构应当与农产品生产经营者承担连带责任。

因农产品质量安全违法行为受到刑事处罚或者因出具虚假检测报告导致发生重大农产品质量安全事故的检测人员，终身不得从事农产品质量安全检测工作。农产品质量安全检测机构不得聘用上述人员。

农产品质量安全检测机构有前两款违法行为的，由授予其资质的主管部门或者机构吊销该农产品质量安全检测机构的资质证书。

第六十六条　违反本法规定，在特定农产品禁止生产区域种植、养殖、捕捞、采集特定农产品或者建立特定农产品生产基地的，由县级以上地方人民政府农业农村主管部门责令停止违法行为，没收农产品和违法所得，并处违法所得一倍以上三倍以下罚款。

违反法律、法规规定，向农产品产地排放或者倾倒废水、废气、固体废物或者其他有毒有害物质的，依照有关环境保护法律、法规的规定处理、处罚；造成损害的，依法承担赔偿责任。

第六十七条　农药、肥料、农用薄膜等农业投入品的生产者、经营者、使用者未按照规定回收并妥善处置包装物或者废弃物的，由县级以上地方人民政府农业农村主管部门依照有关法律、法规的规定处理、处罚。

第六十八条　违反本法规定，农产品生产企业有下列情形之一的，由县级以上地方人民政府农业农村主管部门责令限期改正；逾期不改正的，处五千元以上五万元以下罚款：

（一）未建立农产品质量安全管理制度；

（二）未配备相应的农产品质量安全管理技术人员，且未委托具有专业技术知识的人员进行农产品质量安全指导。

第六十九条　农产品生产企业、农民专业合作社、农业社会化服务组织未依照本法规定建立、保存农产品生产记录，或者伪造、变造农产品生产记录的，由县级以上地方人民政府农业农村主管部门责令限期改正；逾期不改正的，处二千元以上二万元以下罚款。

第七十条　违反本法规定，农产品生产经营者有下列行为之一，尚不构成犯罪的，由县级以上地方人民政府农业农村主管部门责令停止生产经营、追回已经销售的农产品，对违法生产经营的农产品进行无害化处理或者予以监督销毁，没收违法所得，并可以没收用于违法生产经营的工具、设备、原料等物品；违法生产经营的农产品货值金额不足一万元的，并处十万元以上十五万元以下罚款，货值金额一万元以上的，并处货值金额十五倍以上三十倍以下罚款；对农户，并处一千元以上一万元以下罚款；情节严重的，有许可证的吊销许可证，并可以由公安机关对其直接负责的主管人员和其他直接责任人员处五日以上十五日以下拘留：

（一）在农产品生产经营过程中使用国家禁止使用的农业投入品或者其他有毒有害物质；

（二）销售含有国家禁止使用的农药、兽药或者其他化合物的农产品；

（三）销售病死、毒死或者死因不明的动物及其产品。

明知农产品生产经营者从事前款规定的违法行为,仍为其提供生产经营场所或者其他条件的,由县级以上地方人民政府农业农村主管部门责令停止违法行为,没收违法所得,并处十万元以上二十万元以下罚款;使消费者的合法权益受到损害的,应当与农产品生产经营者承担连带责任。

第七十一条 违反本法规定,农产品生产经营者有下列行为之一,尚不构成犯罪的,由县级以上地方人民政府农业农村主管部门责令停止生产经营、追回已经销售的农产品,对违法生产经营的农产品进行无害化处理或者予以监督销毁,没收违法所得,并可以没收用于违法生产经营的工具、设备、原料等物品;违法生产经营的农产品货值金额不足一万元的,并处五万元以上十万元以下罚款,货值金额一万元以上的,并处货值金额十倍以上二十倍以下罚款;对农户,并处五百元以上五千元以下罚款:

(一)销售农药、兽药等化学物质残留或者含有的重金属等有毒有害物质不符合农产品质量安全标准的农产品;

(二)销售含有的致病性寄生虫、微生物或者生物毒素不符合农产品质量安全标准的农产品;

(三)销售其他不符合农产品质量安全标准的农产品。

第七十二条 违反本法规定,农产品生产经营者有下列行为之一的,由县级以上地方人民政府农业农村主管部门责令停止生产经营、追回已经销售的农产品,对违法生产经营的农产品进行无害化处理或者予以监督销毁,没收违法所得,并可以没收用于违法生产经营的工具、设备、原料等物品;违法生产经营的农产品货值金额不足一万元的,并处五千元以上五万元以下罚款,货值金额一万元以上的,并处货值金额五倍以上十倍以下罚款;对农户,并处三百元以上三千元以下罚款:

(一)在农产品生产场所以及生产活动中使用的设施、设备、消毒剂、洗涤剂等不符合国家有关质量安全规定;

(二)未按照国家有关强制性标准或者其他农产品质量安全规定

使用保鲜剂、防腐剂、添加剂、包装材料等，或者使用的保鲜剂、防腐剂、添加剂、包装材料等不符合国家有关强制性标准或者其他质量安全规定；

（三）将农产品与有毒有害物质一同储存、运输。

第七十三条　违反本法规定，有下列行为之一的，由县级以上地方人民政府农业农村主管部门按照职责给予批评教育，责令限期改正；逾期不改正的，处一百元以上一千元以下罚款：

（一）农产品生产企业、农民专业合作社、从事农产品收购的单位或者个人未按照规定开具承诺达标合格证；

（二）从事农产品收购的单位或者个人未按照规定收取、保存承诺达标合格证或者其他合格证明。

第七十四条　农产品生产经营者冒用农产品质量标志，或者销售冒用农产品质量标志的农产品的，由县级以上地方人民政府农业农村主管部门按照职责责令改正，没收违法所得；违法生产经营的农产品货值金额不足五千元的，并处五千元以上五万元以下罚款，货值金额五千元以上的，并处货值金额十倍以上二十倍以下罚款。

第七十五条　违反本法关于农产品质量安全追溯规定的，由县级以上地方人民政府农业农村主管部门按照职责责令限期改正；逾期不改正的，可以处一万元以下罚款。

第七十六条　违反本法规定，拒绝、阻挠依法开展的农产品质量安全监督检查、事故调查处理、抽样检测和风险评估的，由有关主管部门按照职责责令停产停业，并处二千元以上五万元以下罚款；构成违反治安管理行为的，由公安机关依法给予治安管理处罚。

第七十七条　《中华人民共和国食品安全法》对食用农产品进入批发、零售市场或者生产加工企业后的违法行为和法律责任有规定的，由县级以上地方人民政府市场监督管理部门依照其规定进行处罚。

第七十八条　违反本法规定，构成犯罪的，依法追究刑事责任。

第七十九条　违反本法规定，给消费者造成人身、财产或者其他损害的，依法承担民事赔偿责任。生产经营者财产不足以同时承担民事赔偿责任和缴纳罚款、罚金时，先承担民事赔偿责任。

食用农产品生产经营者违反本法规定，污染环境、侵害众多消费者合法权益，损害社会公共利益的，人民检察院可以依照《中华人民共和国民事诉讼法》、《中华人民共和国行政诉讼法》等法律的规定向人民法院提起诉讼。

第八章　附　　则

第八十条　粮食收购、储存、运输环节的质量安全管理，依照有关粮食管理的法律、行政法规执行。

第八十一条　本法自 2023 年 1 月 1 日起施行。

食品安全标准管理办法

（2023 年 11 月 3 日国家卫生健康委员会令第 10 号公布　自 2023 年 12 月 1 日起施行）

第一章　总　　则

第一条　为规范食品安全标准管理工作，落实"最严谨的标准"要求，根据《中华人民共和国食品安全法》及其实施条例，制定本办法。

第二条　本办法适用于食品安全国家标准的制定、修改、公布等相关管理工作及食品安全地方标准备案工作。

食品安全标准是强制执行的标准，包括食品安全国家标准和食品安全地方标准。

第三条　国家卫生健康委员会（以下简称国家卫生健康委）

依法会同国务院有关部门负责食品安全国家标准的制定、公布工作。

各省、自治区、直辖市人民政府卫生健康主管部门（以下简称省级卫生健康主管部门）负责食品安全地方标准制定、公布和备案工作。

第四条 制定食品安全标准应当以保障公众身体健康为宗旨，以食品安全风险评估结果为依据，做到科学合理、安全可靠。

第五条 食品安全国家标准制定工作包括规划、计划、立项、起草、征求意见、审查、批准、公布以及跟踪评价、修订、修改等。

第六条 国家卫生健康委组织成立食品安全国家标准审评委员会（以下简称审评委员会），负责审查食品安全国家标准，对食品安全国家标准工作提供咨询意见等。

审评委员会设专业委员会、技术总师、合法性审查工作组、秘书处和秘书处办公室。

第七条 公布的食品安全国家标准属于科技成果，可以按照国家有关规定对标准主要起草人给予激励。

第八条 县级以上卫生健康主管部门依职责对食品安全标准相关工作提供人员、经费等方面的保障。

第二章 食品安全国家标准立项

第九条 国家卫生健康委会同国务院有关部门，根据食品安全国家标准规划制定年度实施计划，并应公开征求意见。

第十条 各有关部门认为本部门负责监管的领域需要制定食品安全国家标准的，应当在每年编制食品安全国家标准制定计划前，向国家卫生健康委提出立项建议。

任何公民、法人和其他组织都可以提出食品安全国家标准立项建议。

第十一条 立项建议应当包括：要解决的主要食品安全问题、立项的背景和理由、现有食品安全风险监测和评估依据、可能产生的经济和社会影响、标准起草候选单位等。

第十二条 建议立项制定的食品安全国家标准，应当符合《中华人民共和国食品安全法》第二十六条规定。

第十三条 审评委员会根据食品安全标准工作需求，对食品安全国家标准立项建议进行研究，提出食品安全国家标准制定计划的咨询意见。

第十四条 列入食品安全国家标准年度制定计划的项目在起草过程中可以根据实际需要进行调整。

根据食品安全风险评估结果证明食品存在安全隐患，或食品安全风险管理中发现重大问题，可以紧急增补食品安全国家标准制定项目。

第三章 食品安全国家标准起草

第十五条 国家卫生健康委采取招标、委托等形式，择优选择具备相应技术能力的单位承担食品安全国家标准起草工作。

第十六条 食品安全国家标准制定实行标准项目承担单位负责制，对标准起草的合法性、科学性和实用性负责，并提供相关食品安全风险评估依据和社会风险评估结果资料。

第十七条 鼓励跨部门、跨领域的专家和团队组成标准协作组参与标准起草、跟踪评价和宣传培训等工作。

第十八条 标准项目承担单位应当具备以下条件：

（一）具备起草食品安全国家标准所需的技术能力；

（二）在承担项目所涉及的领域内无利益冲突；

（三）能够提供食品安全国家标准制定、修订工作所需人员、科研等方面的资源和保障条件；

（四）具备独立法人资格；
（五）标准项目经费纳入单位财务统一管理，单独核算，专款专用。

第十九条 标准项目承担单位应当指定项目负责人。项目负责人应当在食品安全及相关领域具有较高的造诣和业务水平，熟悉国内外食品安全相关法律法规和食品安全标准。

第二十条 起草食品安全国家标准，应当依据食品安全风险评估结果并充分考虑食用农产品安全风险评估结果，符合我国经济社会发展水平和客观实际需要，参照相关的国际标准和国际食品安全风险评估结果。

第二十一条 标准项目承担单位和项目负责人在起草过程中，应当深入调查研究，充分征求监管部门、行业协会学会、食品生产经营者等标准使用单位、有关技术机构和专家的意见。

第四章 食品安全国家标准审查

第二十二条 食品安全国家标准按照以下程序审查：
（一）秘书处办公室初审；
（二）专业委员会会议审查；
（三）技术总师会议审查；
（四）合法性审查工作组审查；
（五）秘书长会议审查；
（六）主任会议审议。

第二十三条 秘书处办公室负责对标准草案的合法性、科学性、规范性、与其他食品安全国家标准之间的协调性以及社会稳定风险评估等材料的完整性进行初审。

第二十四条 专业委员会会议负责对食品安全国家标准送审稿的科学性、规范性、与其他食品安全国家标准和相关标准的协调性以及其他技术问题进行审查，对食品安全国家标准的合法性和社会稳定风险评估报告进行初审。

第二十五条 专业委员会审查标准时，须有三分之二以上委员出席，采取协商一致的方式作出审查结论。在无法协商一致的情况下，应当在充分讨论的基础上进行表决。参会委员四分之三以上同意的方可作为会议审查通过结论。

第二十六条 标准草案经专业委员会会议审查通过后，应当向社会公开征求意见，并按照规定履行向世界贸易组织的通报程序。

第二十七条 技术总师会议负责对专业委员会的审查结果以及与其他食品安全国家标准的衔接情况进行审查，对食品安全国家标准的合法性和社会稳定风险评估报告进行复审。

第二十八条 合法性审查工作组负责对标准的合法性、社会稳定风险评估报告进行审查。

第二十九条 秘书长会议负责食品安全国家标准的行政审查和合法性审查，协调相关部门意见。

秘书长会议审查通过后形成标准报批稿。必要时可提请召开主任会议审议。

第三十条 标准审查各环节产生严重分歧或发现涉及食品安全、社会风险等重大问题的，秘书处办公室可以提请秘书处组织专项审查，必要时作出终止标准制定程序等决定。

第五章 食品安全国家标准公布

第三十一条 食品安全国家标准由国家卫生健康委会同国务院有关部门公布，由国家标准化管理委员会提供编号。

第三十二条 食品安全国家标准公布和实施日期之间一般设置一定时间的过渡期，供食品生产经营者和标准执行各方做好实施的准备。

食品生产经营者根据需要可以在标准公布后的过渡期内提前实施标准，但应公开提前实施情况。

第三十三条　国家卫生健康委负责食品安全国家标准的解释，标准解释与食品安全国家标准文本具有同等效力。

第三十四条　食品安全国家标准及标准解释在国家卫生健康委网站上公布，供公众免费查阅、下载。

第三十五条　食品安全国家标准公布后，主要技术内容需要修订时，修订程序按照本办法规定的立项、起草、审查和公布程序执行。

个别技术内容需作纠正、调整、修改时，以食品安全国家标准修改单形式修改。

对标准编辑性错误等内容进行调整时，通过公布标准勘误加以更正。

第三十六条　国家卫生健康委应当组织有关部门、省级卫生健康主管部门和相关责任单位对食品安全国家标准的实施情况进行跟踪评价。

任何公民、法人和其他组织均可对标准实施过程中存在的问题提出意见和建议。

跟踪评价结果应当作为食品安全国家标准制定、修订的重要依据。

第六章　食品安全地方标准备案

第三十七条　省级卫生健康主管部门应当在食品安全地方标准公布之日起30个工作日内向国家卫生健康委提交备案。省级卫生健康主管部门对提交备案的食品安全地方标准的科学性、合法性和社会稳定性负责。

第三十八条 提交备案的材料应当包括：食品安全地方标准发布公告、标准文本、编制说明、专家组论证意见、食品安全风险评估报告。

专家组论证意见应当包括：地方特色食品的认定、食品类别的界定、安全性评估结论、与相关法律法规标准以及相关地方标准之间是否存在矛盾等。

第三十九条 食品安全地方标准有以下情形的不予备案：

（一）现有食品安全国家标准已经涵盖的；

（二）不属于地方特色食品的安全要求、配套生产经营过程卫生要求或检验方法的；

（三）食品类别属于婴幼儿配方食品、特殊医学用途配方食品、保健食品的；

（四）食品类别属于列入国家药典的物质的（列入按照传统既是食品又是中药材物质目录的除外）；

（五）其他与法律、法规和食品安全国家标准相矛盾的情形。

第四十条 国家卫生健康委发现备案的地方标准违反法律、法规或者食品安全国家标准的，应当及时予以纠正，省级卫生健康主管部门应当及时调整、修订或废止相应地方标准。

第四十一条 地方标准公布实施后，如需制定食品安全国家标准的，应当按照食品安全国家标准工作程序制定。

食品安全国家标准公布实施后，省级卫生健康主管部门应当及时废止相应的地方标准，将废止情况在网站公布并在 30 个工作日内报国家卫生健康委。

第七章 附 则

第四十二条 本办法未规定的食品安全国家标准制定、起草、审查和公布相关具体工作程序和要求，按照食品安全国家标准审评委员会章程、工作程序等规定执行。

第四十三条 进口尚无食品安全国家标准食品的相关标准审查,以及食品中有害物质的临时限量值和临时检验方法的制定,按照国家卫生健康委有关规定执行。

第四十四条 食品中农药残留、兽药残留的限量规定及其检验方法与规程,以及屠宰畜、禽的检验规程的制定工作,根据国家卫生健康委和农业农村部等有关部门的协商意见和有关规定执行。

第四十五条 本办法自 2023 年 12 月 1 日起施行。原卫生部 2010 年 10 月 20 日发布的《食品安全国家标准管理办法》(卫生部令第 77 号)同时废止。

中华人民共和国进出口食品安全管理办法

(2021 年 4 月 12 日海关总署令第 249 号公布 自 2022 年 1 月 1 日起施行)

第一章 总 则

第一条 为了保障进出口食品安全,保护人类、动植物生命和健康,根据《中华人民共和国食品安全法》(以下简称《食品安全法》)及其实施条例、《中华人民共和国海关法》《中华人民共和国进出口商品检验法》及其实施条例、《中华人民共和国进出境动植物检疫法》及其实施条例、《中华人民共和国国境卫生检疫法》及其实施细则、《中华人民共和国农产品质量安全法》和《国务院关于加强食品等产品安全监督管理的特别规定》等法律、行政法规的规定,制定本办法。

第二条 从事下列活动，应当遵守本办法：

（一）进出口食品生产经营活动；

（二）海关对进出口食品生产经营者及其进出口食品安全实施监督管理。

进出口食品添加剂、食品相关产品的生产经营活动按照海关总署相关规定执行。

第三条 进出口食品安全工作坚持安全第一、预防为主、风险管理、全程控制、国际共治的原则。

第四条 进出口食品生产经营者对其生产经营的进出口食品安全负责。

进出口食品生产经营者应当依照中国缔结或者参加的国际条约、协定，中国法律法规和食品安全国家标准从事进出口食品生产经营活动，依法接受监督管理，保证进出口食品安全，对社会和公众负责，承担社会责任。

第五条 海关总署主管全国进出口食品安全监督管理工作。

各级海关负责所辖区域进出口食品安全监督管理工作。

第六条 海关运用信息化手段提升进出口食品安全监督管理水平。

第七条 海关加强进出口食品安全的宣传教育，开展食品安全法律、行政法规以及食品安全国家标准和知识的普及工作。

海关加强与食品安全国际组织、境外政府机构、境外食品行业协会、境外消费者协会等交流与合作，营造进出口食品安全国际共治格局。

第八条 海关从事进出口食品安全监督管理的人员应当具备相关专业知识。

第二章 食品进口

第九条 进口食品应当符合中国法律法规和食品安全国家标准，

中国缔结或者参加的国际条约、协定有特殊要求的,还应当符合国际条约、协定的要求。

进口尚无食品安全国家标准的食品,应当符合国务院卫生行政部门公布的暂予适用的相关标准要求。

利用新的食品原料生产的食品,应当依照《食品安全法》第三十七条的规定,取得国务院卫生行政部门新食品原料卫生行政许可。

第十条 海关依据进出口商品检验相关法律、行政法规的规定对进口食品实施合格评定。

进口食品合格评定活动包括:向中国境内出口食品的境外国家(地区)〔以下简称境外国家(地区)〕食品安全管理体系评估和审查、境外生产企业注册、进出口商备案和合格保证、进境动植物检疫审批、随附合格证明检查、单证审核、现场查验、监督抽检、进口和销售记录检查以及各项的组合。

第十一条 海关总署可以对境外国家(地区)的食品安全管理体系和食品安全状况开展评估和审查,并根据评估和审查结果,确定相应的检验检疫要求。

第十二条 有下列情形之一的,海关总署可以对境外国家(地区)启动评估和审查:

(一)境外国家(地区)申请向中国首次输出某类(种)食品的;

(二)境外国家(地区)食品安全、动植物检疫法律法规、组织机构等发生重大调整的;

(三)境外国家(地区)主管部门申请对其输往中国某类(种)食品的检验检疫要求发生重大调整的;

(四)境外国家(地区)发生重大动植物疫情或者食品安全事件的;

(五)海关在输华食品中发现严重问题,认为存在动植物疫情或者食品安全隐患的;

(六)其他需要开展评估和审查的情形。

第十三条 境外国家（地区）食品安全管理体系评估和审查主要包括对以下内容的评估、确认：

（一）食品安全、动植物检疫相关法律法规；

（二）食品安全监督管理组织机构；

（三）动植物疫情流行情况及防控措施；

（四）致病微生物、农兽药和污染物等管理和控制；

（五）食品生产加工、运输仓储环节安全卫生控制；

（六）出口食品安全监督管理；

（七）食品安全防护、追溯和召回体系；

（八）预警和应急机制；

（九）技术支撑能力；

（十）其他涉及动植物疫情、食品安全的情况。

第十四条 海关总署可以组织专家通过资料审查、视频检查、现场检查等形式及其组合，实施评估和审查。

第十五条 海关总署组织专家对接受评估和审查的国家（地区）递交的申请资料、书面评估问卷等资料实施审查，审查内容包括资料的真实性、完整性和有效性。根据资料审查情况，海关总署可以要求相关国家（地区）的主管部门补充缺少的信息或者资料。

对已通过资料审查的国家（地区），海关总署可以组织专家对其食品安全管理体系实施视频检查或者现场检查。对发现的问题可以要求相关国家（地区）主管部门及相关企业实施整改。

相关国家（地区）应当为评估和审查提供必要的协助。

第十六条 接受评估和审查的国家（地区）有下列情形之一，海关总署可以终止评估和审查，并通知相关国家（地区）主管部门：

（一）收到书面评估问卷12个月内未反馈的；

（二）收到海关总署补充信息和材料的通知3个月内未按要求提供的；

（三）突发重大动植物疫情或者重大食品安全事件的；

（四）未能配合中方完成视频检查或者现场检查、未能有效完成整改的；

（五）主动申请终止评估和审查的。

前款第一、二项情形，相关国家（地区）主管部门因特殊原因可以申请延期，经海关总署同意，按照海关总署重新确定的期限递交相关材料。

第十七条 评估和审查完成后，海关总署向接受评估和审查的国家（地区）主管部门通报评估和审查结果。

第十八条 海关总署对向中国境内出口食品的境外生产企业实施注册管理，并公布获得注册的企业名单。

第十九条 向中国境内出口食品的境外出口商或者代理商（以下简称"境外出口商或者代理商"）应当向海关总署备案。

食品进口商应当向其住所地海关备案。

境外出口商或者代理商、食品进口商办理备案时，应当对其提供资料的真实性、有效性负责。

境外出口商或者代理商、食品进口商备案名单由海关总署公布。

第二十条 境外出口商或者代理商、食品进口商备案内容发生变更的，应当在变更发生之日起 60 日内，向备案机关办理变更手续。

海关发现境外出口商或者代理商、食品进口商备案信息错误或者备案内容未及时变更的，可以责令其在规定期限内更正。

第二十一条 食品进口商应当建立食品进口和销售记录制度，如实记录食品名称、净含量/规格、数量、生产日期、生产或者进口批号、保质期、境外出口商和购货者名称、地址及联系方式、交货日期等内容，并保存相关凭证。记录和凭证保存期限不得少于食品保质期满后 6 个月；没有明确保质期的，保存期限为销售后 2 年以上。

第二十二条 食品进口商应当建立境外出口商、境外生产企业审核制度，重点审核下列内容：

（一）制定和执行食品安全风险控制措施情况；

（二）保证食品符合中国法律法规和食品安全国家标准的情况。

第二十三条 海关依法对食品进口商实施审核活动的情况进行监督检查。食品进口商应当积极配合，如实提供相关情况和材料。

第二十四条 海关可以根据风险管理需要，对进口食品实施指定口岸进口，指定监管场地检查。指定口岸、指定监管场地名单由海关总署公布。

第二十五条 食品进口商或者其代理人进口食品时应当依法向海关如实申报。

第二十六条 海关依法对应当实施入境检疫的进口食品实施检疫。

第二十七条 海关依法对需要进境动植物检疫审批的进口食品实施检疫审批管理。食品进口商应当在签订贸易合同或者协议前取得进境动植物检疫许可。

第二十八条 海关根据监督管理需要，对进口食品实施现场查验，现场查验包括但不限于以下内容：

（一）运输工具、存放场所是否符合安全卫生要求；

（二）集装箱号、封识号、内外包装上的标识内容、货物的实际状况是否与申报信息及随附单证相符；

（三）动植物源性食品、包装物及铺垫材料是否存在《进出境动植物检疫法实施条例》第二十二条规定的情况；

（四）内外包装是否符合食品安全国家标准，是否存在污染、破损、湿浸、渗透；

（五）内外包装的标签、标识及说明书是否符合法律、行政法规、食品安全国家标准以及海关总署规定的要求；

（六）食品感官性状是否符合该食品应有性状；

（七）冷冻冷藏食品的新鲜程度、中心温度是否符合要求、是否有病变、冷冻冷藏环境温度是否符合相关标准要求、冷链控温设备设施运作是否正常、温度记录是否符合要求，必要时可以进行蒸煮试验。

第二十九条 海关制定年度国家进口食品安全监督抽检计划和专项进口食品安全监督抽检计划，并组织实施。

第三十条 进口食品的包装和标签、标识应当符合中国法律法规和食品安全国家标准；依法应当有说明书的，还应当有中文说明书。

对于进口鲜冻肉类产品，内外包装上应当有牢固、清晰、易辨的中英文或者中文和出口国家（地区）文字标识，标明以下内容：产地国家（地区）、品名、生产企业注册编号、生产批号；外包装上应当以中文标明规格、产地（具体到州/省/市）、目的地、生产日期、保质期限、储存温度等内容，必须标注目的地为中华人民共和国，加施出口国家（地区）官方检验检疫标识。

对于进口水产品，内外包装上应当有牢固、清晰、易辨的中英文或者中文和出口国家（地区）文字标识，标明以下内容：商品名和学名、规格、生产日期、批号、保质期限和保存条件、生产方式（海水捕捞、淡水捕捞、养殖）、生产地区（海洋捕捞海域、淡水捕捞国家或者地区、养殖产品所在国家或者地区）、涉及的所有生产加工企业（含捕捞船、加工船、运输船、独立冷库）名称、注册编号及地址（具体到州/省/市）、必须标注目的地为中华人民共和国。

进口保健食品、特殊膳食用食品的中文标签必须印制在最小销售包装上，不得加贴。

进口食品内外包装有特殊标识规定的，按照相关规定执行。

第三十一条 进口食品运达口岸后，应当存放在海关指定或者认可的场所；需要移动的，必须经海关允许，并按照海关要求采取必要的安全防护措施。

指定或者认可的场所应当符合法律、行政法规和食品安全国家标准规定的要求。

第三十二条 大宗散装进口食品应当按照海关要求在卸货口岸进行检验。

第三十三条 进口食品经海关合格评定合格的，准予进口。

进口食品经海关合格评定不合格的，由海关出具不合格证明；涉及安全、健康、环境保护项目不合格的，由海关书面通知食品进口商，责令其销毁或者退运；其他项目不合格的，经技术处理符合合格评定要求的，方准进口。相关进口食品不能在规定时间内完成技术处理或者经技术处理仍不合格的，由海关责令食品进口商销毁或者退运。

第三十四条 境外发生食品安全事件可能导致中国境内食品安全隐患，或者海关实施进口食品监督管理过程中发现不合格进口食品，或者发现其他食品安全问题的，海关总署和经授权的直属海关可以依据风险评估结果对相关进口食品实施提高监督抽检比例等控制措施。

海关依照前款规定对进口食品采取提高监督抽检比例等控制措施后，再次发现不合格进口食品，或者有证据显示进口食品存在重大安全隐患的，海关总署和经授权的直属海关可以要求食品进口商逐批向海关提交有资质的检验机构出具的检验报告。海关应当对食品进口商提供的检验报告进行验核。

第三十五条 有下列情形之一的，海关总署依据风险评估结果，可以对相关食品采取暂停或者禁止进口的控制措施：

（一）出口国家（地区）发生重大动植物疫情，或者食品安全体系发生重大变化，无法有效保证输华食品安全的；

（二）进口食品被检疫传染病病原体污染，或者有证据表明能够成为检疫传染病传播媒介，且无法实施有效卫生处理的；

（三）海关实施本办法第三十四条第二款规定控制措施的进口食品，再次发现相关安全、健康、环境保护项目不合格的；

（四）境外生产企业违反中国相关法律法规，情节严重的；

（五）其他信息显示相关食品存在重大安全隐患的。

第三十六条 进口食品安全风险已降低到可控水平时，海关总署和经授权的直属海关可以按照以下方式解除相应控制措施：

（一）实施本办法第三十四条第一款控制措施的食品，在规定的

时间、批次内未被发现不合格的,在风险评估基础上可以解除该控制措施;

（二）实施本办法第三十四条第二款控制措施的食品,出口国家（地区）已采取预防措施,经海关总署风险评估能够保障食品安全、控制动植物疫情风险,或者从实施该控制措施之日起在规定时间、批次内未发现不合格食品的,海关在风险评估基础上可以解除该控制措施;

（三）实施暂停或者禁止进口控制措施的食品,出口国家（地区）主管部门已采取风险控制措施,且经海关总署评估符合要求的,可以解除暂停或者禁止进口措施。恢复进口的食品,海关总署视评估情况可以采取本办法第三十四条规定的控制措施。

第三十七条 食品进口商发现进口食品不符合法律、行政法规和食品安全国家标准,或者有证据证明可能危害人体健康,应当按照《食品安全法》第六十三条和第九十四条第三款规定,立即停止进口、销售和使用,实施召回,通知相关生产经营者和消费者,记录召回和通知情况,并将食品召回、通知和处理情况向所在地海关报告。

第三章 食品出口

第三十八条 出口食品生产企业应当保证其出口食品符合进口国家（地区）的标准或者合同要求；中国缔结或者参加的国际条约、协定有特殊要求的,还应当符合国际条约、协定的要求。

进口国家（地区）暂无标准,合同也未作要求,且中国缔结或者参加的国际条约、协定无相关要求的,出口食品生产企业应当保证其出口食品符合中国食品安全国家标准。

第三十九条 海关依法对出口食品实施监督管理。出口食品监督管理措施包括：出口食品原料种植养殖场备案、出口食品生产企业备案、企业核查、单证审核、现场查验、监督抽检、口岸抽查、境外通报核查以及各项的组合。

第四十条 出口食品原料种植、养殖场应当向所在地海关备案。

海关总署统一公布原料种植、养殖场备案名单，备案程序和要求由海关总署制定。

第四十一条 海关依法采取资料审查、现场检查、企业核查等方式，对备案原料种植、养殖场进行监督。

第四十二条 出口食品生产企业应当向住所地海关备案，备案程序和要求由海关总署制定。

第四十三条 境外国家（地区）对中国输往该国家（地区）的出口食品生产企业实施注册管理且要求海关总署推荐的，出口食品生产企业须向住所地海关提出申请，住所地海关进行初核后报海关总署。

海关总署结合企业信用、监督管理以及住所地海关初核情况组织开展对外推荐注册工作，对外推荐注册程序和要求由海关总署制定。

第四十四条 出口食品生产企业应当建立完善可追溯的食品安全卫生控制体系，保证食品安全卫生控制体系有效运行，确保出口食品生产、加工、贮存过程持续符合中国相关法律法规、出口食品生产企业安全卫生要求；进口国家（地区）相关法律法规和相关国际条约、协定有特殊要求的，还应当符合相关要求。

出口食品生产企业应当建立供应商评估制度、进货查验记录制度、生产记录档案制度、出厂检验记录制度、出口食品追溯制度和不合格食品处置制度。相关记录应当真实有效，保存期限不得少于食品保质期期满后6个月；没有明确保质期的，保存期限不得少于2年。

第四十五条 出口食品生产企业应当保证出口食品包装和运输方式符合食品安全要求。

第四十六条 出口食品生产企业应当在运输包装上标注生产企

业备案号、产品品名、生产批号和生产日期。

进口国家（地区）或者合同有特殊要求的，在保证产品可追溯的前提下，经直属海关同意，出口食品生产企业可以调整前款规定的标注项目。

第四十七条 海关应当对辖区内出口食品生产企业的食品安全卫生控制体系运行情况进行监督检查。监督检查包括日常监督检查和年度监督检查。

监督检查可以采取资料审查、现场检查、企业核查等方式，并可以与出口食品境外通报核查、监督抽检、现场查验等工作结合开展。

第四十八条 出口食品应当依法由产地海关实施检验检疫。

海关总署根据便利对外贸易和出口食品检验检疫工作需要，可以指定其他地点实施检验检疫。

第四十九条 出口食品生产企业、出口商应当按照法律、行政法规和海关总署规定，向产地或者组货地海关提出出口申报前监管申请。

产地或者组货地海关受理食品出口申报前监管申请后，依法对需要实施检验检疫的出口食品实施现场检查和监督抽检。

第五十条 海关制定年度国家出口食品安全监督抽检计划并组织实施。

第五十一条 出口食品经海关现场检查和监督抽检符合要求的，由海关出具证书，准予出口。进口国家（地区）对证书形式和内容要求有变化的，经海关总署同意可以对证书形式和内容进行变更。

出口食品经海关现场检查和监督抽检不符合要求的，由海关书面通知出口商或者其代理人。相关出口食品可以进行技术处理的，经技术处理合格后方准出口；不能进行技术处理或者经技术处理仍不合格的，不准出口。

第五十二条 食品出口商或者其代理人出口食品时应当依法向海关如实申报。

第五十三条　海关对出口食品在口岸实施查验，查验不合格的，不准出口。

第五十四条　出口食品因安全问题被国际组织、境外政府机构通报的，海关总署应当组织开展核查，并根据需要实施调整监督抽检比例、要求食品出口商逐批向海关提交有资质的检验机构出具的检验报告、撤回向境外官方主管机构的注册推荐等控制措施。

第五十五条　出口食品存在安全问题，已经或者可能对人体健康和生命安全造成损害的，出口食品生产经营者应当立即采取相应措施，避免和减少损害发生，并向所在地海关报告。

第五十六条　海关在实施出口食品监督管理时发现安全问题的，应当向同级政府和上一级政府食品安全主管部门通报。

第四章　监督管理

第五十七条　海关总署依照《食品安全法》第一百条规定，收集、汇总进出口食品安全信息，建立进出口食品安全信息管理制度。

各级海关负责本辖区内以及上级海关指定的进出口食品安全信息的收集和整理工作，并按照有关规定通报本辖区地方政府、相关部门、机构和企业。通报信息涉及其他地区的，应当同时通报相关地区海关。

海关收集、汇总的进出口食品安全信息，除《食品安全法》第一百条规定内容外，还包括境外食品技术性贸易措施信息。

第五十八条　海关应当对收集到的进出口食品安全信息开展风险研判，依据风险研判结果，确定相应的控制措施。

第五十九条　境内外发生食品安全事件或者疫情疫病可能影响到进出口食品安全的，或者在进出口食品中发现严重食品安全问题的，直属海关应当及时上报海关总署；海关总署根据情况进行风险预警，在海关系统内发布风险警示通报，并向国务院食品安全监督管理、卫生行政、农业行政部门通报，必要时向消费者发布风险警示通告。

海关总署发布风险警示通报的，应当根据风险警示通报要求对进出口食品采取本办法第三十四条、第三十五条、第三十六条和第五十四条规定的控制措施。

第六十条　海关制定年度国家进出口食品安全风险监测计划，系统和持续收集进出口食品中食源性疾病、食品污染和有害因素的监测数据及相关信息。

第六十一条　境外发生的食品安全事件可能对中国境内造成影响，或者评估后认为存在不可控风险的，海关总署可以参照国际通行做法，直接在海关系统内发布风险预警通报或者向消费者发布风险预警通告，并采取本办法第三十四条、第三十五条和第三十六条规定的控制措施。

第六十二条　海关制定并组织实施进出口食品安全突发事件应急处置预案。

第六十三条　海关在依法履行进出口食品安全监督管理职责时，有权采取下列措施：

（一）进入生产经营场所实施现场检查；

（二）对生产经营的食品进行抽样检验；

（三）查阅、复制有关合同、票据、账簿以及其他有关资料；

（四）查封、扣押有证据证明不符合食品安全国家标准或者有证据证明存在安全隐患以及违法生产经营的食品。

第六十四条　海关依法对进出口企业实施信用管理。

第六十五条　海关依法对进出口食品生产经营者以及备案原料种植、养殖场开展稽查、核查。

第六十六条　过境食品应当符合海关总署对过境货物的监管要求。过境食品过境期间，未经海关批准，不得开拆包装或者卸离运输工具，并应当在规定期限内运输出境。

第六十七条　进出口食品生产经营者对海关的检验结果有异议的，可以按照进出口商品复验相关规定申请复验。

有下列情形之一的，海关不受理复验：

（一）检验结果显示微生物指标超标的；

（二）复验备份样品超过保质期的；

（三）其他原因导致备份样品无法实现复验目的的。

第五章 法律责任

第六十八条 食品进口商备案内容发生变更，未按照规定向海关办理变更手续，情节严重的，海关处以警告。

食品进口商在备案中提供虚假备案信息的，海关处1万元以下罚款。

第六十九条 境内进出口食品生产经营者不配合海关进出口食品安全核查工作，拒绝接受询问、提供材料，或者答复内容和提供材料与实际情况不符的，海关处以警告或者1万元以下罚款。

第七十条 海关在进口预包装食品监管中，发现进口预包装食品未加贴中文标签或者中文标签不符合法律法规和食品安全国家标准，食品进口商拒不按照海关要求实施销毁、退运或者技术处理的，海关处以警告或者1万元以下罚款。

第七十一条 未经海关允许，将进口食品提离海关指定或者认可的场所的，海关责令改正，并处1万元以下罚款。

第七十二条 下列违法行为属于《食品安全法》第一百二十九条第一款第三项规定的"未遵守本法的规定出口食品"的，由海关依照《食品安全法》第一百二十四条的规定给予处罚：

（一）擅自调换经海关监督抽检并已出具证单的出口食品的；

（二）出口掺杂掺假、以假充真、以次充好的食品或者以不合格出口食品冒充合格出口食品的；

（三）出口未获得备案出口食品生产企业生产的食品的；

（四）向有注册要求的国家（地区）出口未获得注册出口食品

生产企业生产食品的或者出口已获得注册出口食品生产企业生产的注册范围外食品的；

（五）出口食品生产企业生产的出口食品未按照规定使用备案种植、养殖场原料的；

（六）出口食品生产经营者有《食品安全法》第一百二十三条、第一百二十四条、第一百二十五条、第一百二十六条规定情形，且出口食品不符合进口国家（地区）要求的。

第七十三条 违反本办法规定，构成犯罪的，依法追究刑事责任。

第六章 附　　则

第七十四条 海关特殊监管区域、保税监管场所、市场采购、边境小额贸易和边民互市贸易进出口食品安全监督管理，按照海关总署有关规定执行。

第七十五条 邮寄、快件、跨境电子商务零售和旅客携带方式进出口食品安全监督管理，按照海关总署有关规定办理。

第七十六条 样品、礼品、赠品、展示品、援助等非贸易性的食品，免税经营的食品，外国驻中国使领馆及其人员进出境公用、自用的食品，驻外使领馆及其人员公用、自用的食品，中国企业驻外人员自用的食品的监督管理，按照海关总署有关规定办理。

第七十七条 本办法所称进出口食品生产经营者包括：向中国境内出口食品的境外生产企业、境外出口商或者代理商、食品进口商、出口食品生产企业、出口商以及相关人员等。

本办法所称进口食品的境外生产企业包括向中国出口食品的境外生产、加工、贮存企业等。

本办法所称进口食品的进出口商包括向中国出口食品的境外出口商或者代理商、食品进口商。

第七十八条 本办法由海关总署负责解释。

第七十九条 本办法自 2022 年 1 月 1 日起施行。2011 年 9 月 13 日原国家质量监督检验检疫总局令第 144 号公布并根据 2016 年 10 月 18 日原国家质量监督检验检疫总局令第 184 号以及 2018 年 11 月 23 日海关总署令第 243 号修改的《进出口食品安全管理办法》、2000 年 2 月 22 日原国家检验检疫局令第 20 号公布并根据 2018 年 4 月 28 日海关总署令第 238 号修改的《出口蜂蜜检验检疫管理办法》、2011 年 1 月 4 日原国家质量监督检验检疫总局令第 135 号公布并根据 2018 年 11 月 23 日海关总署令第 243 号修改的《进出口水产品检验检疫监督管理办法》、2011 年 1 月 4 日原国家质量监督检验检疫总局令第 136 号公布并根据 2018 年 11 月 23 日海关总署令第 243 号修改的《进出口肉类产品检验检疫监督管理办法》、2013 年 1 月 24 日原国家质量监督检验检疫总局令第 152 号公布并根据 2018 年 11 月 23 日海关总署令第 243 号修改的《进出口乳品检验检疫监督管理办法》、2017 年 11 月 14 日原国家质量监督检验检疫总局令第 192 号公布并根据 2018 年 11 月 23 日海关总署令第 243 号修改的《出口食品生产企业备案管理规定》同时废止。

食品经营许可和备案管理办法

(2023 年 6 月 15 日国家市场监督管理总局令第 78 号公布　自 2023 年 12 月 1 日起施行)

第一章　总　　则

第一条 为了规范食品经营许可和备案活动，加强食品经营安全监督管理，落实食品安全主体责任，保障食品安全，根据《中华人民共和国行政许可法》、《中华人民共和国食品安全法》、《中华人民共和国食品安全法实施条例》等法律法规，制定本办法。

第二条 食品经营许可的申请、受理、审查、决定，仅销售预包装食品（含保健食品、特殊医学用途配方食品、婴幼儿配方乳粉以及其他婴幼儿配方食品等特殊食品，下同）的备案，以及相关监督检查工作，适用本办法。

第三条 食品经营许可和备案应当遵循依法、公开、公平、公正、便民、高效的原则。

第四条 在中华人民共和国境内从事食品销售和餐饮服务活动，应当依法取得食品经营许可。

下列情形不需要取得食品经营许可：

（一）销售食用农产品；

（二）仅销售预包装食品；

（三）医疗机构、药品零售企业销售特殊医学用途配方食品中的特定全营养配方食品；

（四）已经取得食品生产许可的食品生产者，在其生产加工场所或者通过网络销售其生产的食品；

（五）法律、法规规定的其他不需要取得食品经营许可的情形。

除上述情形外，还开展其他食品经营项目的，应当依法取得食品经营许可。

第五条 仅销售预包装食品的，应当报所在地县级以上地方市场监督管理部门备案。

仅销售预包装食品的食品经营者在办理备案后，增加其他应当取得食品经营许可的食品经营项目的，应当依法取得食品经营许可；取得食品经营许可之日起备案自行失效。

食品经营者已经取得食品经营许可，增加预包装食品销售的，不需要另行备案。

已经取得食品生产许可的食品生产者在其生产加工场所或者通过网络销售其生产的预包装食品的，不需要另行备案。

医疗机构、药品零售企业销售特殊医学用途配方食品中的特定全营养配方食品不需要备案，但是向医疗机构、药品零售企业销售特定全营养配方食品的经营企业，应当取得食品经营许可或者进行备案。

第六条 食品展销会的举办者应当在展销会举办前十五个工作日内，向所在地县级市场监督管理部门报告食品经营区域布局、经营项目、经营期限、食品安全管理制度以及入场食品经营者主体信息核验情况等。法律、法规、规章或者县级以上地方人民政府有规定的，依照其规定。

食品展销会的举办者应当依法承担食品安全管理责任，核验并留存入场食品经营者的许可证或者备案情况等信息，明确入场食品经营者的食品安全义务和责任并督促落实，定期对其经营环境、条件进行检查，发现有食品安全违法行为的，应当及时制止并立即报告所在地县级市场监督管理部门。

本条规定的展销会包括交易会、博览会、庙会等。

第七条 食品经营者在不同经营场所从事食品经营活动的，应当依法分别取得食品经营许可或者进行备案。通过自动设备从事食品经营活动或者仅从事食品经营管理活动的，取得一个经营场所的食品经营许可或者进行备案后，即可在本省级行政区域内的其他经营场所开展已取得许可或者备案范围内的经营活动。

利用自动设备跨省经营的，应当分别向经营者所在地和自动设备放置地点所在地省级市场监督管理部门报告。

跨省从事食品经营管理活动的，应当分别向经营者所在地和从事经营管理活动所在地省级市场监督管理部门报告。

第八条 国家市场监督管理总局负责指导全国食品经营许可和备案管理工作。

县级以上地方市场监督管理部门负责本行政区域内的食品经营许可和备案管理工作。

省、自治区、直辖市市场监督管理部门可以根据食品经营主体业态、经营项目和食品安全风险状况等，结合食品安全风险管理实际，确定本行政区域内市场监督管理部门的食品经营许可和备案管理权限。

第九条 县级以上地方市场监督管理部门应当加强食品经营许可和备案信息化建设，在行政机关网站公开食品经营许可和备案管理权限、办事指南等事项。

县级以上地方市场监督管理部门应当通过食品经营许可和备案管理信息平台实施食品经营许可和备案全流程网上办理。

食品经营许可电子证书与纸质食品经营许可证书具有同等法律效力。

第二章 申请与受理

第十条 申请食品经营许可，应当先行取得营业执照等合法主体资格。

企业法人、合伙企业、个人独资企业、个体工商户等，以营业执照载明的主体作为申请人。

机关、事业单位、社会团体、民办非企业单位、企业等申办食堂，以机关或者事业单位法人登记证、社会团体登记证或者营业执照等载明的主体作为申请人。

第十一条 申请食品经营许可，应当按照食品经营主体业态和经营项目分类提出。

食品经营主体业态分为食品销售经营者、餐饮服务经营者、集中用餐单位食堂。食品经营者从事食品批发销售、中央厨房、集体用餐配送的，利用自动设备从事食品经营的，或者学校、托幼机构食堂，应当在主体业态后以括号标注。主体业态以主要经营项目确定，不可以复选。

食品经营项目分为食品销售、餐饮服务、食品经营管理三类。食品经营项目可以复选。

食品销售，包括散装食品销售、散装食品和预包装食品销售。

餐饮服务，包括热食类食品制售、冷食类食品制售、生食类食品制售、半成品制售、自制饮品制售等，其中半成品制售仅限中央厨房申请。

食品经营管理，包括食品销售连锁管理、餐饮服务连锁管理、餐饮服务管理等。

食品经营者从事散装食品销售中的散装熟食销售、冷食类食品制售中的冷加工糕点制售和冷荤类食品制售应当在经营项目后以括号标注。

具有热、冷、生、固态、液态等多种情形，难以明确归类的食品，可以按照食品安全风险等级最高的情形进行归类。

国家市场监督管理总局可以根据监督管理工作需要对食品经营项目进行调整。

第十二条 申请食品经营许可，应当符合与其主体业态、经营项目相适应的食品安全要求，具备下列条件：

（一）具有与经营的食品品种、数量相适应的食品原料处理和食品加工、销售、贮存等场所，保持该场所环境整洁，并与有毒、有害场所以及其他污染源保持规定的距离；

（二）具有与经营的食品品种、数量相适应的经营设备或者设施，有相应的消毒、更衣、盥洗、采光、照明、通风、防腐、防尘、防蝇、防鼠、防虫、洗涤以及处理废水、存放垃圾和废弃物的设备或者设施；

（三）有专职或者兼职的食品安全总监、食品安全员等食品安全管理人员和保证食品安全的规章制度；

（四）具有合理的设备布局和工艺流程，防止待加工食品与直接入口食品、原料与成品交叉污染，避免食品接触有毒物、不洁物；

（五）食品安全相关法律、法规规定的其他条件。

从事食品经营管理的，应当具备与其经营规模相适应的食品安全管理能力，建立健全食品安全管理制度，并按照规定配备食品安全管理人员，对其经营管理的食品安全负责。

第十三条　申请食品经营许可，应当提交下列材料：

（一）食品经营许可申请书；

（二）营业执照或者其他主体资格证明文件复印件；

（三）与食品经营相适应的主要设备设施、经营布局、操作流程等文件；

（四）食品安全自查、从业人员健康管理、进货查验记录、食品安全事故处置等保证食品安全的规章制度目录清单。

利用自动设备从事食品经营的，申请人应当提交每台设备的具体放置地点、食品经营许可证的展示方法、食品安全风险管控方案等材料。

营业执照或者其他主体资格证明文件能够实现网上核验的，申请人不需要提供本条

第一款第二项规定的材料。从事食品经营管理的食品经营者，可以不提供主要设备设施、经营布局材料。仅从事食品销售类经营项目的不需要提供操作流程。

申请人委托代理人办理食品经营许可申请的，代理人应当提交授权委托书以及代理人的身份证明文件。

第十四条　食品经营者从事解冻、简单加热、冲调、组合、摆盘、洗切等食品安全风险较低的简单制售的，县级以上地方市场监督管理部门在保证食品安全的前提下，可以适当简化设备设施、专门区域等审查内容。

从事生食类食品、冷加工糕点、冷荤类食品等高风险食品制售的不适用前款规定。

第十五条　学校、托幼机构、养老机构、建筑工地等集中用餐单位的食堂应当依法取得食品经营许可，落实食品安全主体责任。

承包经营集中用餐单位食堂的，应当取得与承包内容相适应的食品经营许可，具有与所承包的食堂相适应的食品安全管理制度和能力，按照规定配备食品安全管理人员，并对食堂的食品安全负责。

集中用餐单位应当落实食品安全管理责任，按照规定配备食品安全管理人员，对承包方的食品经营活动进行监督管理，督促承包方落实食品安全管理制度。

第十六条 食品经营者从事网络经营的，外设仓库（包括自有和租赁）的，或者集体用餐配送单位向学校、托幼机构供餐的，应当在开展相关经营活动之日起十个工作日内向所在地县级以上地方市场监督管理部门报告。所在地县级以上地方市场监督管理部门应当在食品经营许可和备案管理信息平台记录报告情况。

第十七条 申请人应当如实向县级以上地方市场监督管理部门提交有关材料并反映真实情况，对申请材料的真实性负责，并在申请书等材料上签名或者盖章。符合法律规定的可靠电子签名、电子印章与手写签名或者盖章具有同等法律效力。

第十八条 县级以上地方市场监督管理部门对申请人提出的食品经营许可申请，应当根据下列情况分别作出处理：

（一）申请事项依法不需要取得食品经营许可的，应当即时告知申请人不受理。

（二）申请事项依法不属于市场监督管理部门职权范围的，应当即时作出不予受理的决定，并告知申请人向有关行政机关申请。

（三）申请材料存在可以当场更正的错误的，应当允许申请人当场更正，由申请人在更正处签名或者盖章，注明更正日期。

（四）申请材料不齐全或者不符合法定形式的，应当当场或者自收到申请材料之日起五个工作日内一次告知申请人需要补正的全部内容和合理的补正期限。申请人无正当理由逾期不予补正的，视为放弃行政许可申请，市场监督管理部门不需要作出不予受理的决定。市场监督管理部门逾期未告知申请人补正的，自收到申请材料之日起即为受理。

（五）申请材料齐全、符合法定形式，或者申请人按照要求提交全部补正材料的，应当受理食品经营许可申请。

第十九条 县级以上地方市场监督管理部门对申请人提出的申

请决定予以受理的，应当出具受理通知书；当场作出许可决定并颁发许可证的，不需要出具受理通知书；决定不予受理的，应当出具不予受理通知书，说明理由，并告知申请人依法享有申请行政复议或者提起行政诉讼的权利。

第三章　审查与决定

第二十条　县级以上地方市场监督管理部门应当对申请人提交的许可申请材料进行审查。需要对申请材料的实质内容进行核实的，应当进行现场核查。食品经营许可申请包含预包装食品销售的，对其中的预包装食品销售项目不需要进行现场核查。

现场核查应当由符合要求的核查人员进行。核查人员不得少于两人。核查人员应当出示有效证件，填写食品经营许可现场核查表，制作现场核查记录，经申请人核对无误后，由核查人员和申请人在核查表上签名或者盖章。申请人拒绝签名或者盖章的，核查人员应当注明情况。

上级地方市场监督管理部门可以委托下级地方市场监督管理部门，对受理的食品经营许可申请进行现场核查。

核查人员应当自接受现场核查任务之日起五个工作日内，完成对经营场所的现场核查。经核查，通过现场整改能够符合条件的，应当允许现场整改；需要通过一定时限整改的，应当明确整改要求和整改时限，并经市场监督管理部门负责人同意。

第二十一条　县级以上地方市场监督管理部门应当自受理申请之日起十个工作日内作出是否准予行政许可的决定。因特殊原因需要延长期限的，经市场监督管理部门负责人批准，可以延长五个工作日，并应当将延长期限的理由告知申请人。鼓励有条件的地方市场监督管理部门优化许可工作流程，压减现场核查、许可决定等工作时限。

第二十二条 县级以上地方市场监督管理部门应当根据申请材料审查和现场核查等情况，对符合条件的，作出准予行政许可的决定，并自作出决定之日起五个工作日内向申请人颁发食品经营许可证；对不符合条件的，应当作出不予许可的决定，说明理由，并告知申请人依法享有申请行政复议或者提起行政诉讼的权利。

第二十三条 食品经营许可证发证日期为许可决定作出的日期，有效期为五年。

第二十四条 县级以上地方市场监督管理部门认为食品经营许可申请涉及公共利益的重大事项，需要听证的，应当向社会公告并举行听证。

食品经营许可直接涉及申请人与他人之间重大利益关系的，县级以上地方市场监督管理部门在作出行政许可决定前，应当告知申请人、利害关系人享有要求听证的权利。申请人、利害关系人在被告知听证权利之日起五个工作日内提出听证申请的，市场监督管理部门应当在二十个工作日内组织听证。听证期限不计算在行政许可审查期限之内。

第四章 许可证管理

第二十五条 食品经营许可证分为正本、副本。正本、副本具有同等法律效力。

国家市场监督管理总局负责制定食品经营许可证正本、副本式样。省、自治区、直辖市市场监督管理部门负责本行政区域内食品经营许可证的印制和发放等管理工作。

第二十六条 食品经营许可证应当载明：经营者名称、统一社会信用代码、法定代表人（负责人）、住所、经营场所、主体业态、经营项目、许可证编号、有效期、投诉举报电话、发证机关、发证日期，并赋有二维码。其中，经营场所、主体业态、经营项目属于许可事项，其他事项不属于许可事项。

食品经营者取得餐饮服务、食品经营管理经营项目的，销售预包装食品不需要在许可证上标注食品销售类经营项目。

第二十七条 食品经营许可证编号由JY（"经营"的汉语拼音首字母缩写）和十四位阿拉伯数字组成。数字从左至右依次为：一位主体业态代码、两位省（自治区、直辖市）代码、两位市（地）代码、两位县（区）代码、六位顺序码、一位校验码。

第二十八条 食品经营者应当妥善保管食品经营许可证，不得伪造、涂改、倒卖、出租、出借、转让。

食品经营者应当在经营场所的显著位置悬挂、摆放纸质食品经营许可证正本或者展示其电子证书。

利用自动设备从事食品经营的，应当在自动设备的显著位置展示食品经营者的联系方式、食品经营许可证复印件或者电子证书、备案编号。

第五章 变更、延续、补办与注销

第二十九条 食品经营许可证载明的事项发生变化的，食品经营者应当在变化后十个工作日内向原发证的市场监督管理部门申请变更食品经营许可。食品经营者地址迁移，不在原许可经营场所从事食品经营活动的，应当重新申请食品经营许可。

第三十条 发生下列情形的，食品经营者应当在变化后十个工作日内向原发证的市场监督管理部门报告：

（一）食品经营者的主要设备设施、经营布局、操作流程等发生较大变化，可能影响食品安全的；

（二）从事网络经营情况发生变化的；

（三）外设仓库（包括自有和租赁）地址发生变化的；

（四）集体用餐配送单位向学校、托幼机构供餐情况发生变化的；

（五）自动设备放置地点、数量发生变化的；

（六）增加预包装食品销售的。

符合前款第一项、第五项情形的，县级以上地方市场监督管理部门应当在收到食品经营者的报告后三十个工作日内对其实施监督检查，重点检查食品经营实际情况与报告内容是否相符、食品经营条件是否符合食品安全要求等。

第三十一条 食品经营者申请变更食品经营许可的，应当提交食品经营许可变更申请书，以及与变更食品经营许可事项有关的材料。食品经营者取得纸质食品经营许可证正本、副本的，应当同时提交。

第三十二条 食品经营者需要延续依法取得的食品经营许可有效期的，应当在该食品经营许可有效期届满前九十个工作日至十五个工作日期间，向原发证的市场监督管理部门提出申请。

县级以上地方市场监督管理部门应当根据被许可人的延续申请，在该食品经营许可有效期届满前作出是否准予延续的决定。

在食品经营许可有效期届满前十五个工作日内提出延续许可申请的，原食品经营许可有效期届满后，食品经营者应当暂停食品经营活动，原发证的市场监督管理部门作出准予延续的决定后，方可继续开展食品经营活动。

第三十三条 食品经营者申请延续食品经营许可的，应当提交食品经营许可延续申请书，以及与延续食品经营许可事项有关的其他材料。食品经营者取得纸质食品经营许可证正本、副本的，应当同时提交。

第三十四条 县级以上地方市场监督管理部门应当对变更或者延续食品经营许可的申请材料进行审查。

申请人的经营条件发生变化或者增加经营项目，可能影响食品安全的，市场监督管理部门应当就变化情况进行现场核查。

申请变更或者延续食品经营许可时，申请人声明经营条件未发生变化、经营项目减项或者未发生变化的，市场监督管理部门可以不进行现场核查，对申请材料齐全、符合法定形式的，当场作出准予变更或者延续食品经营许可决定。

未现场核查的，县级以上地方市场监督管理部门应当自申请人取得食品经营许可之日起三十个工作日内对其实施监督检查。现场核查发现实际情况与申请材料内容不相符的，食品经营者应当立即采取整改措施，经整改仍不相符的，依法撤销变更或者延续食品经营许可决定。

第三十五条　原发证的市场监督管理部门决定准予变更的，应当向申请人颁发新的食品经营许可证。食品经营许可证编号不变，发证日期为市场监督管理部门作出变更许可决定的日期，有效期与原证书一致。

不符合许可条件的，原发证的市场监督管理部门应当作出不予变更食品经营许可的书面决定，说明理由，并告知申请人依法享有申请行政复议或者提起行政诉讼的权利。

第三十六条　原发证的市场监督管理部门决定准予延续的，应当向申请人颁发新的食品经营许可证，许可证编号不变，有效期自作出延续许可决定之日起计算。

不符合许可条件的，原发证的市场监督管理部门应当作出不予延续食品经营许可的书面决定，说明理由，并告知申请人依法享有申请行政复议或者提起行政诉讼的权利。

第三十七条　食品经营许可证遗失、损坏，应当向原发证的市场监督管理部门申请补办，并提交下列材料：

（一）食品经营许可证补办申请书；

（二）书面遗失声明或者受损坏的食品经营许可证。

材料符合要求的，县级以上地方市场监督管理部门应当在受理后十个工作日内予以补发。

因遗失、损坏补发的食品经营许可证，许可证编号不变，发证日期和有效期与原证书保持一致。

第三十八条 食品经营者申请注销食品经营许可的，应当向原发证的市场监督管理部门提交食品经营许可注销申请书，以及与注销食品经营许可有关的其他材料。食品经营者取得纸质食品经营许可证正本、副本的，应当同时提交。

第三十九条 有下列情形之一，原发证的市场监督管理部门应当依法办理食品经营许可注销手续：

（一）食品经营许可有效期届满未申请延续的；

（二）食品经营者主体资格依法终止的；

（三）食品经营许可依法被撤回、撤销或者食品经营许可证依法被吊销的；

（四）因不可抗力导致食品经营许可事项无法实施的；

（五）法律、法规规定的应当注销食品经营许可的其他情形。

食品经营许可被注销的，许可证编号不得再次使用。

第四十条 食品经营许可证变更、延续、补办与注销的有关程序参照本办法第二章和第三章的有关规定执行。

第六章 仅销售预包装食品备案

第四十一条 备案人应当取得营业执照等合法主体资格，并具备与销售的食品品种、数量等相适应的经营条件。

第四十二条 拟从事仅销售预包装食品活动的，在办理市场主体登记注册时，可以一并进行仅销售预包装食品备案，并提交仅销售预包装食品备案信息采集表。已经取得合法主体资格的备案人从事仅销售预包装食品活动的，应当在开展销售活动之日起五个工作日内向县级以上地方市场监督管理部门提交备案信息材料。材料齐全的，获得备案编号。备案人对所提供的备案信息的真实性、完整性负责。

利用自动设备仅销售预包装食品的，备案人应当提交每台设备的具体放置地点、备案编号的展示方法、食品安全风险管控方案等材料。

第四十三条 县级以上地方市场监督管理部门应当在备案后五个工作日内将经营者名称、经营场所、经营种类、备案编号等相关备案信息向社会公开。

第四十四条 备案信息发生变化的，备案人应当自发生变化后十五个工作日内向原备案的市场监督管理部门进行备案信息更新。

第四十五条 备案实施唯一编号管理。备案编号由YB（"预"、"备"的汉语拼音首字母缩写）和十四位阿拉伯数字组成。数字从左至右依次为：一位业态类型代码（1为批发、2为零售）、两位省（自治区、直辖市）代码、两位市（地）代码、两位县（区）代码、六位顺序码、一位校验码。食品经营者主体资格依法终止的，备案编号自行失效。

第七章 监督检查

第四十六条 县级以上地方市场监督管理部门应当依据法律、法规规定的职责，对食品经营者的许可和备案事项进行监督检查。

第四十七条 县级以上地方市场监督管理部门应当建设完善食品经营许可和备案管理信息平台，便于公民、法人和其他社会组织查询。

县级以上地方市场监督管理部门应当将食品经营许可颁发、备案情况、监督检查、违法行为查处等情况记入食品经营者食品安全信用档案，并依法通过国家企业信用信息公示系统向社会公示；对有不良信用记录、信用风险高的食品经营者应当增加监督检查频次，并按照规定实施联合惩戒。

第四十八条 县级以上地方市场监督管理部门负责辖区内食品经营者许可和备案事项的监督检查，应当按照规定的频次对辖区内的食品经营者实施全覆盖检查。必要时，应当依法对相关食品贮存、运输服务提供者进行检查。

第四十九条 县级以上地方市场监督管理部门及其工作人员履行食品经营许可和备案管理职责，应当自觉接受食品经营者和社会监督。接到有关工作人员在食品经营许可和备案管理过程中存在违法行为的举报，市场监督管理部门应当及时进行调查核实，并依法处理。

第五十条 县级以上地方市场监督管理部门应当建立食品经营许可和备案档案管理制度，将办理食品经营许可和备案的有关材料、发证情况及时归档。

第五十一条 国家市场监督管理总局可以定期或者不定期组织对全国食品经营许可和备案管理工作进行监督检查；省、自治区、直辖市市场监督管理部门可以定期或者不定期组织对本行政区域内的食品经营许可和备案管理工作进行监督检查。

第八章 法律责任

第五十二条 未取得食品经营许可从事食品经营活动的，由县级以上地方市场监督管理部门依照《中华人民共和国食品安全法》第一百二十二条的规定给予处罚。

食品经营者地址迁移，不在原许可的经营场所从事食品经营活动，未按照规定重新申请食品经营许可的，或者食品经营许可有效期届满，未按照规定申请办理延续手续，仍继续从事食品经营活动的，由县级以上地方市场监督管理部门依照《中华人民共和国食品安全法》第一百二十二条的规定给予处罚。

食品经营许可证载明的主体业态、经营项目等许可事项发生变化，食品经营者未按照规定申请变更的，由县级以上地方市场监督管理部门依照《中华人民共和国食品安全法》第一百二十二条的规定给予处罚。但是，有下列情形之一，依照《中华人民共和国行政处罚法》第三十二条、第三十三条的规定从轻、减轻或者不予行政处罚：

（一）主体业态、经营项目发生变化，但食品安全风险等级未升高的；

（二）增加经营项目类型，但增加的经营项目所需的经营条件被已经取得许可的经营项目涵盖的；

（三）违法行为轻微，未对消费者人身健康和生命安全等造成危害后果的；

（四）法律、法规、规章规定的其他情形。

食品经营许可证载明的除许可事项以外的其他事项发生变化，食品经营者未按照规定申请变更的，由县级以上地方市场监督管理部门责令限期改正；逾期不改的，处一千元以上一万元以下罚款。

第五十三条 许可申请人隐瞒真实情况或者提供虚假材料申请食品经营许可的，由县级以上地方市场监督管理部门给予警告。申请人在一年内不得再次申请食品经营许可。

第五十四条 被许可人以欺骗、贿赂等不正当手段取得食品经营许可的，由原发证的市场监督管理部门撤销许可，处一万元以上三万元以下罚款；造成危害后果的，处三万元以上二十万元以下罚款。被许可人在三年内不得再次申请食品经营许可。

第五十五条 违反本办法第六条第一款规定，食品展销会举办者未按照规定在展销会举办前报告的，由县级以上地方市场监督管理部门依照《中华人民共和国食品安全法实施条例》第七十二条的规定给予处罚。

违反本办法第六条第二款规定，食品展销会举办者未履行检查、报告义务的，由县级以上地方市场监督管理部门依照《中华人民共和国食品安全法》第一百三十条的规定给予处罚。

第五十六条 违反本办法第七条第二款、第三款或者第十六条规定的，由县级以上地方市场监督管理部门责令限期改正；逾期不改的，处一千元以上一万元以下罚款。

第五十七条 违反本办法第二十八条第一款规定的，由县级以上地方市场监督管理部门责令改正，给予警告，并处一万元以上三万元以下罚款；情节严重的，处三万元以上十万元以下罚款；造成危害后果的，处十万元以上二十万元以下罚款。

违反本办法第二十八条第二款、第三款规定的，由县级以上地方市场监督管理部门责令限期改正；逾期不改的，给予警告。

第五十八条 违反本办法第三十条第一款第一项规定的，由县级以上地方市场监督管理部门责令限期改正；逾期不改的，处两千元以上一万元以下罚款；情节严重的，处一万元以上五万元以下罚款；造成危害后果的，处五万元以上二十万元以下罚款。

违反本办法第三十条第一款第二项至第六项规定的，由县级以上地方市场监督管理部门责令限期改正；逾期不改的，处一千元以上一万元以下罚款。

第五十九条 未按照规定提交备案信息或者备案信息发生变化未按照规定进行备案信息更新的，由县级以上地方市场监督管理部门责令限期改正；逾期不改的，处两千元以上一万元以下罚款。

备案时提供虚假信息的，由县级以上地方市场监督管理部门取消备案，处五千元以上三万元以下罚款。

第六十条 被吊销食品经营许可证的食品经营者及其法定代表人、直接负责的主管人员和其他直接责任人员自处罚决定作出之日起五年内不得申请食品生产经营许可，或者从事食品生产经营管理工作，担任食品生产经营企业食品安全管理人员。

第六十一条 市场监督管理部门对不符合条件的申请人准予许可，或者超越法定职权准予许可的，依照《中华人民共和国食品安全法》第一百四十四条的规定给予处分。

第九章 附 则

第六十二条 本办法用语的含义：

（一）集中用餐单位食堂，指设于机关、事业单位、社会团体、民办非企业单位、企业等，供应内部职工、学生等集中就餐的餐饮服务提供者。

（二）中央厨房，指由食品经营企业建立，具有独立场所和设施设备，集中完成食品成品或者半成品加工制作并配送给本单位连锁门店，供其进一步加工制作后提供给消费者的经营主体。

（三）集体用餐配送单位，指主要服务于集体用餐单位，根据其订购要求，集中加工、分送食品但不提供就餐场所的餐饮服务提供者。

（四）食品销售连锁管理，指食品销售连锁企业总部对其管理的门店实施统一的采购配送、质量管理、经营指导，或者品牌管理等规范化管理的活动。

（五）餐饮服务连锁管理，指餐饮服务连锁企业总部对其管理的门店实施统一的采购配送、质量管理、经营指导，或者品牌管理等规范化管理的活动。

（六）餐饮服务管理，指为餐饮服务提供者提供人员、加工制作、经营或者食品安全管理等服务的第三方管理活动。

（七）散装食品，指在经营过程中无食品生产者预先制作的定量包装或者容器、需要称重或者计件销售的食品，包括无包装以及称重或者计件后添加包装的食品。在经营过程中，食品经营者进行的包装，不属于定量包装。

（八）热食类食品，指食品原料经过粗加工、切配并经过蒸、煮、烹、煎、炒、烤、炸、焙烤等烹饪工艺制作的即食食品，含热加工糕点、汉堡，以及火锅和烧烤等烹饪方式加工而成的食品等。

（九）冷食类食品，指最后一道工艺是在常温或者低温条件下进行的，包括解冻、切配、调制等过程，加工后在常温或者低温条件下即可食用的食品，含生食瓜果蔬菜、腌菜、冷加工糕点、冷荤类食品等。

（十）生食类食品，一般特指生食动物性水产品（主要是海产品）。

（十一）半成品，指原料经初步或者部分加工制作后，尚需进一步加工制作的非直接入口食品，不包括储存的已加工成成品的食品。

（十二）自制饮品，指经营者现场制作的各种饮料，含冰淇淋等。

（十三）冷加工糕点，指在各种加热熟制工序后，在常温或者低温条件下再进行二次加工的糕点。

第六十三条　省、自治区、直辖市市场监督管理部门可以根据本行政区域实际情况，制定有关食品经营许可和备案管理的具体实施办法。

第六十四条　省、自治区、直辖市依照《中华人民共和国食品安全法》第三十六条的规定对食品摊贩、小餐饮、小食品店等的监督管理作出规定的，依照其规定执行。其中，规定对用餐人数较少的小型食堂（学校、托幼机构、养老机构的食堂除外）参照小餐饮管理的，依照其规定；未作出规定的，省、自治区、直辖市市场监督管理部门可以制定具体管理办法，明确纳入食品经营活动管理的具体人数范围等监督管理要求。

第六十五条　从事对温度、湿度等有特殊要求食品贮存业务的非食品生产经营者备案参照仅销售预包装食品备案管理。

第六十六条　本办法自 2023 年 12 月 1 日起施行。2015 年 8 月 31 日原国家食品药品监督管理总局令第 17 号公布的《食品经营许可管理办法》同时废止。

食品生产许可管理办法

(2020年1月2日国家市场监督管理总局令第24号公布 自2020年3月1日起施行)

第一章 总 则

第一条 为规范食品、食品添加剂生产许可活动,加强食品生产监督管理,保障食品安全,根据《中华人民共和国行政许可法》《中华人民共和国食品安全法》《中华人民共和国食品安全法实施条例》等法律法规,制定本办法。

第二条 在中华人民共和国境内,从事食品生产活动,应当依法取得食品生产许可。

食品生产许可的申请、受理、审查、决定及其监督检查,适用本办法。

第三条 食品生产许可应当遵循依法、公开、公平、公正、便民、高效的原则。

第四条 食品生产许可实行一企一证原则,即同一个食品生产者从事食品生产活动,应当取得一个食品生产许可证。

第五条 市场监督管理部门按照食品的风险程度,结合食品原料、生产工艺等因素,对食品生产实施分类许可。

第六条 国家市场监督管理总局负责监督指导全国食品生产许可管理工作。

县级以上地方市场监督管理部门负责本行政区域内的食品生产许可监督管理工作。

第七条 省、自治区、直辖市市场监督管理部门可以根据食品类别和食品安全风险状况,确定市、县级市场监督管理部门的食品生产许可管理权限。

保健食品、特殊医学用途配方食品、婴幼儿配方食品、婴幼儿辅助食品、食盐等食品的生产许可,由省、自治区、直辖市市场监督管理部门负责。

第八条 国家市场监督管理总局负责制定食品生产许可审查通则和细则。

省、自治区、直辖市市场监督管理部门可以根据本行政区域食品生产许可审查工作的需要,对地方特色食品制定食品生产许可审查细则,在本行政区域内实施,并向国家市场监督管理总局报告。国家市场监督管理总局制定公布相关食品生产许可审查细则后,地方特色食品生产许可审查细则自行废止。

县级以上地方市场监督管理部门实施食品生产许可审查,应当遵守食品生产许可审查通则和细则。

第九条 县级以上地方市场监督管理部门应当加快信息化建设,推进许可申请、受理、审查、发证、查询等全流程网上办理,并在行政机关的网站上公布生产许可事项,提高办事效率。

第二章 申请与受理

第十条 申请食品生产许可,应当先行取得营业执照等合法主体资格。

企业法人、合伙企业、个人独资企业、个体工商户、农民专业合作组织等,以营业执照载明的主体作为申请人。

第十一条 申请食品生产许可,应当按照以下食品类别提出:粮食加工品,食用油、油脂及其制品,调味品,肉制品,乳制品,饮料,方便食品,饼干,罐头,冷冻饮品,速冻食品,薯类和膨化食品,糖果制品,茶叶及相关制品,酒类,蔬菜制品,水果制品,炒货食品及坚果制品,蛋制品,可可及焙烤咖啡产品,食糖,水产制品，淀粉及淀粉制品，糕点，豆制品，蜂产品，保健食品，特殊医学用途配方食品，婴幼儿配方食品，特殊膳食食品，其他食品等。

国家市场监督管理总局可以根据监督管理工作需要对食品类别进行调整。

第十二条 申请食品生产许可，应当符合下列条件：

（一）具有与生产的食品品种、数量相适应的食品原料处理和食品加工、包装、贮存等场所，保持该场所环境整洁，并与有毒、有害场所以及其他污染源保持规定的距离；

（二）具有与生产的食品品种、数量相适应的生产设备或者设施，有相应的消毒、更衣、盥洗、采光、照明、通风、防腐、防尘、防蝇、防鼠、防虫、洗涤以及处理废水、存放垃圾和废弃物的设备或者设施；保健食品生产工艺有原料提取、纯化等前处理工序的，需要具备与生产的品种、数量相适应的原料前处理设备或者设施；

（三）有专职或者兼职的食品安全专业技术人员、食品安全管理人员和保证食品安全的规章制度；

（四）具有合理的设备布局和工艺流程，防止待加工食品与直接入口食品、原料与成品交叉污染，避免食品接触有毒物、不洁物；

（五）法律、法规规定的其他条件。

第十三条 申请食品生产许可，应当向申请人所在地县级以上地方市场监督管理部门提交下列材料：

（一）食品生产许可申请书；

（二）食品生产设备布局图和食品生产工艺流程图；

（三）食品生产主要设备、设施清单；

（四）专职或者兼职的食品安全专业技术人员、食品安全管理人员信息和食品安全管理制度。

第十四条 申请保健食品、特殊医学用途配方食品、婴幼儿配方食品等特殊食品的生产许可，还应当提交与所生产食品相适应的生产质量管理体系文件以及相关注册和备案文件。

第十五条 从事食品添加剂生产活动，应当依法取得食品添加剂生产许可。

申请食品添加剂生产许可，应当具备与所生产食品添加剂品种相适应的场所、生产设备或者设施、食品安全管理人员、专业技术人员和管理制度。

第十六条 申请食品添加剂生产许可，应当向申请人所在地县级以上地方市场监督管理部门提交下列材料：

（一）食品添加剂生产许可申请书；

（二）食品添加剂生产设备布局图和生产工艺流程图；

（三）食品添加剂生产主要设备、设施清单；

（四）专职或者兼职的食品安全专业技术人员、食品安全管理人员信息和食品安全管理制度。

第十七条 申请人应当如实向市场监督管理部门提交有关材料和反映真实情况，对申请材料的真实性负责，并在申请书等材料上签名或者盖章。

第十八条 申请人申请生产多个类别食品的，由申请人按照省级市场监督管理部门确定的食品生产许可管理权限，自主选择其中一个受理部门提交申请材料。受理部门应当及时告知有相应审批权限的市场监督管理部门，组织联合审查。

第十九条 县级以上地方市场监督管理部门对申请人提出的食品生产许可申请，应当根据下列情况分别作出处理：

（一）申请事项依法不需要取得食品生产许可的，应当即时告知申请人不受理；

（二）申请事项依法不属于市场监督管理部门职权范围的，应当即时作出不予受理的决定，并告知申请人向有关行政机关申请；

（三）申请材料存在可以当场更正的错误的，应当允许申请人当场更正，由申请人在更正处签名或者盖章，注明更正日期；

（四）申请材料不齐全或者不符合法定形式的，应当当场或者在5个工作日内一次告知申请人需要补正的全部内容。当场告知的，应当将申请材料退回申请人；在5个工作日内告知的，应当收取申请材料并出具收到申请材料的凭据。逾期不告知的，自收到申请材料之日起即为受理；

（五）申请材料齐全、符合法定形式，或者申请人按照要求提交全部补正材料的，应当受理食品生产许可申请。

第二十条 县级以上地方市场监督管理部门对申请人提出的申请决定予以受理的，应当出具受理通知书；决定不予受理的，应当出具不予受理通知书，说明不予受理的理由，并告知申请人依法享有申请行政复议或者提起行政诉讼的权利。

第三章 审查与决定

第二十一条 县级以上地方市场监督管理部门应当对申请人提交的申请材料进行审查。需要对申请材料的实质内容进行核实的，应当进行现场核查。

市场监督管理部门开展食品生产许可现场核查时，应当按照申请材料进行核查。对首次申请许可或者增加食品类别的变更许可的，根据食品生产工艺流程等要求，核查试制食品的检验报告。开展食品添加剂生产许可现场核查时，可以根据食品添加剂品种特点，核查试制食品添加剂的检验报告和复配食品添加剂配方等。试制食品检验可以由生产者自行检验，或者委托有资质的食品检验机构检验。

现场核查应当由食品安全监管人员进行，根据需要可以聘请专业技术人员作为核查人员参加现场核查。核查人员不得少于2人。核查人员应当出示有效证件，填写食品生产许可现场核查表，制作现场核查记录，经申请人核对无误后，由核查人员和申请人在核查表和记录上签名或者盖章。申请人拒绝签名或者盖章的，核查人员应当注明情况。

申请保健食品、特殊医学用途配方食品、婴幼儿配方乳粉生产许可，在产品注册或者产品配方注册时经过现场核查的项目，可以不再重复进行现场核查。

市场监督管理部门可以委托下级市场监督管理部门，对受理的食品生产许可申请进行现场核查。特殊食品生产许可的现场核查原则上不得委托下级市场监督管理部门实施。

核查人员应当自接受现场核查任务之日起5个工作日内，完成对生产场所的现场核查。

第二十二条　除可以当场作出行政许可决定的外，县级以上地方市场监督管理部门应当自受理申请之日起10个工作日内作出是否准予行政许可的决定。因特殊原因需要延长期限的，经本行政机关负责人批准，可以延长5个工作日，并应当将延长期限的理由告知申请人。

第二十三条　县级以上地方市场监督管理部门应当根据申请材料审查和现场核查等情况，对符合条件的，作出准予生产许可的决定，并自作出决定之日起5个工作日内向申请人颁发食品生产许可证；对不符合条件的，应当及时作出不予许可的书面决定并说明理由，同时告知申请人依法享有申请行政复议或者提起行政诉讼的权利。

第二十四条　食品添加剂生产许可申请符合条件的，由申请人所在地县级以上地方市场监督管理部门依法颁发食品生产许可证，并标注食品添加剂。

第二十五条　食品生产许可证发证日期为许可决定作出的日期，有效期为5年。

第二十六条　县级以上地方市场监督管理部门认为食品生产许可申请涉及公共利益的重大事项，需要听证的，应当向社会公告并举行听证。

第二十七条　食品生产许可直接涉及申请人与他人之间重大利益关系的，县级以上地方市场监督管理部门在作出行政许可决定前，应当告知申请人、利害关系人享有要求听证的权利。

申请人、利害关系人在被告知听证权利之日起5个工作日内提出听证申请的，市场监督管理部门应当在20个工作日内组织听证。听证期限不计算在行政许可审查期限之内。

第四章 许可证管理

第二十八条 食品生产许可证分为正本、副本。正本、副本具有同等法律效力。

国家市场监督管理总局负责制定食品生产许可证式样。省、自治区、直辖市市场监督管理部门负责本行政区域食品生产许可证的印制、发放等管理工作。

第二十九条 食品生产许可证应当载明：生产者名称、社会信用代码、法定代表人（负责人）、住所、生产地址、食品类别、许可证编号、有效期、发证机关、发证日期和二维码。

副本还应当载明食品明细。生产保健食品、特殊医学用途配方食品、婴幼儿配方食品的，还应当载明产品或者产品配方的注册号或者备案登记号；接受委托生产保健食品的，还应当载明委托企业名称及住所等相关信息。

第三十条 食品生产许可证编号由SC（"生产"的汉语拼音字母缩写）和14位阿拉伯数字组成。数字从左至右依次为：3位食品类别编码、2位省（自治区、直辖市）代码、2位市（地）代码、2位县（区）代码、4位顺序码、1位校验码。

第三十一条 食品生产者应当妥善保管食品生产许可证，不得伪造、涂改、倒卖、出租、出借、转让。

食品生产者应当在生产场所的显著位置悬挂或者摆放食品生产许可证正本。

第五章 变更、延续与注销

第三十二条 食品生产许可证有效期内，食品生产者名称、现

243

有设备布局和工艺流程、主要生产设备设施、食品类别等事项发生变化，需要变更食品生产许可证载明的许可事项的，食品生产者应当在变化后10个工作日内向原发证的市场监督管理部门提出变更申请。

食品生产者的生产场所迁址的，应当重新申请食品生产许可。

食品生产许可证副本载明的同一食品类别内的事项发生变化的，食品生产者应当在变化后10个工作日内向原发证的市场监督管理部门报告。

食品生产者的生产条件发生变化，不再符合食品生产要求，需要重新办理许可手续的，应当依法办理。

第三十三条 申请变更食品生产许可的，应当提交下列申请材料：

（一）食品生产许可变更申请书；

（二）与变更食品生产许可事项有关的其他材料。

第三十四条 食品生产者需要延续依法取得的食品生产许可的有效期的，应当在该食品生产许可有效期届满30个工作日前，向原发证的市场监督管理部门提出申请。

第三十五条 食品生产者申请延续食品生产许可，应当提交下列材料：

（一）食品生产许可延续申请书；

（二）与延续食品生产许可事项有关的其他材料。

保健食品、特殊医学用途配方食品、婴幼儿配方食品的生产企业申请延续食品生产许可的，还应当提供生产质量管理体系运行情况的自查报告。

第三十六条 县级以上地方市场监督管理部门应当根据被许可人的延续申请，在该食品生产许可有效期届满前作出是否准予延续的决定。

第三十七条 县级以上地方市场监督管理部门应当对变更或者延续食品生产许可的申请材料进行审查，并按照本办法第二十一条的规定实施现场核查。

申请人声明生产条件未发生变化的，县级以上地方市场监督管理部门可以不再进行现场核查。

申请人的生产条件及周边环境发生变化，可能影响食品安全的，市场监督管理部门应当就变化情况进行现场核查。

保健食品、特殊医学用途配方食品、婴幼儿配方食品注册或者备案的生产工艺发生变化的，应当先办理注册或者备案变更手续。

第三十八条 市场监督管理部门决定准予变更的，应当向申请人颁发新的食品生产许可证。食品生产许可证编号不变，发证日期为市场监督管理部门作出变更许可决定的日期，有效期与原证书一致。但是，对因迁址等原因而进行全面现场核查的，其换发的食品生产许可证有效期自发证之日起计算。

因食品安全国家标准发生重大变化，国家和省级市场监督管理部门决定组织重新核查而换发的食品生产许可证，其发证日期以重新批准日期为准，有效期自重新发证之日起计算。

第三十九条 市场监督管理部门决定准予延续的，应当向申请人颁发新的食品生产许可证，许可证编号不变，有效期自市场监督管理部门作出延续许可决定之日起计算。

不符合许可条件的，市场监督管理部门应当作出不予延续食品生产许可的书面决定，并说明理由。

第四十条 食品生产者终止食品生产，食品生产许可被撤回、撤销，应当在20个工作日内向原发证的市场监督管理部门申请办理注销手续。

食品生产者申请注销食品生产许可的，应当向原发证的市场监督管理部门提交食品生产许可注销申请书。

食品生产许可被注销的，许可证编号不得再次使用。

第四十一条 有下列情形之一，食品生产者未按规定申请办理注销手续的，原发证的市场监督管理部门应当依法办理食品生产许可注销手续，并在网站进行公示：

（一）食品生产许可有效期届满未申请延续的；

（二）食品生产者主体资格依法终止的；

（三）食品生产许可依法被撤回、撤销或者食品生产许可证依法被吊销的；

（四）因不可抗力导致食品生产许可事项无法实施的；

（五）法律法规规定的应当注销食品生产许可的其他情形。

第四十二条 食品生产许可证变更、延续与注销的有关程序参照本办法第二章、第三章的有关规定执行。

第六章 监督检查

第四十三条 县级以上地方市场监督管理部门应当依据法律法规规定的职责，对食品生产者的许可事项进行监督检查。

第四十四条 县级以上地方市场监督管理部门应当建立食品许可管理信息平台，便于公民、法人和其他社会组织查询。

县级以上地方市场监督管理部门应当将食品生产许可颁发、许可事项检查、日常监督检查、许可违法行为查处等情况记入食品生产者食品安全信用档案，并通过国家企业信用信息公示系统向社会公示；对有不良信用记录的食品生产者应当增加监督检查频次。

第四十五条 县级以上地方市场监督管理部门及其工作人员履行食品生产许可管理职责，应当自觉接受食品生产者和社会监督。

接到有关工作人员在食品生产许可管理过程中存在违法行为的举报，市场监督管理部门应当及时进行调查核实。情况属实的，应当立即纠正。

第四十六条 县级以上地方市场监督管理部门应当建立食品生产许可档案管理制度，将办理食品生产许可的有关材料、发证情况及时归档。

第四十七条 国家市场监督管理总局可以定期或者不定期组织

对全国食品生产许可工作进行监督检查；省、自治区、直辖市市场监督管理部门可以定期或者不定期组织对本行政区域内的食品生产许可工作进行监督检查。

第四十八条 未经申请人同意，行政机关及其工作人员、参加现场核查的人员不得披露申请人提交的商业秘密、未披露信息或者保密商务信息，法律另有规定或者涉及国家安全、重大社会公共利益的除外。

第七章 法律责任

第四十九条 未取得食品生产许可从事食品生产活动的，由县级以上地方市场监督管理部门依照《中华人民共和国食品安全法》第一百二十二条的规定给予处罚。

食品生产者生产的食品不属于食品生产许可证上载明的食品类别的，视为未取得食品生产许可从事食品生产活动。

第五十条 许可申请人隐瞒真实情况或者提供虚假材料申请食品生产许可的，由县级以上地方市场监督管理部门给予警告。申请人在1年内不得再次申请食品生产许可。

第五十一条 被许可人以欺骗、贿赂等不正当手段取得食品生产许可的，由原发证的市场监督管理部门撤销许可，并处1万元以上3万元以下罚款。被许可人在3年内不得再次申请食品生产许可。

第五十二条 违反本办法第三十一条第一款规定，食品生产者伪造、涂改、倒卖、出租、出借、转让食品生产许可证的，由县级以上地方市场监督管理部门责令改正，给予警告，并处1万元以下罚款；情节严重的，处1万元以上3万元以下罚款。

违反本办法第三十一条第二款规定，食品生产者未按规定在生产场所的显著位置悬挂或者摆放食品生产许可证的，由县级以上地方市场监督管理部门责令改正；拒不改正的，给予警告。

第五十三条 违反本办法第三十二条第一款规定，食品生产许可证有效期内，食品生产者名称、现有设备布局和工艺流程、主要生产设备设施等事项发生变化，需要变更食品生产许可证载明的许可事项，未按规定申请变更的，由原发证的市场监督管理部门责令改正，给予警告；拒不改正的，处1万元以上3万元以下罚款。

违反本办法第三十二条第二款规定，食品生产者的生产场所迁址后未重新申请取得食品生产许可从事食品生产活动的，由县级以上地方市场监督管理部门依照《中华人民共和国食品安全法》第一百二十二条的规定给予处罚。

违反本办法第三十二条第三款、第四十条第一款规定，食品生产许可证副本载明的同一食品类别内的事项发生变化，食品生产者未按规定报告的，食品生产者终止食品生产，食品生产许可被撤回、撤销或者食品生产许可证被吊销，未按规定申请办理注销手续的，由原发证的市场监督管理部门责令改正；拒不改正的，给予警告，并处5000元以下罚款。

第五十四条 食品生产者违反本办法规定，有《中华人民共和国食品安全法实施条例》第七十五条第一款规定的情形的，依法对单位的法定代表人、主要负责人、直接负责的主管人员和其他直接责任人员给予处罚。

被吊销生产许可证的食品生产者及其法定代表人、直接负责的主管人员和其他直接责任人员自处罚决定作出之日起5年内不得申请食品生产经营许可，或者从事食品生产经营管理工作、担任食品生产经营企业食品安全管理人员。

第五十五条 市场监督管理部门对不符合条件的申请人准予许可，或者超越法定职权准予许可的，依照《中华人民共和国食品安全法》第一百四十四条的规定给予处分。

第八章 附　　则

第五十六条 取得食品经营许可的餐饮服务提供者在其餐饮服

务场所制作加工食品,不需要取得本办法规定的食品生产许可。

第五十七条 食品添加剂的生产许可管理原则、程序、监督检查和法律责任,适用本办法有关食品生产许可的规定。

第五十八条 对食品生产加工小作坊的监督管理,按照省、自治区、直辖市制定的具体管理办法执行。

第五十九条 各省、自治区、直辖市市场监督管理部门可以根据本行政区域实际情况,制定有关食品生产许可管理的具体实施办法。

第六十条 市场监督管理部门制作的食品生产许可电子证书与印制的食品生产许可证书具有同等法律效力。

第六十一条 本办法自 2020 年 3 月 1 日起施行。原国家食品药品监督管理总局 2015 年 8 月 31 日公布,根据 2017 年 11 月 7 日原国家食品药品监督管理总局《关于修改部分规章的决定》修正的《食品生产许可管理办法》同时废止。

食品安全抽样检验管理办法

(2019 年 8 月 8 日国家市场监督管理总局令第 15 号公布 根据 2022 年 9 月 29 日《国家市场监督管理总局关于修改和废止部分部门规章的决定》修正)

第一章 总 则

第一条 为规范食品安全抽样检验工作,加强食品安全监督管理,保障公众身体健康和生命安全,根据《中华人民共和国食品安全法》等法律法规,制定本办法。

第二条 市场监督管理部门组织实施的食品安全监督抽检和风险监测的抽样检验工作,适用本办法。

第三条 国家市场监督管理总局负责组织开展全国性食品安全抽样检验工作,监督指导地方市场监督管理部门组织实施食品安全抽样检验工作。

县级以上地方市场监督管理部门负责组织开展本级食品安全抽样检验工作,并按照规定实施上级市场监督管理部门组织的食品安全抽样检验工作。

第四条 市场监督管理部门应当按照科学、公开、公平、公正的原则,以发现和查处食品安全问题为导向,依法对食品生产经营活动全过程组织开展食品安全抽样检验工作。

食品生产经营者是食品安全第一责任人,应当依法配合市场监督管理部门组织实施的食品安全抽样检验工作。

第五条 市场监督管理部门应当与承担食品安全抽样、检验任务的技术机构(以下简称承检机构)签订委托协议,明确双方权利和义务。

承检机构应当依照有关法律、法规规定取得资质认定后方可从事检验活动。承检机构进行检验,应当尊重科学,恪守职业道德,保证出具的检验数据和结论客观、公正,不得出具虚假检验报告。

市场监督管理部门应当对承检机构的抽样检验工作进行监督检查,发现存在检验能力缺陷或者有重大检验质量问题等情形的,应当按照有关规定及时处理。

第六条 国家市场监督管理总局建立国家食品安全抽样检验信息系统,定期分析食品安全抽样检验数据,加强食品安全风险预警,完善并督促落实相关监督管理制度。

县级以上地方市场监督管理部门应当按照规定通过国家食品安全抽样检验信息系统,及时报送并汇总分析食品安全抽样检验数据。

第七条 国家市场监督管理总局负责组织制定食品安全抽样检验指导规范。

开展食品安全抽样检验工作应当遵守食品安全抽样检验指导规范。

第二章　计　　划

第八条　国家市场监督管理总局根据食品安全监管工作的需要，制定全国性食品安全抽样检验年度计划。

县级以上地方市场监督管理部门应当根据上级市场监督管理部门制定的抽样检验年度计划并结合实际情况，制定本行政区域的食品安全抽样检验工作方案。

市场监督管理部门可以根据工作需要不定期开展食品安全抽样检验工作。

第九条　食品安全抽样检验工作计划和工作方案应当包括下列内容：

（一）抽样检验的食品品种；

（二）抽样环节、抽样方法、抽样数量等抽样工作要求；

（三）检验项目、检验方法、判定依据等检验工作要求；

（四）抽检结果及汇总分析的报送方式和时限；

（五）法律、法规、规章和食品安全标准规定的其他内容。

第十条　下列食品应当作为食品安全抽样检验工作计划的重点：

（一）风险程度高以及污染水平呈上升趋势的食品；

（二）流通范围广、消费量大、消费者投诉举报多的食品；

（三）风险监测、监督检查、专项整治、案件稽查、事故调查、应急处置等工作表明存在较大隐患的食品；

（四）专供婴幼儿和其他特定人群的主辅食品；

（五）学校和托幼机构食堂以及旅游景区餐饮服务单位、中央厨房、集体用餐配送单位经营的食品；

（六）有关部门公布的可能违法添加非食用物质的食品；

（七）已在境外造成健康危害并有证据表明可能在国内产生危害的食品；

（八）其他应当作为抽样检验工作重点的食品。

第三章 抽 样

第十一条 市场监督管理部门可以自行抽样或者委托承检机构抽样。食品安全抽样工作应当遵守随机选取抽样对象、随机确定抽样人员的要求。

县级以上地方市场监督管理部门应当按照上级市场监督管理部门的要求，配合做好食品安全抽样工作。

第十二条 食品安全抽样检验应当支付样品费用。

第十三条 抽样单位应当建立食品抽样管理制度，明确岗位职责、抽样流程和工作纪律，加强对抽样人员的培训和指导，保证抽样工作质量。

抽样人员应当熟悉食品安全法律、法规、规章和食品安全标准等的相关规定。

第十四条 抽样人员执行现场抽样任务时不得少于2人，并向被抽样食品生产经营者出示抽样检验告知书及有效身份证明文件。由承检机构执行抽样任务的，还应当出示任务委托书。

案件稽查、事故调查中的食品安全抽样活动，应当由食品安全行政执法人员进行或者陪同。

承担食品安全抽样检验任务的抽样单位和相关人员不得提前通知被抽样食品生产经营者。

第十五条 抽样人员现场抽样时，应当记录被抽样食品生产经营者的营业执照、许可证等可追溯信息。

抽样人员可以从食品经营者的经营场所、仓库以及食品生产者的成品库待销产品中随机抽取样品，不得由食品生产经营者自行提供样品。

抽样数量原则上应当满足检验和复检的要求。

第十六条 风险监测、案件稽查、事故调查、应急处置中的抽样，不受抽样数量、抽样地点、被抽样单位是否具备合法资质等限制。

第十七条 食品安全监督抽检中的样品分为检验样品和复检备份样品。

现场抽样的，抽样人员应当采取有效的防拆封措施，对检验样品和复检备份样品分别封样，并由抽样人员和被抽样食品生产经营者签字或者盖章确认。

抽样人员应当保存购物票据，并对抽样场所、贮存环境、样品信息等通过拍照或者录像等方式留存证据。

第十八条 市场监督管理部门开展网络食品安全抽样检验时，应当记录买样人员以及付款账户、注册账号、收货地址、联系方式等信息。买样人员应当通过截图、拍照或者录像等方式记录被抽样网络食品生产经营者信息、样品网页展示信息，以及订单信息、支付记录等。

抽样人员收到样品后，应当通过拍照或者录像等方式记录拆封过程，对递送包装、样品包装、样品储运条件等进行查验，并对检验样品和复检备份样品分别封样。

第十九条 抽样人员应当使用规范的抽样文书，详细记录抽样信息。记录保存期限不得少于2年。

现场抽样时，抽样人员应当书面告知被抽样食品生产经营者依法享有的权利和应当承担的义务。被抽样食品生产经营者应当在食品安全抽样文书上签字或者盖章，不得拒绝或者阻挠食品安全抽样工作。

第二十条 现场抽样时，样品、抽样文书以及相关资料应当由抽样人员于5个工作日内携带或者寄送至承检机构，不得由被抽样食品生产经营者自行送样和寄送文书。因客观原因需要延长送样期限的，应当经组织抽样检验的市场监督管理部门同意。

对有特殊贮存和运输要求的样品，抽样人员应当采取相应措施，保证样品贮存、运输过程符合国家相关规定和包装标示的要求，不发生影响检验结论的变化。

第二十一条 抽样人员发现食品生产经营者涉嫌违法、生产经营的食品及原料没有合法来源或者无正当理由拒绝接受食品安全抽样的，应当报告有管辖权的市场监督管理部门进行处理。

第四章 检验与结果报送

第二十二条 食品安全抽样检验的样品由承检机构保存。

承检机构接收样品时，应当查验、记录样品的外观、状态、封条有无破损以及其他可能对检验结论产生影响的情况，并核对样品与抽样文书信息，将检验样品和复检备份样品分别加贴相应标识后，按照要求入库存放。

对抽样不规范的样品，承检机构应当拒绝接收并书面说明理由，及时向组织或者实施食品安全抽样检验的市场监督管理部门报告。

第二十三条 食品安全监督抽检应当采用食品安全标准规定的检验项目和检验方法。没有食品安全标准的，应当采用依照法律法规制定的临时限量值、临时检验方法或者补充检验方法。

风险监测、案件稽查、事故调查、应急处置等工作中，在没有前款规定的检验方法的情况下，可以采用其他检验方法分析查找食品安全问题的原因。所采用的方法应当遵循技术手段先进的原则，并取得国家或者省级市场监督管理部门同意。

第二十四条 食品安全抽样检验实行承检机构与检验人负责制。承检机构出具的食品安全检验报告应当加盖机构公章，并有检验人的签名或者盖章。承检机构和检验人对出具的食品安全检验报告负责。

承检机构应当自收到样品之日起20个工作日内出具检验报告。市场监督管理部门与承检机构另有约定的，从其约定。

未经组织实施抽样检验任务的市场监督管理部门同意，承检机构不得分包或者转包检验任务。

第二十五条 食品安全监督抽检的检验结论合格的，承检机构应当自检验结论作出之日起3个月内妥善保存复检备份样品。复检备份样品剩余保质期不足3个月的，应当保存至保质期结束。合格备份样品能合理再利用、且符合省级以上市场监督管理部门有关要求的，可不受上述保存时间限制。

检验结论不合格的，承检机构应当自检验结论作出之日起6个月内妥善保存复检备份样品。复检备份样品剩余保质期不足6个月的，应当保存至保质期结束。

第二十六条 食品安全监督抽检的检验结论合格的，承检机构应当在检验结论作出后7个工作日内将检验结论报送组织或者委托实施抽样检验的市场监督管理部门。

抽样检验结论不合格的，承检机构应当在检验结论作出后2个工作日内报告组织或者委托实施抽样检验的市场监督管理部门。

第二十七条 国家市场监督管理总局组织的食品安全监督抽检的检验结论不合格的，承检机构除按照相关要求报告外，还应当通过国家食品安全抽样检验信息系统及时通报抽样地以及标称的食品生产者住所地市场监督管理部门。

地方市场监督管理部门组织或者实施食品安全监督抽检的检验结论不合格的，抽样地与标称食品生产者住所地不在同一省级行政区域的，抽样地市场监督管理部门应当在收到不合格检验结论后通过国家食品安全抽样检验信息系统及时通报标称的食品生产者住所地同级市场监督管理部门。同一省级行政区域内不合格检验结论的通报按照抽检地省级市场监督管理部门规定的程序和时限通报。

通过网络食品交易第三方平台抽样的，除按照前两款的规定通报外，还应当同时通报网络食品交易第三方平台提供者住所地市场监督管理部门。

第二十八条　食品安全监督抽检的抽样检验结论表明不合格食品可能对身体健康和生命安全造成严重危害的，市场监督管理部门和承检机构应当按照规定立即报告或者通报。

案件稽查、事故调查、应急处置中的检验结论的通报和报告，不受本办法规定时限限制。

第二十九条　县级以上地方市场监督管理部门收到监督抽检不合格检验结论后，应当按照省级以上市场监督管理部门的规定，在5个工作日内将检验报告和抽样检验结果通知书送达被抽样食品生产经营者、食品集中交易市场开办者、网络食品交易第三方平台提供者，并告知其依法享有的权利和应当承担的义务。

第五章　复检和异议

第三十条　食品生产经营者对依照本办法规定实施的监督抽检检验结论有异议的，可以自收到检验结论之日起7个工作日内，向实施监督抽检的市场监督管理部门或者其上一级市场监督管理部门提出书面复检申请。向国家市场监督管理总局提出复检申请的，国家市场监督管理总局可以委托复检申请人住所地省级市场监督管理部门负责办理。逾期未提出的，不予受理。

第三十一条　有下列情形之一的，不予复检：

（一）检验结论为微生物指标不合格的；

（二）复检备份样品超过保质期的；

（三）逾期提出复检申请的；

（四）其他原因导致备份样品无法实现复检目的的；

（五）法律、法规、规章以及食品安全标准规定的不予复检的其他情形。

第三十二条　市场监督管理部门应当自收到复检申请材料之日

起5个工作日内，出具受理或者不予受理通知书。不予受理的，应当书面说明理由。

市场监督管理部门应当自出具受理通知书之日起5个工作日内，在公布的复检机构名录中，遵循便捷高效原则，随机确定复检机构进行复检。复检机构不得与初检机构为同一机构。因客观原因不能及时确定复检机构的，可以延长5个工作日，并向申请人说明理由。

复检机构无正当理由不得拒绝复检任务，确实无法承担复检任务的，应当在2个工作日内向相关市场监督管理部门作出书面说明。

复检机构与复检申请人存在日常检验业务委托等利害关系的，不得接受复检申请。

第三十三条 初检机构应当自复检机构确定后3个工作日内，将备份样品移交至复检机构。因客观原因不能按时移交的，经受理复检的市场监督管理部门同意，可以延长3个工作日。复检样品的递送方式由初检机构和申请人协商确定。

复检机构接到备份样品后，应当通过拍照或者录像等方式对备份样品外包装、封条等完整性进行确认，并做好样品接收记录。复检备份样品封条、包装破坏，或者出现其他对结果判定产生影响的情况，复检机构应当及时书面报告市场监督管理部门。

第三十四条 复检机构实施复检，应当使用与初检机构一致的检验方法。实施复检时，食品安全标准对检验方法有新的规定的，从其规定。

初检机构可以派员观察复检机构的复检实施过程，复检机构应当予以配合。初检机构不得干扰复检工作。

第三十五条 复检机构应当自收到备份样品之日起10个工作日内，向市场监督管理部门提交复检结论。市场监督管理部门与复检机构对时限另有约定的，从其约定。复检机构出具的复检结论为最终检验结论。

市场监督管理部门应当自收到复检结论之日起5个工作日内，将复检结论通知申请人，并通报不合格食品生产经营者住所地市场监督管理部门。

第三十六条 复检申请人应当向复检机构先行支付复检费用。复检结论与初检结论一致的，复检费用由复检申请人承担。复检结论与初检结论不一致的，复检费用由实施监督抽检的市场监督管理部门承担。

复检费用包括检验费用和样品递送产生的相关费用。

第三十七条 在食品安全监督抽检工作中，食品生产经营者可以对其生产经营食品的抽样过程、样品真实性、检验方法、标准适用等事项依法提出异议处理申请。

对抽样过程有异议的，申请人应当在抽样完成后7个工作日内，向实施监督抽检的市场监督管理部门提出书面申请，并提交相关证明材料。

对样品真实性、检验方法、标准适用等事项有异议的，申请人应当自收到不合格结论通知之日起7个工作日内，向组织实施监督抽检的市场监督管理部门提出书面申请，并提交相关证明材料。

向国家市场监督管理总局提出异议申请的，国家市场监督管理总局可以委托申请人住所地省级市场监督管理部门负责办理。

第三十八条 异议申请材料不符合要求或者证明材料不齐全的，市场监督管理部门应当当场或者在5个工作日内一次告知申请人需要补正的全部内容。

市场监督管理部门应当自收到申请材料之日起5个工作日内，出具受理或者不予受理通知书。不予受理的，应当书面说明理由。

第三十九条 异议审核需要其他市场监督管理部门协助的，相关市场监督管理部门应当积极配合。

对抽样过程有异议的，市场监督管理部门应当自受理之日起20个工作日内，完成异议审核，并将审核结论书面告知申请人。

对样品真实性、检验方法、标准适用等事项有异议的，市场监督管理部门应当自受理之日起30个工作日内，完成异议审核，并将审核结论书面告知申请人。需商请有关部门明确检验以及判定依据相关要求的，所需时间不计算在内。

市场监督管理部门应当根据异议核查实际情况依法进行处理，并及时将异议处理申请受理情况及审核结论，通报不合格食品生产经营者住所地市场监督管理部门。

第六章 核查处置及信息发布

第四十条 食品生产经营者收到监督抽检不合格检验结论后，应当立即采取封存不合格食品，暂停生产、经营不合格食品，通知相关生产经营者和消费者，召回已上市销售的不合格食品等风险控制措施，排查不合格原因并进行整改，及时向住所地市场监督管理部门报告处理情况，积极配合市场监督管理部门的调查处理，不得拒绝、逃避。

在复检和异议期间，食品生产经营者不得停止履行前款规定的义务。食品生产经营者未主动履行的，市场监督管理部门应当责令其履行。

在国家利益、公共利益需要时，或者为处置重大食品安全突发事件，经省级以上市场监督管理部门同意，可以由省级以上市场监督管理部门组织调查分析或者再次抽样检验，查明不合格原因。

第四十一条 食品安全风险监测结果表明存在食品安全隐患的，省级以上市场监督管理部门应当组织相关领域专家进一步调查和分析研判，确认有必要通知相关食品生产经营者的，应当及时通知。

接到通知的食品生产经营者应当立即进行自查，发现食品不符合食品安全标准或者有证据证明可能危害人体健康的，应当依照食品安全法第六十三条的规定停止生产、经营，实施食品召回，并报告相关情况。

食品生产经营者未主动履行前款规定义务的，市场监督管理部门应当责令其履行，并可以对食品生产经营者的法定代表人或者主要负责人进行责任约谈。

第四十二条 食品经营者收到监督抽检不合格检验结论后,应当按照国家市场监督管理总局的规定在被抽检经营场所显著位置公示相关不合格产品信息。

第四十三条 市场监督管理部门收到监督抽检不合格检验结论后,应当及时启动核查处置工作,督促食品生产经营者履行法定义务,依法开展调查处理。必要时,上级市场监督管理部门可以直接组织调查处理。

县级以上地方市场监督管理部门组织的监督抽检,检验结论表明不合格食品含有违法添加的非食用物质,或者存在致病性微生物、农药残留、兽药残留、生物毒素、重金属以及其他危害人体健康的物质严重超出标准限量等情形的,应当依法及时处理并逐级报告至国家市场监督管理总局。

第四十四条 调查中发现涉及其他部门职责的,应当将有关信息通报相关职能部门。有委托生产情形的,受托方食品生产者住所地市场监督管理部门在开展核查处置的同时,还应当通报委托方食品生产经营者住所地市场监督管理部门。

第四十五条 市场监督管理部门应当在 90 日内完成不合格食品的核查处置工作。需要延长办理期限的,应当书面报请负责核查处置的市场监督管理部门负责人批准。

第四十六条 市场监督管理部门应当通过政府网站等媒体及时向社会公开监督抽检结果和不合格食品核查处置的相关信息,并按照要求将相关信息记入食品生产经营者信用档案。市场监督管理部门公布食品安全监督抽检不合格信息,包括被抽检食品名称、规格、商标、生产日期或者批号、不合格项目,标称的生产者名称、地址,以及被抽样单位名称、地址等。

可能对公共利益产生重大影响的食品安全监督抽检信息,市场监督管理部门应当在信息公布前加强分析研判,科学、准确公布信息,必要时,应当通报相关部门并报告同级人民政府或者上级市场监督管理部门。

任何单位和个人不得擅自发布、泄露市场监督管理部门组织的食品安全监督抽检信息。

第七章 法律责任

第四十七条 食品生产经营者违反本办法的规定，无正当理由拒绝、阻挠或者干涉食品安全抽样检验、风险监测和调查处理的，由县级以上人民政府市场监督管理部门依照食品安全法第一百三十三条第一款的规定处罚；违反治安管理处罚法有关规定的，由市场监督管理部门依法移交公安机关处理。

食品生产经营者违反本办法第三十七条的规定，提供虚假证明材料的，由市场监督管理部门给予警告，并处1万元以上3万元以下罚款。

违反本办法第四十二条的规定，食品经营者未按规定公示相关不合格产品信息的，由市场监督管理部门责令改正；拒不改正的，给予警告，并处2000元以上3万元以下罚款。

第四十八条 违反本办法第四十条、第四十一条的规定，经市场监督管理部门责令履行后，食品生产经营者仍拒不召回或者停止经营的，由县级以上人民政府市场监督管理部门依照食品安全法第一百二十四条第一款的规定处罚。

第四十九条 市场监督管理部门应当依法将食品生产经营者受到的行政处罚等信息归集至国家企业信用信息公示系统，记于食品生产经营者名下并向社会公示。对存在严重违法失信行为的，按照规定实施联合惩戒。

第五十条 有下列情形之一的，市场监督管理部门应当按照有关规定依法处理并向社会公布；构成犯罪的，依法移送司法机关处理。

（一）调换样品、伪造检验数据或者出具虚假检验报告的；

（二）利用抽样检验工作之便牟取不正当利益的；

（三）违反规定事先通知被抽检食品生产经营者的；

（四）擅自发布食品安全抽样检验信息的；

（五）未按照规定的时限和程序报告不合格检验结论，造成严重后果的；

（六）有其他违法行为的。

有前款规定的第（一）项情形的，市场监督管理部门终身不得委托其承担抽样检验任务；有前款规定的第（一）项以外其他情形的，市场监督管理部门五年内不得委托其承担抽样检验任务。

复检机构有第一款规定的情形，或者无正当理由拒绝承担复检任务的，由县级以上人民政府市场监督管理部门给予警告；无正当理由1年内2次拒绝承担复检任务的，由国务院市场监督管理部门商有关部门撤销其复检机构资质并向社会公布。

第五十一条 市场监督管理部门及其工作人员有违反法律、法规以及本办法规定和有关纪律要求的，应当依据食品安全法和相关规定，对直接负责的主管人员和其他直接责任人员，给予相应的处分；构成犯罪的，依法移送司法机关处理。

第八章 附　　则

第五十二条 本办法所称监督抽检是指市场监督管理部门按照法定程序和食品安全标准等规定，以排查风险为目的，对食品组织的抽样、检验、复检、处理等活动。

本办法所称风险监测是指市场监督管理部门对没有食品安全标准的风险因素，开展监测、分析、处理的活动。

第五十三条 市场监督管理部门可以参照本办法的有关规定组织开展评价性抽检。

评价性抽检是指依据法定程序和食品安全标准等规定开展抽样检验，对市场上食品总体安全状况进行评估的活动。

第五十四条 食品添加剂的检验，适用本办法有关食品检验的规定。

餐饮食品、食用农产品进入食品生产经营环节的抽样检验以及保质期短的食品、节令性食品的抽样检验，参照本办法执行。

市场监督管理部门可以参照本办法关于网络食品安全监督抽检的规定对自动售卖机、无人超市等没有实际经营人员的食品经营者组织实施抽样检验。

第五十五条 承检机构制作的电子检验报告与出具的书面检验报告具有同等法律效力。

第五十六条 本办法自2019年10月1日起施行。

食品生产经营监督检查管理办法

（2021年12月24日国家市场监督管理总局令第49号公布 自2022年3月15日起施行）

第一章 总 则

第一条 为了加强和规范对食品生产经营活动的监督检查，督促食品生产经营者落实主体责任，保障食品安全，根据《中华人民共和国食品安全法》及其实施条例等法律法规，制定本办法。

第二条 市场监督管理部门对食品（含食品添加剂）生产经营者执行食品安全法律、法规、规章和食品安全标准等情况实施监督检查，适用本办法。

第三条 监督检查应当遵循属地负责、风险管理、程序合法、公正公开的原则。

第四条 食品生产经营者应当对其生产经营食品的安全负责，积极配合市场监督管理部门实施监督检查。

第五条 县级以上地方市场监督管理部门应当按照规定在覆盖所有食品生产经营者的基础上，结合食品生产经营者信用状况，随机选取食品生产经营者、随机选派监督检查人员实施监督检查。

第六条 市场监督管理部门应当加强监督检查信息化建设，记录、归集、分析监督检查信息，加强数据整合、共享和利用，完善监督检查措施，提升智慧监管水平。

第二章 监督检查事权

第七条 国家市场监督管理总局负责监督指导全国食品生产经营监督检查工作，可以根据需要组织开展监督检查。

第八条 省级市场监督管理部门负责监督指导本行政区域内食品生产经营监督检查工作，重点组织和协调对产品风险高、影响区域广的食品生产经营者的监督检查。

第九条 设区的市级（以下简称市级）、县级市场监督管理部门负责本行政区域内食品生产经营监督检查工作。

市级市场监督管理部门可以结合本行政区域食品生产经营者规模、风险、分布等实际情况，按照本级人民政府要求，划分本行政区域监督检查事权，确保监督检查覆盖本行政区域所有食品生产经营者。

第十条 市级以上市场监督管理部门根据监督管理工作需要，可以对由下级市场监督管理部门负责日常监督管理的食品生产经营者实施随机监督检查，也可以组织下级市场监督管理部门对食品生产经营者实施异地监督检查。

市场监督管理部门应当协助、配合上级市场监督管理部门在本行政区域内开展监督检查。

第十一条　市场监督管理部门之间涉及管辖争议的监督检查事项，应当报请共同上一级市场监督管理部门确定。

第十二条　上级市场监督管理部门可以定期或者不定期组织对下级市场监督管理部门的监督检查工作进行监督指导。

第三章　监督检查要点

第十三条　国家市场监督管理总局根据法律、法规、规章和食品安全标准等有关规定，制定国家食品生产经营监督检查要点表，明确监督检查的主要内容。按照风险管理的原则，检查要点表分为一般项目和重点项目。

第十四条　省级市场监督管理部门可以按照国家食品生产经营监督检查要点表，结合实际细化，制定本行政区域食品生产经营监督检查要点表。

省级市场监督管理部门针对食品生产经营新业态、新技术、新模式，补充制定相应的食品生产经营监督检查要点，并在出台后30日内向国家市场监督管理总局报告。

第十五条　食品生产环节监督检查要点应当包括食品生产者资质、生产环境条件、进货查验、生产过程控制、产品检验、贮存及交付控制、不合格食品管理和食品召回、标签和说明书、食品安全自查、从业人员管理、信息记录和追溯、食品安全事故处置等情况。

第十六条　委托生产食品、食品添加剂的，委托方、受托方应当遵守法律、法规、食品安全标准以及合同的约定，并将委托生产的食品品种、委托期限、委托方对受托方生产行为的监督等情况予以单独记录，留档备查。市场监督管理部门应当将上述委托生产情况作为监督检查的重点。

第十七条　食品销售环节监督检查要点应当包括食品销售者资质、一般规定执行、禁止性规定执行、经营场所环境卫生、经营过程控制、进货查验、食品贮存、食品召回、温度控制及记录、过期及其他不符合食品安全标准食品处置、标签和说明书、食品安全自查、从业人员管理、食品安全事故处置、进口食品销售、食用农产品销售、网络食品销售等情况。

第十八条 特殊食品生产环节监督检查要点，除应当包括本办法第十五条规定的内容，还应当包括注册备案要求执行、生产质量管理体系运行、原辅料管理等情况。保健食品生产环节的监督检查要点还应当包括原料前处理等情况。

特殊食品销售环节监督检查要点，除应当包括本办法第十七条规定的内容，还应当包括禁止混放要求落实、标签和说明书核对等情况。

第十九条 集中交易市场开办者、展销会举办者监督检查要点应当包括举办前报告、入场食品经营者的资质审查、食品安全管理责任明确、经营环境和条件检查等情况。

对温度、湿度有特殊要求的食品贮存业务的非食品生产经营者的监督检查要点应当包括备案、信息记录和追溯、食品安全要求落实等情况。

第二十条 餐饮服务环节监督检查要点应当包括餐饮服务提供者资质、从业人员健康管理、原料控制、加工制作过程、食品添加剂使用管理、场所和设备设施清洁维护、餐饮具清洗消毒、食品安全事故处置等情况。

餐饮服务环节的监督检查应当强化学校等集中用餐单位供餐的食品安全要求。

第四章 监督检查程序

第二十一条 县级以上地方市场监督管理部门应当按照本级人民政府食品安全年度监督管理计划，综合考虑食品类别、企业规模、管理水平、食品安全状况、风险等级、信用档案记录等因素，编制年度监督检查计划。

县级以上地方市场监督管理部门按照国家市场监督管理总局的规定，根据风险管理的原则，结合食品生产经营者的食品类别、业态规模、风险控制能力、信用状况、监督检查等情况，将食品生产经营者的风险等级从低到高分为 A 级风险、B 级风险、C 级风险、D 级风险四个等级。

第二十二条　市场监督管理部门应当每两年对本行政区域内所有食品生产经营者至少进行一次覆盖全部检查要点的监督检查。

市场监督管理部门应当对特殊食品生产者，风险等级为 C 级、D 级的食品生产者，风险等级为 D 级的食品经营者以及中央厨房、集体用餐配送单位等高风险食品生产经营者实施重点监督检查，并可以根据实际情况增加日常监督检查频次。

市场监督管理部门可以根据工作需要，对通过食品安全抽样检验等发现问题线索的食品生产经营者实施飞行检查，对特殊食品、高风险大宗消费食品生产企业和大型食品经营企业等的质量管理体系运行情况实施体系检查。

第二十三条　市场监督管理部门组织实施监督检查应当由 2 名以上（含 2 名）监督检查人员参加。检查人员较多的，可以组成检查组。市场监督管理部门根据需要可以聘请相关领域专业技术人员参加监督检查。

检查人员与检查对象之间存在直接利害关系或者其他可能影响检查公正情形的，应当回避。

第二十四条　检查人员应当当场出示有效执法证件或者市场监督管理部门出具的检查任务书。

第二十五条　市场监督管理部门实施监督检查，有权采取下列措施，被检查单位不得拒绝、阻挠、干涉：

（一）进入食品生产经营等场所实施现场检查；

（二）对被检查单位生产经营的食品进行抽样检验；

（三）查阅、复制有关合同、票据、账簿以及其他有关资料；

（四）查封、扣押有证据证明不符合食品安全标准或者有证据证明存在安全隐患以及用于违法生产经营的食品、工具和设备；

（五）查封违法从事食品生产经营活动的场所；

（六）法律法规规定的其他措施。

第二十六条 食品生产经营者应当配合监督检查工作，按照市场监督管理部门的要求，开放食品生产经营场所，回答相关询问，提供相关合同、票据、账簿以及前次监督检查结果和整改情况等其他有关资料，协助生产经营现场检查和抽样检验，并为检查人员提供必要的工作条件。

第二十七条 检查人员应当按照本办法规定和检查要点要求开展监督检查，并对监督检查情况如实记录。除飞行检查外，实施监督检查应当覆盖检查要点所有检查项目。

第二十八条 市场监督管理部门实施监督检查，可以根据需要，依照食品安全抽样检验管理有关规定，对被检查单位生产经营的原料、半成品、成品等进行抽样检验。

第二十九条 市场监督管理部门实施监督检查时，可以依法对企业食品安全管理人员随机进行监督抽查考核并公布考核情况。抽查考核不合格的，应当督促企业限期整改，并及时安排补考。

第三十条 检查人员在监督检查中应当对发现的问题进行记录，必要时可以拍摄现场情况，收集或者复印相关合同、票据、账簿以及其他有关资料。

检查人员认为食品生产经营者涉嫌违法违规的相关证据可能灭失或者以后难以取得的，可以依法采取证据保全或者行政强制措施，并执行市场监管行政处罚程序相关规定。

检查记录以及相关证据，可以作为行政处罚的依据。

第三十一条 检查人员应当综合监督检查情况进行判定，确定检查结果。

有发生食品安全事故潜在风险的，食品生产经营者应当立即停止生产经营活动。

第三十二条 发现食品生产经营者不符合监督检查要点表重点项目，影响食品安全的，市场监督管理部门应当依法进行调查处理。

第三十三条 发现食品生产经营者不符合监督检查要点表一般项目，但情节显著轻微不影响食品安全的，市场监督管理部门应当当场责令其整改。

可以当场整改的，检查人员应当对食品生产经营者采取的整改措施以及整改情况进行记录；需要限期整改的，市场监督管理部门应当书面提出整改要求和时限。被检查单位应当按期整改，并将整改情况报告市场监督管理部门。市场监督管理部门应当跟踪整改情况并记录整改结果。

不符合监督检查要点表一般项目，影响食品安全的，市场监督管理部门应当依法进行调查处理。

第三十四条 食品生产经营者应当按照检查人员要求，在现场检查、询问、抽样检验等文书以及收集、复印的有关资料上签字或者盖章。

被检查单位拒绝在相关文书、资料上签字或者盖章的，检查人员应当注明原因，并可以邀请有关人员作为见证人签字、盖章，或者采取录音、录像等方式进行记录，作为监督执法的依据。

第三十五条 检查人员应当将监督检查结果现场书面告知食品生产经营者。需要进行检验检测的，市场监督管理部门应当及时告知检验结论。

上级市场监督管理部门组织的监督检查，还应当将监督检查结果抄送食品生产经营者所在地市场监督管理部门。

第五章 监督管理

第三十六条 市场监督管理部门在监督检查中发现食品不符合

食品安全法律、法规、规章和食品安全标准的，在依法调查处理的同时，应当及时督促食品生产经营者追查相关食品的来源和流向，查明原因、控制风险，并根据需要通报相关市场监督管理部门。

第三十七条 监督检查中发现生产经营的食品、食品添加剂的标签、说明书存在食品安全法第一百二十五条第二款规定的瑕疵的，市场监督管理部门应当责令当事人改正。经食品生产者采取补救措施且能保证食品安全的食品、食品添加剂可以继续销售；销售时应当向消费者明示补救措施。

认定标签、说明书瑕疵，应当综合考虑标注内容与食品安全的关联性、当事人的主观过错、消费者对食品安全的理解和选择等因素。有下列情形之一的，可以认定为食品安全法第一百二十五条第二款规定的标签、说明书瑕疵：

（一）文字、符号、数字的字号、字体、字高不规范，出现错别字、多字、漏字、繁体字，或者外文翻译不准确以及外文字号、字高大于中文等的；

（二）净含量、规格的标示方式和格式不规范，或者对没有特殊贮存条件要求的食品，未按照规定标注贮存条件的；

（三）食品、食品添加剂以及配料使用的俗称或者简称等不规范的；

（四）营养成分表、配料表顺序、数值、单位标示不规范，或者营养成分表数值修约间隔、"0"界限值、标示单位不规范的；

（五）对有证据证明未实际添加的成分，标注了"未添加"，但未按照规定标示具体含量的；

（六）国家市场监督管理总局认定的其他情节轻微，不影响食品安全，没有故意误导消费者的情形。

第三十八条 市场监督管理部门在监督检查中发现违法案件线索，对不属于本部门职责或者超出管辖范围的，应当及时移送有权处理的部门；涉嫌犯罪的，应当依法移送公安机关。

第三十九条 市场监督管理部门应当于检查结果信息形成后20

个工作日内向社会公开。

检查结果对消费者有重要影响的,食品生产经营者应当按照规定在食品生产经营场所醒目位置张贴或者公开展示监督检查结果记录表,并保持至下次监督检查。有条件的可以通过电子屏幕等信息化方式向消费者展示监督检查结果记录表。

第四十条 监督检查中发现存在食品安全隐患,食品生产经营者未及时采取有效措施消除的,市场监督管理部门可以对食品生产经营者的法定代表人或者主要负责人进行责任约谈。

第四十一条 监督检查结果,以及市场监督管理部门约谈食品生产经营者情况和食品生产经营者整改情况应当记入食品生产经营者食品安全信用档案。对存在严重违法失信行为的,按照规定实施联合惩戒。

第四十二条 对同一食品生产经营者,上级市场监督管理部门已经开展监督检查的,下级市场监督管理部门原则上三个月内不再重复检查已检查的项目,但食品生产经营者涉嫌违法或者存在明显食品安全隐患等情形的除外。

第四十三条 上级市场监督管理部门发现下级市场监督管理部门的监督检查工作不符合法律法规和本办法规定要求的,应当根据需要督促其再次组织监督检查或者自行组织监督检查。

第四十四条 县级以上市场监督管理部门应当加强专业化职业化检查员队伍建设,定期对检查人员开展培训与考核,提升检查人员食品安全法律、法规、规章、标准和专业知识等方面的能力和水平。

第四十五条 县级以上市场监督管理部门应当按照规定安排充足的经费,配备满足监督检查工作需要的采样、检验检测、拍摄、移动办公、安全防护等工具、设备。

第四十六条 检查人员(含聘用制检查人员和相关领域专业技术人员)在实施监督检查过程中,应当严格遵守有关法律法规、廉政纪律和工作要求,不得违反规定泄露监督检查相关情况以及被检查单位的商业秘密、未披露信息或者保密商务信息。

实施飞行检查,检查人员不得事先告知被检查单位飞行检查内容、检查人员行程等检查相关信息。

第四十七条 鼓励食品生产经营者选择有相关资质的食品安全第三方专业机构及其专业化、职业化的专业技术人员对自身的食品安全状况进行评价,评价结果可以作为市场监督管理部门监督检查的参考。

第六章 法律责任

第四十八条 食品生产经营者未按照规定在显著位置张贴或者公开展示相关监督检查结果记录表,撕毁、涂改监督检查结果记录表,或者未保持日常监督检查结果记录表至下次日常监督检查的,由县级以上地方市场监督管理部门责令改正;拒不改正的,给予警告,可以并处5000元以上5万元以下罚款。

第四十九条 食品生产经营者有下列拒绝、阻挠、干涉市场监督管理部门进行监督检查情形之一的,由县级以上市场监督管理部门依照食品安全法第一百三十三条第一款的规定进行处理:

(一)拒绝、拖延、限制检查人员进入被检查场所或者区域的,或者限制检查时间的;

(二)拒绝或者限制抽取样品、录像、拍照和复印等调查取证工作的;

(三)无正当理由不提供或者延迟提供与检查相关的合同、记录、票据、账簿、电子数据等材料的;

(四)以主要负责人、主管人员或者相关工作人员不在岗为由,或者故意以停止生产经营等方式欺骗、误导、逃避检查的;

(五)以暴力、威胁等方法阻碍检查人员依法履行职责的;

(六)隐藏、转移、变卖、损毁检查人员依法查封、扣押的财物的；

（七）伪造、隐匿、毁灭证据或者提供虚假情况的；

（八）其他妨碍检查人员履行职责的。

第五十条 食品生产经营者拒绝、阻挠、干涉监督检查，违反治安管理处罚相关规定的，由市场监督管理部门依法移交公安机关处理。

食品生产经营者以暴力、威胁等方法阻碍检查人员依法履行职责，涉嫌犯罪的，由市场监督管理部门依法移交公安机关处理。

第五十一条 发现食品生产经营者有食品安全法实施条例第六十七条第一款规定的情形，属于情节严重的，市场监督管理部门应当依法从严处理。对情节严重的违法行为处以罚款时，应当依法从重从严。

食品生产经营者违反食品安全法律、法规、规章和食品安全标准的规定，属于初次违法且危害后果轻微并及时改正的，可以不予行政处罚。

当事人有证据足以证明没有主观过错的，不予行政处罚。法律、行政法规另有规定的，从其规定。

第五十二条 市场监督管理部门及其工作人员有违反法律、法规以及本办法规定和有关纪律要求的，应当依据食品安全法和相关规定，对直接负责的主管人员和其他直接责任人员，给予相应的处分；涉嫌犯罪的，依法移交司法机关处理。

第七章 附 则

第五十三条 本办法所称日常监督检查是指市级、县级市场监督管理部门按照年度食品生产经营监督检查计划，对本行政区域内食品生产经营者开展的常规性检查。

本办法所称飞行检查是指市场监督管理部门根据监督管理工作

需要以及问题线索等，对食品生产经营者依法开展的不预先告知的监督检查。

本办法所称体系检查是指市场监督管理部门以风险防控为导向，对特殊食品、高风险大宗食品生产企业和大型食品经营企业等的质量管理体系执行情况依法开展的系统性监督检查。

第五十四条 地方市场监督管理部门对食品生产加工小作坊、食品摊贩、小餐饮等的监督检查，省、自治区、直辖市没有规定的，可以参照本办法执行。

第五十五条 本办法自2022年3月15日起施行。原国家食品药品监督管理总局2016年3月4日发布的《食品生产经营日常监督检查管理办法》同时废止。

食品召回管理办法

(2015年3月11日国家食品药品监督管理总局令第12号公布 根据2020年10月23日《国家市场监督管理总局关于修改部分规章的决定》修订)

第一章 总 则

第一条 为加强食品生产经营管理，减少和避免不安全食品的危害，保障公众身体健康和生命安全，根据《中华人民共和国食品安全法》及其实施条例等法律法规的规定，制定本办法。

第二条 在中华人民共和国境内，不安全食品的停止生产经营、召回和处置及其监督管理，适用本办法。

不安全食品是指食品安全法律法规规定禁止生产经营的食品以及其他有证据证明可能危害人体健康的食品。

第三条 食品生产经营者应当依法承担食品安全第一责任人的

义务，建立健全相关管理制度，收集、分析食品安全信息，依法履行不安全食品的停止生产经营、召回和处置义务。

第四条 国家市场监督管理总局负责指导全国不安全食品停止生产经营、召回和处置的监督管理工作。

县级以上地方市场监督管理部门负责本行政区域的不安全食品停止生产经营、召回和处置的监督管理工作。

第五条 县级以上市场监督管理部门组织建立由医学、毒理、化学、食品、法律等相关领域专家组成的食品安全专家库，为不安全食品的停止生产经营、召回和处置提供专业支持。

第六条 国家市场监督管理总局负责汇总分析全国不安全食品的停止生产经营、召回和处置信息，根据食品安全风险因素，完善食品安全监督管理措施。

县级以上地方市场监督管理部门负责收集、分析和处理本行政区域不安全食品的停止生产经营、召回和处置信息，监督食品生产经营者落实主体责任。

第七条 鼓励和支持食品行业协会加强行业自律，制定行业规范，引导和促进食品生产经营者依法履行不安全食品的停止生产经营、召回和处置义务。

鼓励和支持公众对不安全食品的停止生产经营、召回和处置等活动进行社会监督。

第二章 停止生产经营

第八条 食品生产经营者发现其生产经营的食品属于不安全食品的，应当立即停止生产经营，采取通知或者公告的方式告知相关食品生产经营者停止生产经营、消费者停止食用，并采取必要的措施防控食品安全风险。

食品生产经营者未依法停止生产经营不安全食品的，县级以上市场监督管理部门可以责令其停止生产经营不安全食品。

第九条 食品集中交易市场的开办者、食品经营柜台的出租者、食品展销会的举办者发现食品经营者经营的食品属于不安全食品的，应当及时采取有效措施，确保相关经营者停止经营不安全食品。

第十条 网络食品交易第三方平台提供者发现网络食品经营者经营的食品属于不安全食品的，应当依法采取停止网络交易平台服务等措施，确保网络食品经营者停止经营不安全食品。

第十一条 食品生产经营者生产经营的不安全食品未销售给消费者，尚处于其他生产经营者控制中的，食品生产经营者应当立即追回不安全食品，并采取必要措施消除风险。

第三章 召 回

第十二条 食品生产者通过自检自查、公众投诉举报、经营者和监督管理部门告知等方式知悉其生产经营的食品属于不安全食品的，应当主动召回。

食品生产者应当主动召回不安全食品而没有主动召回的，县级以上市场监督管理部门可以责令其召回。

第十三条 根据食品安全风险的严重和紧急程度，食品召回分为三级：

（一）一级召回：食用后已经或者可能导致严重健康损害甚至死亡的，食品生产者应当在知悉食品安全风险后 24 小时内启动召回，并向县级以上地方市场监督管理部门报告召回计划。

（二）二级召回：食用后已经或者可能导致一般健康损害，食品生产者应当在知悉食品安全风险后 48 小时内启动召回，并向县级以上地方市场监督管理部门报告召回计划。

（三）三级召回：标签、标识存在虚假标注的食品，食品生产者应当在知悉食品安全风险后 72 小时内启动召回，并向县级以上地方市场监督管理部门报告召回计划。标签、标识存在瑕疵，食用后不会造成健康损害的食品，食品生产者应当改正，可以自愿召回。

第十四条　食品生产者应当按照召回计划召回不安全食品。

县级以上地方市场监督管理部门收到食品生产者的召回计划后，必要时可以组织专家对召回计划进行评估。评估结论认为召回计划应当修改的，食品生产者应当立即修改，并按照修改后的召回计划实施召回。

第十五条　食品召回计划应当包括下列内容：

（一）食品生产者的名称、住所、法定代表人、具体负责人、联系方式等基本情况；

（二）食品名称、商标、规格、生产日期、批次、数量以及召回的区域范围；

（三）召回原因及危害后果；

（四）召回等级、流程及时限；

（五）召回通知或者公告的内容及发布方式；

（六）相关食品生产经营者的义务和责任；

（七）召回食品的处置措施、费用承担情况；

（八）召回的预期效果。

第十六条　食品召回公告应当包括下列内容：

（一）食品生产者的名称、住所、法定代表人、具体负责人、联系电话、电子邮箱等；

（二）食品名称、商标、规格、生产日期、批次等；

（三）召回原因、等级、起止日期、区域范围；

（四）相关食品生产经营者的义务和消费者退货及赔偿的流程。

第十七条　不安全食品在本省、自治区、直辖市销售的，食品召回公告应当在省级市场监督管理部门网站和省级主要媒体上发布。省级市场监督管理部门网站发布的召回公告应当与国家市场监督管理总局网站链接。

不安全食品在两个以上省、自治区、直辖市销售的，食品召回公告应当在国家市场监督管理总局网站和中央主要媒体上发布。

第十八条 实施一级召回的,食品生产者应当自公告发布之日起 10 个工作日内完成召回工作。

实施二级召回的,食品生产者应当自公告发布之日起 20 个工作日内完成召回工作。

实施三级召回的,食品生产者应当自公告发布之日起 30 个工作日内完成召回工作。

情况复杂的,经县级以上地方市场监督管理部门同意,食品生产者可以适当延长召回时间并公布。

第十九条 食品经营者知悉食品生产者召回不安全食品后,应当立即采取停止购进、销售,封存不安全食品,在经营场所醒目位置张贴生产者发布的召回公告等措施,配合食品生产者开展召回工作。

第二十条 食品经营者对因自身原因所导致的不安全食品,应当根据法律法规的规定在其经营的范围内主动召回。

食品经营者召回不安全食品应当告知供货商。供货商应当及时告知生产者。

食品经营者在召回通知或者公告中应当特别注明系因其自身的原因导致食品出现不安全问题。

第二十一条 因生产者无法确定、破产等原因无法召回不安全食品的,食品经营者应当在其经营的范围内主动召回不安全食品。

第二十二条 食品经营者召回不安全食品的程序,参照食品生产者召回不安全食品的相关规定处理。

第四章 处 置

第二十三条 食品生产经营者应当依据法律法规的规定,对因停止生产经营、召回等原因退出市场的不安全食品采取补救、无害化处理、销毁等处置措施。

食品生产经营者未依法处置不安全食品的,县级以上地方市场监督管理部门可以责令其依法处置不安全食品。

第二十四条 对违法添加非食用物质、腐败变质、病死畜禽等严重危害人体健康和生命安全的不安全食品,食品生产经营者应当立即就地销毁。

不具备就地销毁条件的,可由不安全食品生产经营者集中销毁处理。食品生产经营者在集中销毁处理前,应当向县级以上地方市场监督管理部门报告。

第二十五条 对因标签、标识等不符合食品安全标准而被召回的食品,食品生产者可以在采取补救措施且能保证食品安全的情况下继续销售,销售时应当向消费者明示补救措施。

第二十六条 对不安全食品进行无害化处理,能够实现资源循环利用的,食品生产经营者可以按照国家有关规定进行处理。

第二十七条 食品生产经营者对不安全食品处置方式不能确定的,应当组织相关专家进行评估,并根据评估意见进行处置。

第二十八条 食品生产经营者应当如实记录停止生产经营、召回和处置不安全食品的名称、商标、规格、生产日期、批次、数量等内容。记录保存期限不得少于2年。

第五章 监督管理

第二十九条 县级以上地方市场监督管理部门发现不安全食品的,应当通知相关食品生产经营者停止生产经营或者召回,采取相关措施消除食品安全风险。

第三十条 县级以上地方市场监督管理部门发现食品生产经营者生产经营的食品可能属于不安全食品的,可以开展调查分析,相关食品生产经营者应当积极协助。

第三十一条　县级以上地方市场监督管理部门可以对食品生产经营者停止生产经营、召回和处置不安全食品情况进行现场监督检查。

第三十二条　食品生产经营者停止生产经营、召回和处置的不安全食品存在较大风险的，应当在停止生产经营、召回和处置不安全食品结束后5个工作日内向县级以上地方市场监督管理部门书面报告情况。

第三十三条　县级以上地方市场监督管理部门可以要求食品生产经营者定期或者不定期报告不安全食品停止生产经营、召回和处置情况。

第三十四条　县级以上地方市场监督管理部门可以对食品生产经营者提交的不安全食品停止生产经营、召回和处置报告进行评价。

评价结论认为食品生产经营者采取的措施不足以控制食品安全风险的，县级以上地方市场监督管理部门应当责令食品生产经营者采取更为有效的措施停止生产经营、召回和处置不安全食品。

第三十五条　为预防和控制食品安全风险，县级以上地方市场监督管理部门可以发布预警信息，要求相关食品生产经营者停止生产经营不安全食品，提示消费者停止食用不安全食品。

第三十六条　县级以上地方市场监督管理部门将不安全食品停止生产经营、召回和处置情况记入食品生产经营者信用档案。

第六章　法　律　责　任

第三十七条　食品生产经营者违反本办法有关不安全食品停止生产经营、召回和处置的规定，食品安全法律法规有规定的，依照相关规定处理。

第三十八条　食品生产经营者违反本办法第八条第一款、第十二条第一款、第十三条、第十四条、第二十条第一款、第二十一条、

第二十三条第一款、第二十四条第一款的规定，不立即停止生产经营、不主动召回、不按规定时限启动召回、不按照召回计划召回不安全食品或者不按照规定处置不安全食品的，由市场监督管理部门给予警告，并处1万元以上3万元以下罚款。

第三十九条 食品经营者违反本办法第十九条的规定，不配合食品生产者召回不安全食品的，由市场监督管理部门给予警告，并处5000元以上3万元以下罚款。

第四十条 食品生产经营者违反本办法第十三条、第二十四条第二款、第三十二条的规定，未按规定履行相关报告义务的，由市场监督管理部门责令改正，给予警告；拒不改正的，处2000元以上2万元以下罚款。

第四十一条 食品生产经营者违反本办法第二十三条第二款的规定，市场监督管理部门责令食品生产经营者依法处置不安全食品，食品生产经营者拒绝或者拖延履行的，由市场监督管理部门给予警告，并处2万元以上3万元以下罚款。

第四十二条 食品生产经营者违反本办法第二十八条的规定，未按规定记录保存不安全食品停止生产经营、召回和处置情况的，由市场监督管理部门责令改正，给予警告；拒不改正的，处2000元以上2万元以下罚款。

第四十三条 食品生产经营者停止生产经营、召回和处置不安全食品，不免除其依法应当承担的其他法律责任。

食品生产经营者主动采取停止生产经营、召回和处置不安全食品措施，消除或者减轻危害后果的，依法从轻或者减轻处罚；违法情节轻微并及时纠正，没有造成危害后果的，不予行政处罚。

第四十四条 县级以上地方市场监督管理部门不依法履行本办法规定的职责，造成不良后果的，依照《中华人民共和国食品安全法》的有关规定，对直接负责的主管人员和其他直接责任人员给予行政处分。

第七章 附 则

第四十五条 本办法适用于食品、食品添加剂和保健食品。

食品生产经营者对进入批发、零售市场或者生产加工企业后的食用农产品的停止经营、召回和处置，参照本办法执行。

第四十六条 本办法自2015年9月1日起施行。

食品添加剂新品种管理办法

（2010年3月30日中华人民共和国卫生部令第73号公布 根据2017年12月26日《国家卫生计生委关于修改〈新食品原料安全性审查管理办法〉等7件部门规章的决定》修订）

第一条 为加强食品添加剂新品种管理，根据《食品安全法》和《食品安全法实施条例》有关规定，制定本办法。

第二条 食品添加剂新品种是指：

（一）未列入食品安全国家标准的食品添加剂品种；

（二）未列入国家卫生计生委公告允许使用的食品添加剂品种；

（三）扩大使用范围或者用量的食品添加剂品种。

第三条 食品添加剂应当在技术上确有必要且经过风险评估证明安全可靠。

第四条 使用食品添加剂应当符合下列要求：

（一）不应当掩盖食品腐败变质；

（二）不应当掩盖食品本身或者加工过程中的质量缺陷；

（三）不以掺杂、掺假、伪造为目的而使用食品添加剂；

（四）不应当降低食品本身的营养价值；

（五）在达到预期的效果下尽可能降低在食品中的用量；

（六）食品工业用加工助剂应当在制成最后成品之前去除，有规定允许残留量的除外。

第五条 国家卫生计生委负责食品添加剂新品种的审查许可工作，组织制定食品添加剂新品种技术评价和审查规范。

国家卫生计生委食品添加剂新品种技术审评机构（以下简称审评机构）负责食品添加剂新品种技术审查，提出综合审查结论及建议。

第六条 申请食品添加剂新品种生产、经营、使用或者进口的单位或者个人（以下简称申请人），应当提出食品添加剂新品种许可申请，并提交以下材料：

（一）添加剂的通用名称、功能分类，用量和使用范围；

（二）证明技术上确有必要和使用效果的资料或者文件；

（三）食品添加剂的质量规格要求、生产工艺和检验方法，食品中该添加剂的检验方法或者相关情况说明；

（四）安全性评估材料，包括生产原料或者来源、化学结构和物理特性、生产工艺、毒理学安全性评价资料或者检验报告、质量规格检验报告；

（五）标签、说明书和食品添加剂产品样品；

（六）其他国家（地区）、国际组织允许生产和使用等有助于安全性评估的资料。

申请食品添加剂品种扩大使用范围或者用量的，可以免于提交前款第四项材料，但是技术评审中要求补充提供的除外。

第七条 申请首次进口食品添加剂新品种的，除提交第六条规定的材料外，还应当提交以下材料：

（一）出口国（地区）相关部门或者机构出具的允许该添加剂在本国（地区）生产或者销售的证明材料；

（二）生产企业所在国（地区）有关机构或者组织出具的对生产企业审查或者认证的证明材料。

第八条 申请人应当如实提交有关材料,反映真实情况,并对申请材料内容的真实性负责,承担法律后果。

第九条 申请人应当在其提交的本办法第六条第一款第一项、第二项、第三项材料中注明不涉及商业秘密,可以向社会公开的内容。

食品添加剂新品种技术上确有必要和使用效果等情况,应当向社会公开征求意见,同时征求质量监督、工商行政管理、食品药品监督管理、工业和信息化、商务等有关部门和相关行业组织的意见。

对有重大意见分歧,或者涉及重大利益关系的,可以举行听证会听取意见。

反映的有关意见作为技术评审的参考依据。

第十条 国家卫生计生委应当在受理后60日内组织医学、农业、食品、营养、工艺等方面的专家对食品添加剂新品种技术上确有必要性和安全性评估资料进行技术审查,并作出技术评审结论。对技术评审中需要补充有关资料的,应当及时通知申请人,申请人应当按照要求及时补充有关材料。

必要时,可以组织专家对食品添加剂新品种研制及生产现场进行核实、评价。

第十一条 食品添加剂新品种行政许可的具体程序按照《行政许可法》和《卫生行政许可管理办法》等有关规定执行。

第十二条 审评机构提出的综合审查结论,应当包括安全性、技术必要性审查结果和社会稳定风险评估结果。

第十三条 根据技术评审结论,国家卫生计生委决定对在技术上确有必要性和符合食品安全要求的食品添加剂新品种准予许可并列入允许使用的食品添加剂名单予以公布。

对缺乏技术上必要性和不符合食品安全要求的,不予许可并书面说明理由。

对发现可能添加到食品中的非食用化学物质或者其他危害人体健康的物质,按照《食品安全法实施条例》第四十九条执行。

第十四条 国家卫生计生委根据技术上必要性和食品安全风险评估结果，将公告允许使用的食品添加剂的品种、使用范围、用量按照食品安全国家标准的程序，制定、公布为食品安全国家标准。

第十五条 有下列情形之一的，国家卫生计生委应当及时组织对食品添加剂进行重新评估：

（一）科学研究结果或者有证据表明食品添加剂安全性可能存在问题的；

（二）不再具备技术上必要性的。

对重新审查认为不符合食品安全要求的，国家卫生计生委可以公告撤销已批准的食品添加剂品种或者修订其使用范围和用量。

第十六条 申请人隐瞒有关情况或者提供虚假材料申请食品添加剂新品种许可的，国家卫生计生委不予受理或者不予行政许可，并给予警告，且申请人在一年内不得再次申请食品添加剂新品种许可。

以欺骗、贿赂等不正当手段通过食品添加剂新品种审查并取得许可的，国家卫生计生委应当撤销许可，且申请人在三年内不得再次申请食品添加剂新品种许可。

第十七条 本办法自公布之日起施行。卫生部2002年3月28日发布的《食品添加剂卫生管理办法》同时废止。

网络餐饮服务食品安全监督管理办法

（2017年11月6日国家食品药品监督管理总局令第36号公布 根据2020年10月23日《国家市场监督管理总局关于修改部分规章的决定》修订）

第一条 为加强网络餐饮服务食品安全监督管理，规范网络餐饮服务经营行为，保证餐饮食品安全，保障公众身体健康，根据《中华人民共和国食品安全法》等法律法规,制定本办法。

第二条 在中华人民共和国境内,网络餐饮服务第三方平台提供者、通过第三方平台和自建网站提供餐饮服务的餐饮服务提供者(以下简称入网餐饮服务提供者),利用互联网提供餐饮服务及其监督管理,适用本办法。

第三条 国家市场监督管理总局负责指导全国网络餐饮服务食品安全监督管理工作,并组织开展网络餐饮服务食品安全监测。

县级以上地方市场监督管理部门负责本行政区域内网络餐饮服务食品安全监督管理工作。

第四条 入网餐饮服务提供者应当具有实体经营门店并依法取得食品经营许可证,并按照食品经营许可证载明的主体业态、经营项目从事经营活动,不得超范围经营。

第五条 网络餐饮服务第三方平台提供者应当在通信主管部门批准后30个工作日内,向所在地省级市场监督管理部门备案。自建网站餐饮服务提供者应当在通信主管部门备案后30个工作日内,向所在地县级市场监督管理部门备案。备案内容包括域名、IP地址、电信业务经营许可证或者备案号、企业名称、地址、法定代表人或者负责人姓名等。

网络餐饮服务第三方平台提供者设立从事网络餐饮服务分支机构的,应当在设立后30个工作日内,向所在地县级市场监督管理部门备案。备案内容包括分支机构名称、地址、法定代表人或者负责人姓名等。

市场监督管理部门应当及时向社会公开相关备案信息。

第六条 网络餐饮服务第三方平台提供者应当建立并执行入网餐饮服务提供者审查登记、食品安全违法行为制止及报告、严重违法行为平台服务停止、食品安全事故处置等制度,并在网络平台上公开相关制度。

第七条　网络餐饮服务第三方平台提供者应当设置专门的食品安全管理机构，配备专职食品安全管理人员，每年对食品安全管理人员进行培训和考核。培训和考核记录保存期限不得少于2年。经考核不具备食品安全管理能力的，不得上岗。

第八条　网络餐饮服务第三方平台提供者应当对入网餐饮服务提供者的食品经营许可证进行审查，登记入网餐饮服务提供者的名称、地址、法定代表人或者负责人及联系方式等信息，保证入网餐饮服务提供者食品经营许可证载明的经营场所等许可信息真实。

网络餐饮服务第三方平台提供者应当与入网餐饮服务提供者签订食品安全协议，明确食品安全责任。

第九条　网络餐饮服务第三方平台提供者和入网餐饮服务提供者应当在餐饮服务经营活动主页面公示餐饮服务提供者的食品经营许可证。食品经营许可等信息发生变更的，应当及时更新。

第十条　网络餐饮服务第三方平台提供者和入网餐饮服务提供者应当在网上公示餐饮服务提供者的名称、地址、量化分级信息，公示的信息应当真实。

第十一条　入网餐饮服务提供者应当在网上公示菜品名称和主要原料名称，公示的信息应当真实。

第十二条　网络餐饮服务第三方平台提供者提供食品容器、餐具和包装材料的，所提供的食品容器、餐具和包装材料应当无毒、清洁。

鼓励网络餐饮服务第三方平台提供者提供可降解的食品容器、餐具和包装材料。

第十三条　网络餐饮服务第三方平台提供者和入网餐饮服务提供者应当加强对送餐人员的食品安全培训和管理。委托送餐单位送餐的，送餐单位应当加强对送餐人员的食品安全培训和管理。培训记录保存期限不得少于2年。

第十四条　送餐人员应当保持个人卫生，使用安全、无害的配送容器，保持容器清洁，并定期进行清洗消毒。送餐人员应当核对配送食品，保证配送过程食品不受污染。

第十五条　网络餐饮服务第三方平台提供者和自建网站餐饮服务提供者应当履行记录义务，如实记录网络订餐的订单信息，包括食品的名称、下单时间、送餐人员、送达时间以及收货地址，信息保存时间不得少于6个月。

第十六条　网络餐饮服务第三方平台提供者应当对入网餐饮服务提供者的经营行为进行抽查和监测。

网络餐饮服务第三方平台提供者发现入网餐饮服务提供者存在违法行为的，应当及时制止并立即报告入网餐饮服务提供者所在地县级市场监督管理部门；发现严重违法行为的，应当立即停止提供网络交易平台服务。

第十七条　网络餐饮服务第三方平台提供者应当建立投诉举报处理制度，公开投诉举报方式，对涉及消费者食品安全的投诉举报及时进行处理。

第十八条　入网餐饮服务提供者加工制作餐饮食品应当符合下列要求：

（一）制定并实施原料控制要求，选择资质合法、保证原料质量安全的供货商，或者从原料生产基地、超市采购原料，做好食品原料索证索票和进货查验记录，不得采购不符合食品安全标准的食品及原料；

（二）在加工过程中应当检查待加工的食品及原料，发现有腐败变质、油脂酸败、霉变生虫、污秽不洁、混有异物、掺假掺杂或者感官性状异常的，不得加工使用；

（三）定期维护食品贮存、加工、清洗消毒等设施、设备，定期清洗和校验保温、冷藏和冷冻等设施、设备，保证设施、设备运转正常；

（四）在自己的加工操作区内加工食品，不得将订单委托其他食品经营者加工制作；

（五）网络销售的餐饮食品应当与实体店销售的餐饮食品质量安全保持一致。

第十九条 入网餐饮服务提供者应当使用无毒、清洁的食品容器、餐具和包装材料，并对餐饮食品进行包装，避免送餐人员直接接触食品，确保送餐过程中食品不受污染。

第二十条 入网餐饮服务提供者配送有保鲜、保温、冷藏或者冷冻等特殊要求食品的，应当采取能保证食品安全的保存、配送措施。

第二十一条 国家市场监督管理总局组织监测发现网络餐饮服务第三方平台提供者和入网餐饮服务提供者存在违法行为的，通知有关省级市场监督管理部门依法组织查处。

第二十二条 县级以上地方市场监督管理部门接到网络餐饮服务第三方平台提供者报告入网餐饮服务提供者存在违法行为的，应当及时依法查处。

第二十三条 县级以上地方市场监督管理部门应当加强对网络餐饮服务食品安全的监督检查，发现网络餐饮服务第三方平台提供者和入网餐饮服务提供者存在违法行为的，依法进行查处。

第二十四条 县级以上地方市场监督管理部门对网络餐饮服务交易活动的技术监测记录资料，可以依法作为认定相关事实的依据。

第二十五条 县级以上地方市场监督管理部门对于消费者投诉举报反映的线索，应当及时进行核查，被投诉举报人涉嫌违法的，依法进行查处。

第二十六条 县级以上地方市场监督管理部门查处的入网餐饮服务提供者有严重违法行为的，应当通知网络餐饮服务第三方平台提供者，要求其立即停止对入网餐饮服务提供者提供网络交易平台服务。

第二十七条 违反本办法第四条规定，入网餐饮服务提供者不具备实体经营门店，未依法取得食品经营许可证的，由县级以上地方市场监督管理部门依照食品安全法第一百二十二条的规定处罚。

第二十八条 违反本办法第五条规定，网络餐饮服务第三方平台提供者以及分支机构或者自建网站餐饮服务提供者未履行相应备案义务的，由县级以上地方市场监督管理部门责令改正，给予警告；拒不改正的，处5000元以上3万元以下罚款。

第二十九条 违反本办法第六条规定，网络餐饮服务第三方平台提供者未按要求建立、执行并公开相关制度的，由县级以上地方市场监督管理部门责令改正，给予警告；拒不改正的，处5000元以上3万元以下罚款。

第三十条 违反本办法第七条规定，网络餐饮服务第三方平台提供者未设置专门的食品安全管理机构，配备专职食品安全管理人员，或者未按要求对食品安全管理人员进行培训、考核并保存记录的，由县级以上地方市场监督管理部门责令改正，给予警告；拒不改正的，处5000元以上3万元以下罚款。

第三十一条 违反本办法第八条第一款规定，网络餐饮服务第三方平台提供者未对入网餐饮服务提供者的食品经营许可证进行审查，未登记入网餐饮服务提供者的名称、地址、法定代表人或者负责人及联系方式等信息，或者入网餐饮服务提供者食品经营许可证载明的经营场所等许可信息不真实的，由县级以上地方市场监督管理部门依照食品安全法第一百三十一条的规定处罚。

违反本办法第八条第二款规定，网络餐饮服务第三方平台提供者未与入网餐饮服务提供者签订食品安全协议的，由县级以上地方市场监督管理部门责令改正，给予警告；拒不改正的，处5000元以上3万元以下罚款。

第三十二条　违反本办法第九条、第十条、第十一条规定,网络餐饮服务第三方平台提供者和入网餐饮服务提供者未按要求进行信息公示和更新的,由县级以上地方市场监督管理部门责令改正,给予警告;拒不改正的,处5000元以上3万元以下罚款。

第三十三条　违反本办法第十二条规定,网络餐饮服务第三方平台提供者提供的食品配送容器、餐具和包装材料不符合规定的,由县级以上地方市场监督管理部门按照食品安全法第一百三十二条的规定处罚。

第三十四条　违反本办法第十三条规定,网络餐饮服务第三方平台提供者和入网餐饮服务提供者未对送餐人员进行食品安全培训和管理,或者送餐单位未对送餐人员进行食品安全培训和管理,或者未按要求保存培训记录的,由县级以上地方市场监督管理部门责令改正,给予警告;拒不改正的,处5000元以上3万元以下罚款。

第三十五条　违反本办法第十四条规定,送餐人员未履行使用安全、无害的配送容器等义务的,由县级以上地方市场监督管理部门对送餐人员所在单位按照食品安全法第一百三十二条的规定处罚。

第三十六条　违反本办法第十五条规定,网络餐饮服务第三方平台提供者和自建网站餐饮服务提供者未按要求记录、保存网络订餐信息的,由县级以上地方市场监督管理部门责令改正,给予警告;拒不改正的,处5000元以上3万元以下罚款。

第三十七条　违反本办法第十六条第一款规定,网络餐饮服务第三方平台提供者未对入网餐饮服务提供者的经营行为进行抽查和监测的,由县级以上地方市场监督管理部门责令改正,给予警告;拒不改正的,处5000元以上3万元以下罚款。

违反本办法第十六条第二款规定,网络餐饮服务第三方平台提供者发现入网餐饮服务提供者存在违法行为,未及时制止并立即报告入网餐饮服务提供者所在地县级市场监督管理部门的，或者发现入网餐饮服务提供者存在严重违法行为，未立即停止提供网络交易平台服务的，由县级以上地方市场监督管理部门依照食品安全法第一百三十一条的规定处罚。

第三十八条　违反本办法第十七条规定，网络餐饮服务第三方平台提供者未按要求建立消费者投诉举报处理制度，公开投诉举报方式，或者未对涉及消费者食品安全的投诉举报及时进行处理的，由县级以上地方市场监督管理部门责令改正，给予警告；拒不改正的，处5000元以上3万元以下罚款。

第三十九条　违反本办法第十八条第（一）项规定，入网餐饮服务提供者未履行制定实施原料控制要求等义务的，由县级以上地方市场监督管理部门依照食品安全法第一百二十六条第一款的规定处罚。

违反本办法第十八条第（二）项规定，入网餐饮服务提供者使用腐败变质、油脂酸败、霉变生虫、污秽不洁、混有异物、掺假掺杂或者感官性状异常等原料加工食品的，由县级以上地方市场监督管理部门依照食品安全法第一百二十四条第一款的规定处罚。

违反本办法第十八条第（三）项规定，入网餐饮服务提供者未定期维护食品贮存、加工、清洗消毒等设施、设备，或者未定期清洗和校验保温、冷藏和冷冻等设施、设备的，由县级以上地方市场监督管理部门依照食品安全法第一百二十六条第一款的规定处罚。

违反本办法第十八条第（四）项、第（五）项规定，入网餐饮服务提供者将订单委托其他食品经营者加工制作，或者网络销售的餐饮食品未与实体店销售的餐饮食品质量安全保持一致的，由县级以上地方市场监督管理部门责令改正，给予警告；拒不改正的，处5000元以上3万元以下罚款。

第四十条 违反本办法第十九条规定，入网餐饮服务提供者未履行相应的包装义务的，由县级以上地方市场监督管理部门责令改正，给予警告；拒不改正的，处5000元以上3万元以下罚款。

第四十一条 违反本办法第二十条规定，入网餐饮服务提供者配送有保鲜、保温、冷藏或者冷冻等特殊要求食品，未采取能保证食品安全的保存、配送措施的，由县级以上地方市场监督管理部门依照食品安全法第一百三十二条的规定处罚。

第四十二条 县级以上地方市场监督管理部门应当自对网络餐饮服务第三方平台提供者和入网餐饮服务提供者违法行为作出处罚决定之日起20个工作日内在网上公开行政处罚决定书。

第四十三条 省、自治区、直辖市的地方性法规和政府规章对小餐饮网络经营作出规定的，按照其规定执行。

本办法对网络餐饮服务食品安全违法行为的查处未作规定的，按照《网络食品安全违法行为查处办法》执行。

第四十四条 网络餐饮服务第三方平台提供者和入网餐饮服务提供者违反食品安全法规定，构成犯罪的，依法追究刑事责任。

第四十五条 餐饮服务连锁公司总部建立网站为其门店提供网络交易服务的，参照本办法关于网络餐饮服务第三方平台提供者的规定执行。

第四十六条 本办法自2018年1月1日起施行。

国家食品安全事故应急预案

(国务院 2011年10月5日修订)

1 总 则

1.1 编制目的

建立健全应对食品安全事故运行机制，有效预防、积极应对食品安全事故，高效组织应急处置工作，最大限度地减少食品安全事故的危害，保障公众健康与生命安全，维护正常的社会经济秩序。

1.2 编制依据

依据《中华人民共和国突发事件应对法》、《中华人民共和国食品安全法》、《中华人民共和国农产品质量安全法》、《中华人民共和国食品安全法实施条例》、《突发公共卫生事件应急条例》和《国家突发公共事件总体应急预案》，制定本预案。

1.3 事故分级

食品安全事故，指食物中毒、食源性疾病、食品污染等源于食品，对人体健康有危害或者可能有危害的事故。食品安全事故共分四级，即特别重大食品安全事故、重大食品安全事故、较大食品安全事故和一般食品安全事故。事故等级的评估核定，由卫生行政部门会同有关部门依照有关规定进行。

1.4 事故处置原则

（1）以人为本，减少危害。把保障公众健康和生命安全作为应急处置的首要任务，最大限度减少食品安全事故造成的人员伤亡和健康损害。

（2）统一领导，分级负责。按照"统一领导、综合协调、分类管理、分级负责、属地管理为主"的应急管理体制，建立快速反应、协同应对的食品安全事故应急机制。

（3）科学评估，依法处置。有效使用食品安全风险监测、评估和预警等科学手段；充分发挥专业队伍的作用，提高应对食品安全事故的水平和能力。

（4）居安思危，预防为主。坚持预防与应急相结合，常态与非常态相结合，做好应急准备，落实各项防范措施，防患于未然。建立健全日常管理制度，加强食品安全风险监测、评估和预警；加强宣教培训，提高公众自我防范和应对食品安全事故的意识和能力。

2 组织机构及职责

2.1 应急机制启动

食品安全事故发生后，卫生行政部门依法组织对事故进行分析评估，核定事故级别。特别重大食品安全事故，由卫生部会同食品安全办向国务院提出启动Ⅰ级响应的建议，经国务院批准后，成立国家特别重大食品安全事故应急处置指挥部（以下简称指挥部），统一领导和指挥事故应急处置工作；重大、较大、一般食品安全事故，分别由事故所在地省、市、县级人民政府组织成立相应应急处置指挥机构，统一组织开展本行政区域事故应急处置工作。

2.2 指挥部设置

指挥部成员单位根据事故的性质和应急处置工作的需要确定，主要包括卫生部、农业部、商务部、工商总局、质检总局、食品药品监管局、铁道部、粮食局、中央宣传部、教育部、工业和信息化部、公安部、监察部、民政部、财政部、环境保护部、交通运输部、海关总署、旅游局、新闻办、民航局和食品安全办等部门以及相关行业协会组织。当事故涉及国外、港澳台时，增加外交部、港澳办、台办等部门为成员单位。由卫生部、食品安全办等有关部门人员组成指挥部办公室。

2.3 指挥部职责

指挥部负责统一领导事故应急处置工作；研究重大应急决策和部署；组织发布事故的重要信息；审议批准指挥部办公室提交的应急处置工作报告；应急处置的其他工作。

2.4 指挥部办公室职责

指挥部办公室承担指挥部的日常工作，主要负责贯彻落实指挥部的各项部署，组织实施事故应急处置工作；检查督促相关地区和部门做好各项应急处置工作，及时有效地控制事故，防止事态蔓延扩大；研究协调解决事故应急处理工作中的具体问题；向国务院、指挥部及其成员单位报告、通报事故应急处置的工作情况；组织信息发布。指挥部办公室建立会商、发文、信息发布和督查等制度，确保快速反应、高效处置。

2.5 成员单位职责

各成员单位在指挥部统一领导下开展工作，加强对事故发生地人民政府有关部门工作的督促、指导，积极参与应急救援工作。

2.6 工作组设置及职责

根据事故处置需要，指挥部可下设若干工作组，分别开展相关工作。各工作组在指挥部的统一指挥下开展工作，并随时向指挥部办公室报告工作开展情况。

（1）事故调查组

由卫生部牵头，会同公安部、监察部及相关部门负责调查事故发生原因，评估事故影响，尽快查明致病原因，作出调查结论，提出事故防范意见；对涉嫌犯罪的，由公安部负责，督促、指导涉案地公安机关立案侦办，查清事实，依法追究刑事责任；对监管部门及其他机关工作人员的失职、渎职等行为进行调查。根据实际需要，事故调查组可以设置在事故发生地或派出部分人员赴现场开展事故调查（简称前方工作组）。

（2）危害控制组

由事故发生环节的具体监管职能部门牵头，会同相关监管部门监督、指导事故发生地政府职能部门召回、下架、封存有关食品、原料、食品添加剂及食品相关产品，严格控制流通渠道，防止危害蔓延扩大。

（3）医疗救治组

由卫生部负责，结合事故调查组的调查情况，制定最佳救治方案，指导事故发生地人民政府卫生部门对健康受到危害的人员进行医疗救治。

（4）检测评估组

由卫生部牵头，提出检测方案和要求，组织实施相关检测，综合分析各方检测数据，查找事故原因和评估事故发展趋势，预测事故后果，为制定现场抢救方案和采取控制措施提供参考。检测评估结果要及时报告指挥部办公室。

（5）维护稳定组

由公安部牵头，指导事故发生地人民政府公安机关加强治安管理，维护社会稳定。

（6）新闻宣传组

由中央宣传部牵头，会同新闻办、卫生部等部门组织事故处置宣传报道和舆论引导，并配合相关部门做好信息发布工作。

（7）专家组

指挥部成立由有关方面专家组成的专家组，负责对事故进行分析评估，为应急响应的调整和解除以及应急处置工作提供决策建议，必要时参与应急处置。

2.7 应急处置专业技术机构

医疗、疾病预防控制以及各有关部门的食品安全相关技术机构作为食品安全事故应急处置专业技术机构，应当在卫生行政部门及有关食品安全监管部门组织领导下开展应急处置相关工作。

3 应急保障

3.1 信息保障

卫生部会同国务院有关监管部门建立国家统一的食品安全信息网络体系，包含食品安全监测、事故报告与通报、食品安全事故隐患预警等内容；建立健全医疗救治信息网络，实现信息共享。卫生部负责食品安全信息网络体系的统一管理。

有关部门应当设立信息报告和举报电话，畅通信息报告渠道，确保食品安全事故的及时报告与相关信息的及时收集。

3.2 医疗保障

卫生行政部门建立功能完善、反应灵敏、运转协调、持续发展的医疗救治体系，在食品安全事故造成人员伤害时迅速开展医疗救治。

3.3 人员及技术保障

应急处置专业技术机构要结合本机构职责开展专业技术人员食品安全事故应急处置能力培训，加强应急处置力量建设，提高快速应对能力和技术水平。健全专家队伍，为事故核实、级别核定、事故隐患预警及应急响应等相关技术工作提供人才保障。国务院有关部门加强食品安全事故监测、预警、预防和应急处置等技术研发，促进国内外交流与合作，为食品安全事故应急处置提供技术保障。

3.4 物资与经费保障

食品安全事故应急处置所需设施、设备和物资的储备与调用应当得到保障；使用储备物资后须及时补充；食品安全事故应急处置、产品抽样及检验等所需经费应当列入年度财政预算，保障应急资金。

3.5 社会动员保障

根据食品安全事故应急处置的需要，动员和组织社会力量协助参与应急处置，必要时依法调用企业及个人物资。在动用社会力量或企业、个人物资进行应急处置后,应当及时归还或给予补偿。

3.6 宣教培训

国务院有关部门应当加强对食品安全专业人员、食品生产经营者及广大消费者的食品安全知识宣传、教育与培训,促进专业人员掌握食品安全相关工作技能,增强食品生产经营者的责任意识,提高消费者的风险意识和防范能力。

4 监测预警、报告与评估

4.1 监测预警

卫生部会同国务院有关部门根据国家食品安全风险监测工作需要,在综合利用现有监测机构能力的基础上,制定和实施加强国家食品安全风险监测能力建设规划,建立覆盖全国的食源性疾病、食品污染和食品中有害因素监测体系。卫生部根据食品安全风险监测结果,对食品安全状况进行综合分析,对可能具有较高程度安全风险的食品,提出并公布食品安全风险警示信息。

有关监管部门发现食品安全隐患或问题,应及时通报卫生行政部门和有关方面,依法及时采取有效控制措施。

4.2 事故报告

4.2.1 事故信息来源

(1) 食品安全事故发生单位与引发食品安全事故食品的生产经营单位报告的信息;

(2) 医疗机构报告的信息;

(3) 食品安全相关技术机构监测和分析结果;

(4) 经核实的公众举报信息;

(5) 经核实的媒体披露与报道信息;

(6) 世界卫生组织等国际机构、其他国家和地区通报我国信息。

4.2.2 报告主体和时限

（1）食品生产经营者发现其生产经营的食品造成或者可能造成公众健康损害的情况和信息，应当在2小时内向所在地县级卫生行政部门和负责本单位食品安全监管工作的有关部门报告。

（2）发生可能与食品有关的急性群体性健康损害的单位，应当在2小时内向所在地县级卫生行政部门和有关监管部门报告。

（3）接收食品安全事故病人治疗的单位，应当按照卫生部有关规定及时向所在地县级卫生行政部门和有关监管部门报告。

（4）食品安全相关技术机构、有关社会团体及个人发现食品安全事故相关情况，应当及时向县级卫生行政部门和有关监管部门报告或举报。

（5）有关监管部门发现食品安全事故或接到食品安全事故报告或举报，应当立即通报同级卫生行政部门和其他有关部门，经初步核实后，要继续收集相关信息，并及时将有关情况进一步向卫生行政部门和其他有关监管部门通报。

（6）经初步核实为食品安全事故且需要启动应急响应的，卫生行政部门应当按规定向本级人民政府及上级人民政府卫生行政部门报告；必要时，可直接向卫生部报告。

4.2.3 报告内容

食品生产经营者、医疗、技术机构和社会团体、个人向卫生行政部门和有关监管部门报告疑似食品安全事故信息时，应当包括事故发生时间、地点和人数等基本情况。

有关监管部门报告食品安全事故信息时，应当包括事故发生单位、时间、地点、危害程度、伤亡人数、事故报告单位信息（含报告时间、报告单位联系人员及联系方式）、已采取措施、事故简要经过等内容；并随时通报或者补报工作进展。

4.3 事故评估

4.3.1 有关监管部门应当按有关规定及时向卫生行政部门提供相关信息和资料，由卫生行政部门统一组织协调开展食品安全事故评估。

4.3.2 食品安全事故评估是为核定食品安全事故级别和确定应采取的措施而进行的评估。评估内容包括：

（1）污染食品可能导致的健康损害及所涉及的范围，是否已造成健康损害后果及严重程度；

（2）事故的影响范围及严重程度；

（3）事故发展蔓延趋势。

5 应急响应

5.1 分级响应

根据食品安全事故分级情况，食品安全事故应急响应分为Ⅰ级、Ⅱ级、Ⅲ级和Ⅳ级响应。核定为特别重大食品安全事故，报经国务院批准并宣布启动Ⅰ级响应后，指挥部立即成立运行，组织开展应急处置。重大、较大、一般食品安全事故分别由事故发生地的省、市、县级人民政府启动相应级别响应，成立食品安全事故应急处置指挥机构进行处置。必要时上级人民政府派出工作组指导、协助事故应急处置工作。

启动食品安全事故Ⅰ级响应期间，指挥部成员单位在指挥部的统一指挥与调度下，按相应职责做好事故应急处置相关工作。事发地省级人民政府按照指挥部的统一部署，组织协调地市级、县级人民政府全力开展应急处置，并及时报告相关工作进展情况。事故发生单位按照相应的处置方案开展先期处置，并配合卫生行政部门及有关部门做好食品安全事故的应急处置。

食源性疾病中涉及传染病疫情的，按照《中华人民共和国传染病防治法》和《国家突发公共卫生事件应急预案》等相关规定开展疫情防控和应急处置。

5.2 应急处置措施

事故发生后，根据事故性质、特点和危害程度，立即组织有关部门，依照有关规定采取下列应急处置措施，以最大限度减轻事故危害：

（1）卫生行政部门有效利用医疗资源，组织指导医疗机构开展食品安全事故患者的救治。

（2）卫生行政部门及时组织疾病预防控制机构开展流行病学调查与检测，相关部门及时组织检验机构开展抽样检验，尽快查找食品安全事故发生的原因。对涉嫌犯罪的，公安机关及时介入，开展相关违法犯罪行为侦破工作。

（3）农业行政、质量监督、检验检疫、工商行政管理、食品药品监管、商务等有关部门应当依法强制性就地或异地封存事故相关食品及原料和被污染的食品用工具及用具，待卫生行政部门查明导致食品安全事故的原因后，责令食品生产经营者彻底清洗消毒被污染的食品用工具及用具，消除污染。

（4）对确认受到有毒有害物质污染的相关食品及原料，农业行政、质量监督、工商行政管理、食品药品监管等有关监管部门应当依法责令生产经营者召回、停止经营及进出口并销毁。检验后确认未被污染的应当予以解封。

（5）及时组织研判事故发展态势，并向事故可能蔓延到的地方人民政府通报信息，提醒做好应对准备。事故可能影响到国（境）外时，及时协调有关涉外部门做好相关通报工作。

5.3 检测分析评估

应急处置专业技术机构应当对引发食品安全事故的相关危险因素及时进行检测，专家组对检测数据进行综合分析和评估，分析事故发展趋势、预测事故后果，为制定事故调查和现场处置方案提供参考。有关部门对食品安全事故相关危险因素消除或控制，事故中伤病人员救治，现场、受污染食品控制，食品与环境，次生、衍生事故隐患消除等情况进行分析评估。

5.4 响应级别调整及终止

在食品安全事故处置过程中，要遵循事故发生发展的客观规律，结合实际情况和防控工作需要，根据评估结果及时调整应急响应级别,直至响应终止。

5.4.1 响应级别调整及终止条件

(1) 级别提升

当事故进一步加重,影响和危害扩大,并有蔓延趋势,情况复杂难以控制时,应当及时提升响应级别。

当学校或托幼机构、全国性或区域性重要活动期间发生食品安全事故时,可相应提高响应级别,加大应急处置力度,确保迅速、有效控制食品安全事故,维护社会稳定。

(2) 级别降低

事故危害得到有效控制,且经研判认为事故危害降低到原级别评估标准以下或无进一步扩散趋势的,可降低应急响应级别。

(3) 响应终止

当食品安全事故得到控制,并达到以下两项要求,经分析评估认为可解除响应的,应当及时终止响应:

——食品安全事故伤病员全部得到救治,原患者病情稳定24小时以上,且无新的急性病症患者出现,食源性感染性疾病在末例患者后经过最长潜伏期无新病例出现;

——现场、受污染食品得以有效控制,食品与环境污染得到有效清理并符合相关标准,次生、衍生事故隐患消除。

5.4.2 响应级别调整及终止程序

指挥部组织对事故进行分析评估论证。评估认为符合级别调整条件的,指挥部提出调整应急响应级别建议,报同级人民政府批准后实施。应急响应级别调整后,事故相关地区人民政府应当结合调整后级别采取相应措施。评估认为符合响应终止条件时,指挥部提出终止响应的建议,报同级人民政府批准后实施。

上级人民政府有关部门应当根据下级人民政府有关部门的请求,及时组织专家为食品安全事故响应级别调整和终止的分析论证提供技术支持与指导。

5.5 信息发布

事故信息发布由指挥部或其办公室统一组织,采取召开新闻发布会、发布新闻通稿等多种形式向社会发布,做好宣传报道和舆论引导。

6 后期处置

6.1 善后处置

事发地人民政府及有关部门要积极稳妥、深入细致地做好善后处置工作,消除事故影响,恢复正常秩序。完善相关政策,促进行业健康发展。

食品安全事故发生后,保险机构应当及时开展应急救援人员保险受理和受灾人员保险理赔工作。

造成食品安全事故的责任单位和责任人应当按照有关规定对受害人给予赔偿,承担受害人后续治疗及保障等相关费用。

6.2 奖惩

6.2.1 奖励

对在食品安全事故应急管理和处置工作中作出突出贡献的先进集体和个人,应当给予表彰和奖励。

6.2.2 责任追究

对迟报、谎报、瞒报和漏报食品安全事故重要情况或者应急管理工作中有其他失职、渎职行为的,依法追究有关责任单位或责任人的责任;构成犯罪的,依法追究刑事责任。

6.3 总结

食品安全事故善后处置工作结束后,卫生行政部门应当组织有关部门及时对食品安全事故和应急处置工作进行总结,分析事故原因和影响因素,评估应急处置工作开展情况和效果,提出对类似事故的防范和处置建议,完成总结报告。

7 附 则

7.1 预案管理与更新

与食品安全事故处置有关的法律法规被修订,部门职责或应急资源发生变化,应急预案在实施过程中出现新情况或新问题时,要结合实际及时修订与完善本预案。

国务院有关食品安全监管部门、地方各级人民政府参照本预案,制定本部门和地方食品安全事故应急预案。

7.2 演习演练

国务院有关部门要开展食品安全事故应急演练,以检验和强化应急准备和应急响应能力,并通过对演习演练的总结评估,完善应急预案。

7.3 预案实施

本预案自发布之日起施行。

最高人民法院关于审理食品安全民事纠纷案件适用法律若干问题的解释(一)

(2020年10月19日最高人民法院审判委员会第1813次会议通过 2020年12月8日最高人民法院公告公布 自2021年1月1日起施行 法释〔2020〕14号)

为正确审理食品安全民事纠纷案件,保障公众身体健康和生命安全,根据《中华人民共和国民法典》《中华人民共和国食品安全法》《中华人民共和国消费者权益保护法》《中华人民共和国民事诉讼法》等法律的规定,结合民事审判实践,制定本解释。

第一条 消费者因不符合食品安全标准的食品受到损害,依据食品安全法第一百四十八条第一款规定诉请食品生产者或者经营者赔偿损失，被诉的生产者或者经营者以赔偿责任应由生产经营者中的另一方承担为由主张免责的，人民法院不予支持。属于生产者责任的，经营者赔偿后有权向生产者追偿；属于经营者责任的，生产者赔偿后有权向经营者追偿。

第二条 电子商务平台经营者以标记自营业务方式所销售的食品或者虽未标记自营但实际开展自营业务所销售的食品不符合食品安全标准，消费者依据食品安全法第一百四十八条规定主张电子商务平台经营者承担作为食品经营者的赔偿责任的，人民法院应予支持。

电子商务平台经营者虽非实际开展自营业务，但其所作标识等足以误导消费者让消费者相信系电子商务平台经营者自营，消费者依据食品安全法第一百四十八条规定主张电子商务平台经营者承担作为食品经营者的赔偿责任的，人民法院应予支持。

第三条 电子商务平台经营者违反食品安全法第六十二条和第一百三十一条规定，未对平台内食品经营者进行实名登记、审查许可证，或者未履行报告、停止提供网络交易平台服务等义务，使消费者的合法权益受到损害，消费者主张电子商务平台经营者与平台内食品经营者承担连带责任的，人民法院应予支持。

第四条 公共交通运输的承运人向旅客提供的食品不符合食品安全标准，旅客主张承运人依据食品安全法第一百四十八条规定承担作为食品生产者或者经营者的赔偿责任的，人民法院应予支持；承运人以其不是食品的生产经营者或者食品是免费提供为由进行免责抗辩的，人民法院不予支持。

第五条 有关单位或者个人明知食品生产经营者从事食品安全法第一百二十三条第一款规定的违法行为而仍为其提供设备、技术、原料、销售渠道、运输、储存或者其他便利条件，消费者主张该单位或者个人依据食品安全法第一百二十三条第二款的规定与食品生产经营者承担连带责任的，人民法院应予支持。

第六条 食品经营者具有下列情形之一，消费者主张构成食品安全法第一百四十八条规定的"明知"的，人民法院应予支持：

（一）已过食品标明的保质期但仍然销售的；
（二）未能提供所售食品的合法进货来源的；
（三）以明显不合理的低价进货且无合理原因的；
（四）未依法履行进货查验义务的；
（五）虚假标注、更改食品生产日期、批号的；
（六）转移、隐匿、非法销毁食品进销货记录或者故意提供虚假信息的；
（七）其他能够认定为明知的情形。

第七条 消费者认为生产经营者生产经营不符合食品安全标准的食品同时构成欺诈的，有权选择依据食品安全法第一百四十八条第二款或者消费者权益保护法第五十五条第一款规定主张食品生产者或者经营者承担惩罚性赔偿责任。

第八条 经营者经营明知是不符合食品安全标准的食品，但向消费者承诺的赔偿标准高于食品安全法第一百四十八条规定的赔偿标准，消费者主张经营者按照承诺赔偿的，人民法院应当依法予以支持。

第九条 食品符合食品安全标准但未达到生产经营者承诺的质量标准，消费者依照民法典、消费者权益保护法等法律规定主张生产经营者承担责任的，人民法院应予支持，但消费者主张生产经营者依据食品安全法第一百四十八条规定承担赔偿责任的，人民法院不予支持。

第十条 食品不符合食品安全标准，消费者主张生产者或者经营者依据食品安全法第一百四十八条第二款规定承担惩罚性赔偿责任，生产者或者经营者以未造成消费者人身损害为由抗辩的，人民法院不予支持。

第十一条 生产经营未标明生产者名称、地址、成分或者配料表，或者未清晰标明生产日期、保质期的预包装食品，消费者主张生产者或者经营者依据食品安全法第一百四十八条第二款规定承担惩罚性赔偿责任的，人民法院应予支持，但法律、行政法规、食品安全国家标准对标签标注事项另有规定的除外。

第十二条 进口的食品不符合我国食品安全国家标准或者国务院卫生行政部门决定暂予适用的标准，消费者主张销售者、进口商等经营者依据食品安全法第一百四十八条规定承担赔偿责任，销售者、进口商等经营者仅以进口的食品符合出口地食品安全标准或者已经过我国出入境检验检疫机构检验检疫为由进行免责抗辩的，人民法院不予支持。

第十三条 生产经营不符合食品安全标准的食品，侵害众多消费者合法权益，损害社会公共利益，民事诉讼法、消费者权益保护法等法律规定的机关和有关组织依法提起公益诉讼的，人民法院应予受理。

第十四条 本解释自2021年1月1日起施行。

本解释施行后人民法院正在审理的一审、二审案件适用本解释。

本解释施行前已经终审，本解释施行后当事人申请再审或者按照审判监督程序决定再审的案件，不适用本解释。

最高人民法院以前发布的司法解释与本解释不一致的，以本解释为准。

最高人民法院关于审理食品药品纠纷案件适用法律若干问题的规定

（2013年12月9日最高人民法院审判委员会第1599次会议通过 根据2020年12月23日最高人民法院审判委员会第1823次会议通过的《最高人民法院关于修改〈最高人民法院关于在民事审判工作中适用《中华人民共和国工会法》若干问题的解释〉等二十七件民事类司法解释的决定》第一次修正 根据2021年11月15日最高人民法院审判委员会第1850次会议通过的《最高人民法院关于修改〈最高人民法院关于审理食品药品纠纷案件适用法律若干问题的规定〉的决定》第二次修正 2021年11月18日最高人民法院公告公布 该修正自2021年12月1日起施行 法释〔2021〕17号）

为正确审理食品药品纠纷案件，根据《中华人民共和国民法典》《中华人民共和国消费者权益保护法》《中华人民共和国食品安全法》《中华人民共和国药品管理法》《中华人民共和国民事诉讼法》等法律的规定，结合审判实践，制定本规定。

第一条 消费者因食品、药品纠纷提起民事诉讼，符合民事诉讼法规定受理条件的，人民法院应予受理。

第二条 因食品、药品存在质量问题造成消费者损害，消费者可以分别起诉或者同时起诉销售者和生产者。

消费者仅起诉销售者或者生产者的，必要时人民法院可以追加相关当事人参加诉讼。

第三条 因食品、药品质量问题发生纠纷，购买者向生产者、销售者主张权利，生产者、销售者以购买者明知食品、药品存在质量问题而仍然购买为由进行抗辩的,人民法院不予支持。

第四条 食品、药品生产者、销售者提供给消费者的食品或者药品的赠品发生质量安全问题,造成消费者损害,消费者主张权利,生产者、销售者以消费者未对赠品支付对价为由进行免责抗辩的,人民法院不予支持。

第五条 消费者举证证明所购买食品、药品的事实以及所购食品、药品不符合合同的约定,主张食品、药品的生产者、销售者承担违约责任的,人民法院应予支持。

消费者举证证明因食用食品或者使用药品受到损害,初步证明损害与食用食品或者使用药品存在因果关系,并请求食品、药品的生产者、销售者承担侵权责任的,人民法院应予支持,但食品、药品的生产者、销售者能证明损害不是因产品不符合质量标准造成的除外。

第六条 食品的生产者与销售者应当对于食品符合质量标准承担举证责任。认定食品是否安全,应当以国家标准为依据;对地方特色食品,没有国家标准的,应当以地方标准为依据。没有前述标准的,应当以食品安全法的相关规定为依据。

第七条 食品、药品虽在销售前取得检验合格证明,且食用或者使用时尚在保质期内,但经检验确认产品不合格,生产者或者销售者以该食品、药品具有检验合格证明为由进行抗辩的,人民法院不予支持。

第八条 集中交易市场的开办者、柜台出租者、展销会举办者未履行食品安全法规定的审查、检查、报告等义务,使消费者的合法权益受到损害的,消费者请求集中交易市场的开办者、柜台出租者、展销会举办者承担连带责任的,人民法院应予支持。

第九条 消费者通过网络交易第三方平台购买食品、药品遭受损害,网络交易第三方平台提供者不能提供食品、药品的生产者或者销售者的真实名称、地址与有效联系方式,消费者请求网络交易第三方平台提供者承担责任的,人民法院应予支持。

网络交易第三方平台提供者承担赔偿责任后，向生产者或者销售者行使追偿权的，人民法院应予支持。

网络交易第三方平台提供者知道或者应当知道食品、药品的生产者、销售者利用其平台侵害消费者合法权益，未采取必要措施，给消费者造成损害，消费者要求其与生产者、销售者承担连带责任的，人民法院应予支持。

第十条 未取得食品生产资质与销售资质的民事主体，挂靠具有相应资质的生产者与销售者，生产、销售食品，造成消费者损害，消费者请求挂靠者与被挂靠者承担连带责任的，人民法院应予支持。

消费者仅起诉挂靠者或者被挂靠者的，必要时人民法院可以追加相关当事人参加诉讼。

第十一条 消费者因虚假广告推荐的食品、药品存在质量问题遭受损害，依据消费者权益保护法等法律相关规定请求广告经营者、广告发布者承担连带责任的，人民法院应予支持。

其他民事主体在虚假广告中向消费者推荐食品、药品，使消费者遭受损害，消费者依据消费者权益保护法等法律相关规定请求其与食品、药品的生产者、销售者承担连带责任的，人民法院应予支持。

第十二条 食品检验机构故意出具虚假检验报告，造成消费者损害，消费者请求其承担连带责任的，人民法院应予支持。

食品检验机构因过失出具不实检验报告，造成消费者损害，消费者请求其承担相应责任的，人民法院应予支持。

第十三条 食品认证机构故意出具虚假认证，造成消费者损害，消费者请求其承担连带责任的，人民法院应予支持。

食品认证机构因过失出具不实认证，造成消费者损害，消费者请求其承担相应责任的，人民法院应予支持。

第十四条 生产、销售的食品、药品存在质量问题，生产者与销售者需同时承担民事责任、行政责任和刑事责任，其财产不足以支付，当事人依照民法典等有关法律规定，请求食品、药品的生产者、销售者首先承担民事责任的，人民法院应予支持。

第十五条 生产不符合安全标准的食品或者销售明知是不符合安全标准的食品，消费者除要求赔偿损失外，依据食品安全法等法律规定向生产者、销售者主张赔偿金的，人民法院应予支持。

生产假药、劣药或者明知是假药、劣药仍然销售、使用的，受害人或者其近亲属除请求赔偿损失外，依据药品管理法等法律规定向生产者、销售者主张赔偿金的，人民法院应予支持。

第十六条 食品、药品的生产者与销售者以格式合同、通知、声明、告示等方式作出排除或者限制消费者权利、减轻或者免除经营者责任、加重消费者责任等对消费者不公平、不合理的规定，消费者依法请求认定该内容无效的，人民法院应予支持。

第十七条 消费者与化妆品、保健食品等产品的生产者、销售者、广告经营者、广告发布者、推荐者、检验机构等主体之间的纠纷，参照适用本规定。

法律规定的机关和有关组织依法提起公益诉讼的，参照适用本规定。

第十八条 本规定所称的"药品的生产者"包括药品上市许可持有人和药品生产企业，"药品的销售者"包括药品经营企业和医疗机构。

第十九条 本规定施行后人民法院正在审理的一审、二审案件适用本规定。

本规定施行前已经终审，本规定施行后当事人申请再审或者按照审判监督程序决定再审的案件，不适用本规定。

最高人民法院、最高人民检察院关于办理危害食品安全刑事案件适用法律若干问题的解释

(2021年12月13日最高人民法院审判委员会第1856次会议、2021年12月29日最高人民检察院第十三届检察委员会第八十四次会议通过 2021年12月30日最高人民法院、最高人民检察院公告公布 自2022年1月1日起施行 法释〔2021〕24号)

为依法惩治危害食品安全犯罪，保障人民群众身体健康、生命安全，根据《中华人民共和国刑法》《中华人民共和国刑事诉讼法》的有关规定，对办理此类刑事案件适用法律的若干问题解释如下：

第一条 生产、销售不符合食品安全标准的食品，具有下列情形之一的，应当认定为刑法第一百四十三条规定的"足以造成严重食物中毒事故或者其他严重食源性疾病"：

（一）含有严重超出标准限量的致病性微生物、农药残留、兽药残留、生物毒素、重金属等污染物质以及其他严重危害人体健康的物质的；

（二）属于病死、死因不明或者检验检疫不合格的畜、禽、兽、水产动物肉类及其制品的；

（三）属于国家为防控疾病等特殊需要明令禁止生产、销售的；

（四）特殊医学用途配方食品、专供婴幼儿的主辅食品营养成分严重不符合食品安全标准的；

（五）其他足以造成严重食物中毒事故或者严重食源性疾病的情形。

第二条 生产、销售不符合食品安全标准的食品,具有下列情形之一的,应当认定为刑法第一百四十三条规定的"对人体健康造成严重危害":

(一)造成轻伤以上伤害的;

(二)造成轻度残疾或者中度残疾的;

(三)造成器官组织损伤导致一般功能障碍或者严重功能障碍的;

(四)造成十人以上严重食物中毒或者其他严重食源性疾病的;

(五)其他对人体健康造成严重危害的情形。

第三条 生产、销售不符合食品安全标准的食品,具有下列情形之一的,应当认定为刑法第一百四十三条规定的"其他严重情节":

(一)生产、销售金额二十万元以上的;

(二)生产、销售金额十万元以上不满二十万元,不符合食品安全标准的食品数量较大或者生产、销售持续时间六个月以上的;

(三)生产、销售金额十万元以上不满二十万元,属于特殊医学用途配方食品、专供婴幼儿的主辅食品的;

(四)生产、销售金额十万元以上不满二十万元,且在中小学校园、托幼机构、养老机构及周边面向未成年人、老年人销售的;

(五)生产、销售金额十万元以上不满二十万元,曾因危害食品安全犯罪受过刑事处罚或者二年内因危害食品安全违法行为受过行政处罚的;

(六)其他情节严重的情形。

第四条 生产、销售不符合食品安全标准的食品,具有下列情形之一的,应当认定为刑法第一百四十三条规定的"后果特别严重":

(一)致人死亡的;

(二)造成重度残疾以上的;

(三)造成三人以上重伤、中度残疾或者器官组织损伤导致严重功能障碍的；

（四）造成十人以上轻伤、五人以上轻度残疾或者器官组织损伤导致一般功能障碍的；

（五）造成三十人以上严重食物中毒或者其他严重食源性疾病的；

（六）其他特别严重的后果。

第五条 在食品生产、销售、运输、贮存等过程中，违反食品安全标准，超限量或者超范围滥用食品添加剂，足以造成严重食物中毒事故或者其他严重食源性疾病的，依照刑法第一百四十三条的规定以生产、销售不符合安全标准的食品罪定罪处罚。

在食用农产品种植、养殖、销售、运输、贮存等过程中，违反食品安全标准，超限量或者超范围滥用添加剂、农药、兽药等，足以造成严重食物中毒事故或者其他严重食源性疾病的，适用前款的规定定罪处罚。

第六条 生产、销售有毒、有害食品，具有本解释第二条规定情形之一的，应当认定为刑法第一百四十四条规定的"对人体健康造成严重危害"。

第七条 生产、销售有毒、有害食品，具有下列情形之一的，应当认定为刑法第一百四十四条规定的"其他严重情节"：

（一）生产、销售金额二十万元以上不满五十万元的；

（二）生产、销售金额十万元以上不满二十万元，有毒、有害食品数量较大或者生产、销售持续时间六个月以上的；

（三）生产、销售金额十万元以上不满二十万元，属于特殊医学用途配方食品、专供婴幼儿的主辅食品的；

（四）生产、销售金额十万元以上不满二十万元，且在中小学校园、托幼机构、养老机构及周边面向未成年人、老年人销售的；

（五）生产、销售金额十万元以上不满二十万元，曾因危害食品安全犯罪受过刑事处罚或者二年内因危害食品安全违法行为受过行政处罚的；

（六）有毒、有害的非食品原料毒害性强或者含量高的；

（七）其他情节严重的情形。

第八条 生产、销售有毒、有害食品，生产、销售金额五十万元以上，或者具有本解释第四条第二项至第六项规定的情形之一的，应当认定为刑法第一百四十四条规定的"其他特别严重情节"。

第九条 下列物质应当认定为刑法第一百四十四条规定的"有毒、有害的非食品原料"：

（一）因危害人体健康，被法律、法规禁止在食品生产经营活动中添加、使用的物质；

（二）因危害人体健康，被国务院有关部门列入《食品中可能违法添加的非食用物质名单》《保健食品中可能非法添加的物质名单》和国务院有关部门公告的禁用农药、《食品动物中禁止使用的药品及其他化合物清单》等名单上的物质；

（三）其他有毒、有害的物质。

第十条 刑法第一百四十四条规定的"明知"，应当综合行为人的认知能力、食品质量、进货或者销售的渠道及价格等主、客观因素进行认定。

具有下列情形之一的，可以认定为刑法第一百四十四条规定的"明知"，但存在相反证据并经查证属实的除外：

（一）长期从事相关食品、食用农产品生产、种植、养殖、销售、运输、贮存行业，不依法履行保障食品安全义务的；

（二）没有合法有效的购货凭证，且不能提供或者拒不提供销售的相关食品来源的；

（三）以明显低于市场价格进货或者销售且无合理原因的；

（四）在有关部门发出禁令或者食品安全预警的情况下继续销售的；

（五）因实施危害食品安全行为受过行政处罚或者刑事处罚，又实施同种行为的；

（六）其他足以认定行为人明知的情形。

第十一条 在食品生产、销售、运输、贮存等过程中,掺入有毒、有害的非食品原料,或者使用有毒、有害的非食品原料生产食品的,依照刑法第一百四十四条的规定以生产、销售有毒、有害食品罪定罪处罚。

在食用农产品种植、养殖、销售、运输、贮存等过程中,使用禁用农药、食品动物中禁止使用的药品及其他化合物等有毒、有害的非食品原料,适用前款的规定定罪处罚。

在保健食品或者其他食品中非法添加国家禁用药物等有毒、有害的非食品原料的,适用第一款的规定定罪处罚。

第十二条 在食品生产、销售、运输、贮存等过程中,使用不符合食品安全标准的食品包装材料、容器、洗涤剂、消毒剂,或者用于食品生产经营的工具、设备等,造成食品被污染,符合刑法第一百四十三条、第一百四十四条规定的,以生产、销售不符合安全标准的食品罪或者生产、销售有毒、有害食品罪定罪处罚。

第十三条 生产、销售不符合食品安全标准的食品,有毒、有害食品,符合刑法第一百四十三条、第一百四十四条规定的,以生产、销售不符合安全标准的食品罪或者生产、销售有毒、有害食品罪定罪处罚。同时构成其他犯罪的,依照处罚较重的规定定罪处罚。

生产、销售不符合食品安全标准的食品,无证据证明足以造成严重食物中毒事故或者其他严重食源性疾病,不构成生产、销售不符合安全标准的食品罪,但构成生产、销售伪劣产品罪,妨害动植物防疫、检疫罪等其他犯罪的,依照该其他犯罪定罪处罚。

第十四条 明知他人生产、销售不符合食品安全标准的食品,有毒、有害食品,具有下列情形之一的,以生产、销售不符合安全标准的食品罪或者生产、销售有毒、有害食品罪的共犯论处:

(一)提供资金、贷款、账号、发票、证明、许可证件的;

(二)提供生产、经营场所或者运输、贮存、保管、邮寄、销售渠道等便利条件的;

(三)提供生产技术或者食品原料、食品添加剂、食品相关产品或者有毒、有害的非食品原料的；

（四）提供广告宣传的；

（五）提供其他帮助行为的。

第十五条 生产、销售不符合食品安全标准的食品添加剂，用于食品的包装材料、容器、洗涤剂、消毒剂，或者用于食品生产经营的工具、设备等，符合刑法第一百四十条规定的，以生产、销售伪劣产品罪定罪处罚。

生产、销售用超过保质期的食品原料、超过保质期的食品、回收食品作为原料的食品，或者以更改生产日期、保质期、改换包装等方式销售超过保质期的食品、回收食品，适用前款的规定定罪处罚。

实施前两款行为，同时构成生产、销售不符合安全标准的食品罪，生产、销售不符合安全标准的产品罪等其他犯罪的，依照处罚较重的规定定罪处罚。

第十六条 以提供给他人生产、销售食品为目的，违反国家规定，生产、销售国家禁止用于食品生产、销售的非食品原料，情节严重的，依照刑法第二百二十五条的规定以非法经营罪定罪处罚。

以提供给他人生产、销售食用农产品为目的，违反国家规定，生产、销售国家禁用农药、食品动物中禁止使用的药品及其他化合物等有毒、有害的非食品原料，或者生产、销售添加上述有毒、有害的非食品原料的农药、兽药、饲料、饲料添加剂、饲料原料，情节严重的，依照前款的规定定罪处罚。

第十七条 违反国家规定，私设生猪屠宰厂（场），从事生猪屠宰、销售等经营活动，情节严重的，依照刑法第二百二十五条的规定以非法经营罪定罪处罚。

在畜禽屠宰相关环节，对畜禽使用食品动物中禁止使用的药品及其他化合物等有毒、有害的非食品原料，依照刑法第一百四十四条的规定以生产、销售有毒、有害食品罪定罪处罚；对畜禽注水或者注入其他物质，足以造成严重食物中毒事故或者其他严重食源性疾病的，依照刑法第一百四十三条的规定以生产、销售不符合安全标准的食品罪定罪处罚；虽不足以造成严重食物中毒事故或者其他严重食源性疾病，但符合刑法第一百四十条规定的，以生产、销售伪劣产品罪定罪处罚。

第十八条 实施本解释规定的非法经营行为，非法经营数额在十万元以上，或者违法所得数额在五万元以上的，应当认定为刑法第二百二十五条规定的"情节严重"；非法经营数额在五十万元以上，或者违法所得数额在二十五万元以上的，应当认定为刑法第二百二十五条规定的"情节特别严重"。

实施本解释规定的非法经营行为，同时构成生产、销售伪劣产品罪，生产、销售不符合安全标准的食品罪，生产、销售有毒、有害食品罪，生产、销售伪劣农药、兽药罪等其他犯罪的，依照处罚较重的规定定罪处罚。

第十九条 违反国家规定，利用广告对保健食品或者其他食品作虚假宣传，符合刑法第二百二十二条规定的，以虚假广告罪定罪处罚；以非法占有为目的，利用销售保健食品或者其他食品诈骗财物，符合刑法第二百六十六条规定的，以诈骗罪定罪处罚。同时构成生产、销售伪劣产品罪等其他犯罪的，依照处罚较重的规定定罪处罚。

第二十条 负有食品安全监督管理职责的国家机关工作人员，滥用职权或者玩忽职守，构成食品监管渎职罪，同时构成徇私舞弊不移交刑事案件罪、商检徇私舞弊罪、动植物检疫徇私舞弊罪、放纵制售伪劣商品犯罪行为罪等其他渎职犯罪的，依照处罚较重的规定定罪处罚。

负有食品安全监督管理职责的国家机关工作人员滥用职权或者玩忽职守，不构成食品监管渎职罪，但构成前款规定的其他渎职犯罪的，依照该其他犯罪定罪处罚。

负有食品安全监督管理职责的国家机关工作人员与他人共谋，利用其职务行为帮助他人实施危害食品安全犯罪行为，同时构成渎职犯罪和危害食品安全犯罪共犯的，依照处罚较重的规定定罪从重处罚。

第二十一条 犯生产、销售不符合安全标准的食品罪，生产、销售有毒、有害食品罪，一般应当依法判处生产、销售金额二倍以上的罚金。

共同犯罪的，对各共同犯罪人合计判处的罚金一般应当在生产、销售金额的二倍以上。

第二十二条 对实施本解释规定之犯罪的犯罪分子，应当依照刑法规定的条件，严格适用缓刑、免予刑事处罚。对于依法适用缓刑的，可以根据犯罪情况，同时宣告禁止令。

对于被不起诉或者免予刑事处罚的行为人，需要给予行政处罚、政务处分或者其他处分的，依法移送有关主管机关处理。

第二十三条 单位实施本解释规定的犯罪的，对单位判处罚金，并对直接负责的主管人员和其他直接责任人员，依照本解释规定的定罪量刑标准处罚。

第二十四条 "足以造成严重食物中毒事故或者其他严重食源性疾病""有毒、有害的非食品原料"等专门性问题难以确定的，司法机关可以依据鉴定意见、检验报告、地市级以上相关行政主管部门组织出具的书面意见，结合其他证据作出认定。必要时，专门性问题由省级以上相关行政主管部门组织出具书面意见。

第二十五条 本解释所称"二年内"，以第一次违法行为受到行政处罚的生效之日与又实施相应行为之日的时间间隔计算确定。

第二十六条 本解释自2022年1月1日起施行。本解释公布实施后，《最高人民法院、最高人民检察院关于办理危害食品安全刑事案件适用法律若干问题的解释》（法释〔2013〕12号）同时废止；之前发布的司法解释与本解释不一致的，以本解释为准。

全国人民代表大会常务委员会关于全面禁止非法野生动物交易、革除滥食野生动物陋习、切实保障人民群众生命健康安全的决定

（2020年2月24日第十三届全国人民代表大会常务委员会第十六次会议通过）

为了全面禁止和惩治非法野生动物交易行为，革除滥食野生动物的陋习，维护生物安全和生态安全，有效防范重大公共卫生风险，切实保障人民群众生命健康安全，加强生态文明建设，促进人与自然和谐共生，全国人民代表大会常务委员会作出如下决定：

一、凡《中华人民共和国野生动物保护法》和其他有关法律禁止猎捕、交易、运输、食用野生动物的，必须严格禁止。

对违反前款规定的行为，在现行法律规定基础上加重处罚。

二、全面禁止食用国家保护的"有重要生态、科学、社会价值的陆生野生动物"以及其他陆生野生动物，包括人工繁育、人工饲养的陆生野生动物。

全面禁止以食用为目的猎捕、交易、运输在野外环境自然生长繁殖的陆生野生动物。

对违反前两款规定的行为，参照适用现行法律有关规定处罚。

三、列入畜禽遗传资源目录的动物，属于家畜家禽，适用《中华人民共和国畜牧法》的规定。

国务院畜牧兽医行政主管部门依法制定并公布畜禽遗传资源目录。

四、因科研、药用、展示等特殊情况，需要对野生动物进行非

食用性利用的，应当按照国家有关规定实行严格审批和检疫检验。

国务院及其有关主管部门应当及时制定、完善野生动物非食用性利用的审批和检疫检验等规定，并严格执行。

五、各级人民政府和人民团体、社会组织、学校、新闻媒体等社会各方面，都应当积极开展生态环境保护和公共卫生安全的宣传教育和引导，全社会成员要自觉增强生态保护和公共卫生安全意识，移风易俗，革除滥食野生动物陋习，养成科学健康文明的生活方式。

六、各级人民政府及其有关部门应当健全执法管理体制，明确执法责任主体，落实执法管理责任，加强协调配合，加大监督检查和责任追究力度，严格查处违反本决定和有关法律法规的行为；对违法经营场所和违法经营者，依法予以取缔或者查封、关闭。

七、国务院及其有关部门和省、自治区、直辖市应当依据本决定和有关法律，制定、调整相关名录和配套规定。

国务院和地方人民政府应当采取必要措施，为本决定的实施提供相应保障。有关地方人民政府应当支持、指导、帮助受影响的农户调整、转变生产经营活动，根据实际情况给予一定补偿。

八、本决定自公布之日起施行。